Erst Aschenputtel … Dann Prinzessin …

Bärbel Kiy

Bärbel Kiy

Erst Aschenputtel … Dann Prinzessin …

Die halbe Geschichte eines Lebens

Bibliografische Information der Deutschen Nationalbibliothek
Die Deutsche Nationalbibliothek verzeichnet diese Publikation in der Deutschen Nationalbibliografie; detaillierte bibliografische Daten sind im Internet über http://dnb.dnb.de abrufbar.

Vollständige Taschenbuchausgabe
Dieser Titel ist auch als E-Book erschienen.
Neptunikum Verlag

2. Auflage

Neptunikum Verlag
ISBN 978-3-945311-06-6
Printed in Germany

Satz, Umschlaggestaltung, Herstellung:
BoD – Books on Demand
Umschlagillustration:
Bildnr. 56205242_S © Letizia – fotolia.com

www.neptunikumverlag.de
10,90 (D)

Inhalt

Vorwort

Dies ist die Geschichte eines Lebens! Eines Lebens, wie es bestimmt vielfach in unserer heutigen Welt erlebt und gelebt wird. Das nun Geschilderte zu beweisen ist nicht an allen Stellen möglich. Der Versuch, dieses zu tun, herauszukommen aus der Opferrolle, das Geschehene als Realität, als gelebtes Leben anzunehmen, über das Vergangene, das Erlebte und Gelebte zu sprechen, ist ein großer wichtiger Schritt in die richtige Richtung.

Kinder sind Schutzbefohlene. Die kleinen Menschen haben keine Knautschzone und leider oft nicht die geringste Chance, sich ihren brutalen Eltern zu widersetzen.

Der Beginn eines Lebens

Mein Name ist Ivonne Nielsen. Mein Geburtsmonat ist der Wonnemonat Mai. Im Jahr 1961 wurde ich in Schwelm, einem beschaulichen Ort im Ennepetal in Nordrhein-Westfalen, als einziges gemeinsames Kind von Gerhard und Renate Nielsen geboren. Meine Eltern lernten sich im Jahr 1960 auf einer Kirmes, einem Jahrmarkt, kennen. Dieses Buch ist ein repräsentativer Querschnitt durch die ersten fünfundzwanzig Jahre meines Lebens.

Wenn Sie Karussellfahrten mögen, heiße ich Sie herzlich willkommen. Steigen Sie ein in meine Karussellkabine. Meine Kabine fährt mal hoch, mal runter. Mal mit zunehmender, mal mit abnehmender Geschwindigkeit. Wenn Sie am Ende aussteigen, werden Sie eine Fahrt erlebt haben, an die Sie bestimmt noch lange zurückdenken werden. Eine Fahrt, die Sie hoffentlich zum Nachdenken anregt. Kommen Sie, trauen Sie sich, ich nehme Sie mit auf meine Karussellfahrt!

Mein Vater war vergeben. Er war in festen Händen, als er meine Mutter auf einem Stadtfest, einer Kirmes, in Wuppertal begegnete. Mit der künftigen Mutter seiner zu erwartenden ersten Tochter war Gerhard, so heißt mein Vater, seit einem knappen Jahr verlobt. Die beiden, seine derzeitige, schwangere Braut – nicht meine Mutter – und er, wollten noch vor der Geburt ihrer Knutschkugel heiraten. So war der ursprüngliche Plan. Es sollten vor der bald anstehenden Geburt meiner Halbschwester für diese Paarformation die Hochzeitsglocken laut läuten. Allerdings bevor *meine* Eltern von Amors Liebespfeilen getroffen wurden.

Mein Vater verliebte sich trotz seiner angehenden Vaterschaft, trotz seiner bevorstehenden Hochzeit auf dem kleinen Stadtfest prompt in meine Mutter. Sie sich vor lauter Entzücken bei seinem Anblick prompt auch in ihn. Seine schwangere Braut verließ mein Vater nach seinem „Blitzeinschlag" zwei weitere Wochen später, nachdem er meiner Mutter liebestoll verfallen war.

Das Interesse an meiner Mutter, ihre Missachtung seines Beziehungsstatus und die Umstände, unter denen sich die beiden kennenlernten, raubten meinem Vater fast den Verstand. Die moralische Grenzüberschreitung übte einen exorbitanten Reiz auf ihn aus.

Die beiden schwer Verliebten gingen ein Verhältnis ein und zogen umgehend nach seiner vollzogenen Trennung in eine gemeinsame Wohnung. Mein Vater machte meiner Mutter einen Heiratsantrag. Meine Mutter nahm ihn selbstverständlich liebestrunken an. Es kam, wie es kommen sollte. Mein Schicksal nahm seinen Lauf.

Der Kreislauf meiner Eltern war bis in die letzten Haarspitzen angereichert mit Endorphinen. Unter dem Einfluss ihrer überschäumenden Glückshormone hatten meine Eltern holterdiepolter!, nach einer nur dreimonatigen Probezeit geheiratet. Nahezu auf den Tag genau, ein Jahr vor meinem ersten Schrei auf Erden, unterschrieben beide zuversichtlich und überglücklich bei schönstem Frühlingswetter ihr Ehegelübde auf dem Standesamt in Wuppertal-Langerfeld.

Den Ehering, den mein Vater nach seiner Hochzeit mit meiner Mutter wie einen Schatz an seinem rechten Ringfinger trug, machte ihn für die verdrehte Damenwelt um ihn herum um ein Vielfaches interessanter. Für ihn war mit der Zurschaustellung seines Beziehungsstatus der zwanglose außereheliche Verkehrsweg frei. Frauen waren für ihn glasklar Stöckelwild! Mein Vater hatte schon damals ein großes Problem mit seinem Hosenschlitz. Er konnte und wollte diesen nicht geschlossen halten.

Er, mein Papa, war eine Sahneschnitte. Er war ein gut aussehender, sportlicher, durchtrainierter, südländischer Macho. Halbitaliener. Ein gelungener Mix aus italienischer Mutter und deutschem Vater. Mein Vater war mit allem gesegnet, was Mann sich wünschen konnte. Den hormongesteuerten Frauen blieb nichts anderes übrig, als sich in ihn zu verlieben. Sie unterlagen scharenweise seinem südländischen Charme. Seinem überirdischen Charisma. Die DNA seiner Eltern hatte an ihm Wunderbares vollbracht. Mein Vater hat eine jüngere Schwester. Diese ist das krasse Gegenstück zu meinem Vater.

Meine Mutter war eine wunderhübsche, gertenschlanke Brünette. Mit meinen Großeltern einst als Kleinkind aus der ehemaligen Deutschen Demokratischen Republik geflohen. Sie ist das mittlere von drei Kindern. Seit ihrer Flucht war sie fest im Bundesland Nordrhein-Westfalen verwurzelt.

Nach lediglich vier Monaten Ehe bemerkte meine Mutter, dass die eine oder andere *Kleinigkeit* anders einzuordnen war als sonst. Sie war überfällig. Ihre Brüste spannten. Ihre Regelblutung kam seit acht Wochen nicht mehr regelmäßig. Wenn, dann wenig bis ganz wenig. Sie verspürte ferner ein leichtes Ziehen im Unterleib. Meine Eltern hatten in den zurückliegenden vier Monaten mindestens dreimal täglich ungeschützten Sex. Aus gegebenem Anlass besuchte meine angehende Mutter einen in der Stadt bekannten und von vielen Frauen geschätzten Gynäkologen. In seiner Praxis erhielt meine Mutter die freudige Botschaft. Sie war schwanger! Hurra, sie, Renate, wurde Mutter! Ihr Mann, mein Vater Gerhard, wurde erneut Vater! Gemeinsam wurden sie Eltern!

Das Ziehen in ihrem Unterleib rührte von den sich dehnenden Gebärmutterbändern ihres wachsenden Uterus her. Meinen genauen Geburtstermin konnte der Arzt meiner Mutter nicht exakt benennen. Meine Mutter hatte ihrer Aussage nach noch abgeblutet. Für die akkurate Berechnung meines Entbindungstermins müsste ich, ihr Embryo oder bereits ihr Fötus, noch ein klitzekleines bisschen wachsen. Nach den Angaben über den Verlauf der beginnenden Schwangerschaft würde ich ein astrologischer Stier werden. Meine Geburt wurde annähernd auf den zwanzigsten Mai terminiert. Pi mal Daumen. Eher früher. Auf keinen Fall später.

Was für ein Glück!, dachte sich meine Mutter bei dem errechneten Stichtag von meinem Geburtshelfer.

Wenn ich nur einen Tag später als berechnet zur Welt kommen würde, hätte ich schon vorab meine symbolische Arschkarte gezogen. Ich würde als ein astrologischer Zwilling geboren werden. Dieser Gedanke war ein absoluter Albtraum, ein Schreckgespenst für meine angehende Mutter. Die Menschen, die in dieses Tierkreiszeichen hineingeboren wurden, verachtete sie. Nein, mehr noch, sie hasste diese Kreaturen. Astrologische Zwillinge waren Menschen mit zwei Gesichtern. Was für herzliche Willkommensaussichten für mich!

Die Schwangerschaft, die innige gemeinsame Zeit mit mir, verlief für meine Mutter komplikationslos. Ich machte meiner Mutter während meiner pränatalen Phase in deren Uterus wenig Ärger. Die Brüste meiner Mutter wuchsen fast täglich. Von siebzig A um unglaubliche vier Körbchengrößen zu riesigen Melonen. Auf geschätzte Doppel D. Mein Vater war begeistert. Er hatte nicht mehr ansatzweise das Bedürfnis, mit anderen weiblichen Individuen zu kopulieren. Nur ein Auge auf seine schwangere nackte Angetraute geworfen und er war spitz wie Nachbars Lumpi. Sein drittes Bein stand wie eine deutsche Eiche.

Ihre Figur ließ bei objektiver Betrachtung mehr auf eine Schwangerschaft mit einem Jungen schließen. So sie dem

Volksmund trauen durfte. Meine Mutter war gewillt, dies zu tun. Die „Jungenträchtigen" hatten demnach ausschließlich einen dicken Bauch, eine tolle Haut und keine Rettungsringe um ihre Hüften. Sie sahen von hinten völlig normal aus. Jungen bringen dir Schönheit, Mädchen nehmen dir Schönheit. Die Frauen, die mit einem Mädchen unterwegs waren, hatten laut Hörensagen ausladende Hüften, Wassereinlagerungen und unreine Haut. *So der Volksmund.* Die Schwangerschaft mit mir tat meiner Mutter gut. Meine Mutter blühte geradezu auf. Ihre Haut war ohne Makel. Einzig ein kugelrunder Bauch ließ auf eine Schwangerschaft schließen. Meine Mutter war eine wunderhübsche „Trächtige". Dennoch, mein Vater war, nachdem ich täglich mehr Platz für mich beanspruchte, nicht mehr hundertprozentig entspannt bei der Ausübung seiner ehelichen Pflichten. Der Bauch meiner in freudiger Erwartung befindlichen Mutter wölbte sich mehr und mehr nach außen. Meines Vaters Begierde nahm mit dem Wachstum der Bauchkugel meiner Mutter rapide ab. Ab dem siebten Monat stellte er den Beischlaf sukzessive ein. Mein Vater hatte Angst, mir, seinem ungeborenen Kind, bei ihrem Koitus Schaden zuzufügen. Er hatte Angst, mich durch seine harten Stöße schlimmstenfalls schwer zu verletzen. Aus gegebenem Anlass wurde umdisponiert. Meine Mutter war naiv. Sie glaubte, dass mein Vater die nunmehr überschaubare Zeit bis zur Entbindung ohne Beischlaf durchhalten würde. Sich durch seine Abstinenz nicht nach anderen weiblichen Elementen verzehren würde.

Meine Eltern sehnten sich sehr nach einem Jungen als Nachkommen. Beide hofften inständig, dass der Jieper auf Saures, dem meine Mutter verfallen war, ein gutes Omen für die Erfüllung ihres Wunsches war. Die Gelüste, das Hautbild, die Stimmung meiner Mutter, die Kugelform ihres prallen Bauchs, ihre gesamte Figur nahm der Arzt als Indiz für seine Geschlechtsbestimmung. Ihr Gynäkologe konnte im Jahr 1961 mangels technischer Möglichkeiten mein Geschlecht nicht zweifelsfrei bestimmen. Er konnte lediglich orakeln. Er tippte auf einen Jungen. Er gab den fragwürdigen Befund mit erhobenem Finger und folgender mahnender Aussage an meine werdenden Eltern weiter: „Meine Diagnose ist kein Garant für die Richtigkeit meiner Aussage. Es kann, jedoch muss nicht sein."

Werdende Eltern können sich ein Geschlecht wünschen. Letzten Endes muss aber das Geschlecht genommen werden, was die genotypische Geschlechtsbestimmung, die vorhandenen Chromosomen hergeben. Jammerschade. Ich, die in der Fruchtblase, in der Gebärmutter meiner Mutter schwamm, konnte dem Wunsch meiner Eltern nicht entsprechen.

Dennoch hatten meine Eltern, ohne es zu diesem Zeitpunkt zu ahnen, richtig viel Glück, Fortuna war ihnen hold! Während eines Besuchs meiner Mutter bei dem Arzt ihres Vertrauens, einem sehr guten, stadtbekannten Gynäkologen, berichtete sie diesem von leichten Schlafstörungen. Leichtfertig empfahl der Mediziner ihr ein Medikament, das 1957 auf den Markt gekommen war, zur täglichen Einnahme. Dieses wurde seinerzeit als Wunderwaffe gegen typische Schwangerschaftsbeschwerden schnell und gerne von Ärzten und Apothekern empfohlen. Angeblich half es den Schwangeren gegen die Morgenübelkeit, gegen das Sodbrennen als auch gegen auftretende Einschlafschwierigkeiten in *anderen Umständen.* Zum Glück aller Beteiligten hatte meine Mutter diese Wunderwaffe der Pharmaindustrie nicht käuflich erworben: Contergan. Rezeptfrei war dieses Wundermittel für drei Mark neunzig, dreißig Stück, in jeder Apotheke zu erwerben.

Ein Rohdiamant erblickt das Licht seiner Welt

Eine Woche nach dem spätesten errechneten Geburtstermin des Gynäkologen platzte meiner Mutter während der Erledigung ihrer gemeinsamen Hausarbeiten die Fruchtblase. Die Geburtswehen setzten mit leichtem Ziehen im Rücken meiner Mutter ein.

Nachdem mein Vater kopflos, komplett überdreht umgehend ein Taxi gerufen hatte, fuhren meine werdenden Eltern mit diesem in die nächstgelegene Klinik. Sie rasten in das kleine, circa zehn Kilometer entfernte Kreiskrankenhaus in Schwelm. Der Taxifahrer hatte Panik, dass meine Geburt in seinem Taxi stattfand. Der arme Kerl redete infolge seiner steigenden Panik ununterbrochen auf meine Mutter ein:

„Bitte halten Sie durch, ich fahre schnell. Schneller als der Schall. Bitte bewerkstelligen Sie, wie auch immer dass Ihr Kind im Krankenhaus auf die Welt kommt. Ich kann Erste Hilfe bei Unfällen leisten, aber ich habe noch kein Baby zur Welt bringen müssen. Es wäre auch schön, wenn's bei allem Verständnis für Ihre Situation so bleiben würde. Bitte, bitte, halten Sie durch!"

Meine angehende Mutter hatte Minuten vorher aufgehört, dem Taxifahrer zuzuhören. Sie ließ den nervigen Fahrer quasseln. Meine Mutter hatte ganz andere Probleme. Meine angehenden Eltern hatten bis zu diesem Zeitpunkt noch keinen einzigen Gedanken an meine Namensfindung verschwendet. Nunmehr wurde es dringend Zeit, dieses nachzuholen.

„Gerhard, wir haben bisher keinen Namen für unser Kind. Wie soll es heißen, wenn's wie erwartet ein Junge wird?", fragte meine Mutter meinen Vater gereizt.

„Keine Ahnung! Hast du keine Idee?", haspelte er nervös.

„Nein, hab ich nicht! Ich weiß, meiner Intuition folgend, dass wir uns auf alle Eventualitäten vorbereiten müssen. Falls es trotz der Aussage des Arztes, der uns im Vertrauen gesteckt hat, dass unser Kind ein Junge wird, ein Mädchen wird … was meinst du, wie findest du Ivonne?"

„Hm, hört sich gut an."

„Also, wenn's ein Mädchen wird, wovon wir nicht ausgehen wollen, Ivonne. Wenn's, wie erwartet ein Junge wird? Frank. Nach meinem Bruder!", juchzte meine Mutter zufrieden.

Mein Vater musste den Jungennamen, dem Gesichtsausdruck meiner Mutter folgend, lediglich abnicken. Eine nonverbale Aufforderung, der er artig nachkam. Schweißperlen standen meiner Mutter auf der Stirn. Die Wehen kamen schon auffällig zahlreich und wurden zu meinem und meiner Mutter Leidwesen immer intensiver. Die Eröffnungswehen würden, der Intensität der einzelnen Wehen gehorchend, nicht mehr lange auf sich warten lassen. Der Taxifahrer bemerkte an der Körperhaltung meiner Mutter, dass deren Schmerzen zunahmen. Er wurde zusehends unruhiger. Der Chauffeur beobachtete das Geschehen auf der Rückbank seines Autos mit argem Stirnrunzeln. Dicke Schweißperlen trieften von seinen Schläfen hinunter.

„Ich fahre über jede rote Ampel doch bitte, bitte, bitte, halten Sie durch!", bettelte der Fahrer meine Mutter erneut hysterisch kreischend, völlig entnervt, komplett verzweifelt an. Als sie endlich vor dem Krankenhaus angekommen waren, war der Führer des Taxis erleichtert. Er war froh, dass meine mich gebärende Mutter durchgehalten hatte.

Meine Mutter floh, so gut es eben ging, aus dem Radius des Taxifahrers. Sie nahm entsprechend ihren Umständen Tempo auf. Meine Mutter, die nunmehr kurz vor meiner Entbindung stand, ging gebeugt und schmerzverzerrt auf die gläserne Eingangstür des Krankenhauses zu. Das Portal des Krankenhauses, eine dicke Glastür, ließ sich nur schwer unter ihren Eröffnungsschmerzen öffnen. Sie wankte mehr durch die gläserne Eingangstür, als dass sie durch diese ging. Als die Krankenschwestern das Häufchen menschlichen Elends kommen sahen, kümmerten diese sich sofort um sie. Mein Vater trudelte derweil auch ein. Er hatte zuvor noch den Fahrer des Taxis bezahlen müssen. Vorsichtig verfrachtete er meine werdende Mutter für die Dauer der Aufnahme ihrer Personalien auf einen Stuhl neben dem Anmeldetresen. Er klärte eine der Krankenschwestern, die meine werdenden Eltern an dem Empfangstresen in Empfang genommen hatten, zudem über den *Stand der Dinge* auf.

„Oha, da hat es jemand eilig, uns zu begrüßen!", sagte eine der diensthabenden Schwestern lachend.

Da die Schwestern nicht riskieren wollten, dass das neue Leben in ihrem Klinikflur das Licht seiner Welt erblickt, wurde meine Mutter umgehend von einer eilig herangewinkten, weiteren Krankenschwester mit einem herbeigeholten Rollstuhl in den Kreißsaal geschoben.

„Nur kein vermeidbares Risiko eingehen" war die Devise der regieanweisenden Schwester. Zum Abschied drückte mein Vater meine Mutter noch einmal fest an sich und flüsterte ihr zärtlich „Ich liebe dich sehr" in ihr rechtes Ohr.

Sodann drehte er sich schnell wieder der Schwester am Tresen zu und gab dieser hoch konzentriert die Personalien seiner Frau weiter.

Die Kreißsäle in dem Kreiskrankenhaus, in dem ich geboren wurde, waren riesige Räume. Das hatte meine Mutter sich definitiv anders vorgestellt. In den Geburtsräumen lagen zudem mehrere Entbindende gleichzeitig. Einzig durch Paravents wurden diese voneinander getrennt. Meine Mutter wurde in einen freien Raum, wenn man die sterile Kabine so nennen konnte, geschoben und schnell ausgekleidet. Sodann wurde sie mit einem Klinikhemdchen, das ihr am Rücken zugebunden wurde, erneut eingekleidet. Zwei Schwestern halfen ihr auf eine Pritsche mit einer Vorrichtung ähnlich dem Gynäkologenstuhl. Die unter anderem auch für sie zuständige Hebamme hastete just in diesem Moment an ihr vorbei. Die Hebamme hechelte von Kreißbett zu Kreißbett.

„Ich bin gleich wieder bei Ihnen“, keuchte sie meiner Mutter dieses und jedes weitere Mal zu. Die Hebamme schnaufte bei den erneuten Kontrollen meiner anstehenden Geburt wie ein altes Walross. Sie war komplett aus der Puste und sprintete auf ihrer imaginären Überholspur weiter und weiter zum nächsten werdenden Muttertier. Es gab viel zu tun an diesem Tag!

Sowohl hinter der von ihrem Fleckchen aus gesehenen rechten als auch linken Seite der grünen Stoffwände hörte meine Mutter laut kreischende Mitpatientinnen. Regieanweisungen folgten den Schreien der Gebärenden.

„Pressen, aufhören, reißen Sie sich gefälligst zusammen! Stopp, aufhören zu pressen! Hören Sie mir bitte zu. Machen Sie das, was ich Ihnen sage! Hören Sie mir zu? Ein letztes Mal fest pressen! Ich sehe das Köpfchen! Ja, gleich, gleich ist es da!“, hörte meine Mutter dann und wann fremde Stimmen ihre Leidensgenossinnen befehligen. Alle hier anwesenden Evas fieberten der Entbindung ihrer Leibesfrucht entgegen. Hier und da hörte meine Mutter aus weiter Ferne den Schrei eines Neuankömmlings. Sie hatte Angst. Viele der anderen Kronen der Schöpfung schrien laut unter ihren Geburtsschmerzen. Meine Mutter fühlte sich komplett alleingelassen. Sie war explosiv geladen. Ihre Wut richtete sich ausschließlich gegen meinen Vater. Dem Mann, dem sie diesen Umstand verdankte, der sie zwang, diese unmenschlichen Qualen zu erleiden. Einen Arzt hatte meine mich gebärende Mutter lange Zeit nicht gesehen. Mein brutaler Rauswurf aus dem Uterus meiner Mutter als gedachte Krönung einer großen Liebe dauerte aus ihrer Sicht gefühlte Tage. Der Geburtsvorgang dauerte jedoch tatsächlich nicht länger als fünf Stunden. Ganz am Ende meiner Geburt tauchte zur Feier der großen Stunde tatsächlich ein Mann in Weiß auf. Die Vermutung lag bei meiner Mutter nahe, dass es sich bei dem Unbekannten um den diensthabenden Gynäkologen beziehungsweise den Geburtshelfer handelte. Vorgestellt hatte sich dieser meiner Mutter nicht. Offensichtlich hielt der arrogante Fremde diese Höflichkeitsfloskel nicht für notwendig.

Was für eine Kinderstube mochte diesem Menschen in seinem Elternhaus zuteilgeworden sein?, war einer der Gedanken, der meiner Mutter bei seinem Auftritt durch den Kopf schossen.

Es stellte sich für meine Mutter unter ihren starken Schmerzen ferner die Frage, ob ihm Knigge eine geläufige Begrifflichkeit war. Er redete pausenlos mit ihr und stellte ihr unaufhörlich Fragen. Dieses Maskulinum war definitiv unglaublich. Nahm er gedankenlos – hirnlos, wie es den Anschein in ihr erweckte – an, dass sie tatsächlich seine nicht enden wollenden Fragen unter diesen, ihren jetzigen Umständen beantworten konnte? Besser, wollte? Sie war nicht in der Verfassung, seinen nicht enden wollenden Wissensdrang zu stillen. Um Small Talk zu betreiben, war dies weder der richtige Ort noch der richtige Zeitpunkt. Die Gedanken meiner Mutter vernebelten sich wieder. Gerade setzte die nächste heftige Geburtswehe ein.

Die stille Hoffnung, einen weiteren Tag länger durchzuhalten, hatte meine Mutter vor einigen Wehen verloren. Grundsätzlich hätte sie gerne länger durchgehalten, um mich, ihr Ungeborenes, an einem Sonntag statt an einem Samstag auf die Welt zu bringen. Doch ich war zu hartnäckig und wollte das Licht meiner Welt erblicken. *Nur zu,* dachte sich meine Mutter. *Soll dieses dickköpfige Baby doch an einem Samstag statt an einem Sonntag geboren werden. War das Kind halt selbst schuld, wenn es künftig kein Glück im Leben hatte. Wenn das ungeborene Leben es plötzlich unglaublich eilig hatte, die Welt zu sehen, um auf dieser willkommen geheißen zu werden. Wenn es kein Sonntagskind werden wollte. Nicht, wie Gustav Gans, auf ewig vom Glück geküsst werden wollte.*

Nach achtzehnstündiger Wehentätigkeit war meine Mutter froh, mich, ihr Mirakel, endlich gebären zu dürfen. Ihre Wehen hatten zu Hause schwach, im Verlaufe der Taxifahrt immer stärker werdend eingesetzt. Mein Geburtsvorgang dauerte für eine Erstgebärende erstaunlicherweise weniger als sechs Stunden. Ich war mit dem Schwung einer Presswehe aus meinem warmen, dunklen und vertrauten Nest in die kalte, grausame Welt befördert worden. Ich, Ivonne Nielsen, war am 25. Mai des Jahres 1961 aus meinem befruchteten Ei geschlüpft.

Laut Stichtagsberechnung des behandelnden Gynäkologen meiner Mutter war ich zum Zeitpunkt meiner Geburt sieben Tage überfällig. Meine Mutter brachte gefühlt einen Elefanten zur Welt. In meiner Mutter erweckte ich den Eindruck, dass ich meine Geburt bis zum Jüngsten Gericht aussitzen wollte. Sie hatte definitiv keinerlei Bedürfnis, in dem in Irland auf den Markt gekommenen *Guinnessbuch der Rekorde*, Verewigung zu finden. Vermutlich als am längsten schwangere Frau auf Erden. Gar als Rekordzeitschwangere namentlich in diesem hochinteressanten Werk verewigt zu werden. Im Nachhinein war daher alles gut so. Schade fand meine Mutter es nur, dass ich es nicht noch wenige Stunden länger in ihrem Uterus hatte aushalten können. Ein Samstag als Geburtstag, wenn doch der Sonntag schon in Sichtweite lag.

Ein Jahr nachdem meine Eltern sich kennen- und lieben gelernt hatten, ein halbes Jahr nach der Geburt der ersten Tochter meines Vaters kam ich, sein zweiter Nachkomme, auf diese

Welt. Mein Vater erweckte in vielen Bekannten und Anverwandten den Eindruck, als wolle er so viel seines Genmaterials wie möglich auf Erden hinterlassen.

Das Treue-Gen trug mein Vater nicht in sich. Die notgeilen Weiber auf seiner Wegstrecke machten es ihm zu seinem großen Leidwesen viel zu leicht. Er konnte aus diesem triftigen Grund nicht mit einem Weibsbild glücklich sein. Er war jung und verantwortungslos. Er fühlte sich wie im Paradies, im Garten Eden. Überall auf seiner Wegstrecke lauerte eine andere zuckersüße Versuchung, eine weitere Eva auf ihn. Dies mit einem einzigen Ziel, *seiner Verführung*!

Er ging meiner Mutter das erste Mal in der Nacht, als ich, sein zweites Baby, mir meinen Weg auf diese Welt bahnte, fremd. Mit einer zuckersüßen Krankenschwester. Diese ging in dem angrenzenden Ankunftsterminal für Knutschkugeln ihrem geregelten Dienst nach. Er hatte sie während seiner Karenzzeit kennengelernt. Während seiner *Wartezeit* kümmerte sich diese junge, gut aussehende, gut gebaute Krankenschwester intensiv um ihn. Die junge Pflegerin schenkte ihm für die Zeit ihrer Zweisamkeit ihre volle Aufmerksamkeit. Sie bot ihm Kaffee und im Laufe der Wartezeit völlig selbstlos noch sich selbst an. Einzig, um zu helfen, seine gewährte Galgenfrist bis zur Entbindung seiner zweiten Tochter zu überbrücken. Jedoch war er, nachvollziehbarerweise, zu seinem großen Bedauern nicht bei der Sache. Dies trotz aller Bemühungen seitens der vor ihm knienden zartesten Versuchung aller Zeiten, die seiner großen Zauberflöte zur Einstimmung oral mächtig die Flötentöne entlocken wollte. Provozierend stellte die gut gebaute Schwester ihm, der bisher bei keinem seiner Paarungsrituale über auftretende Erektionsprobleme zu klagen hatte, eine Salve provokanter Fragen.

„Hat deine große Feuerwaffe heute Ladehemmungen? Bekommst du sie nicht in den Griff? Führt sie ein Eigenleben?“

Diese Fragen hätte sie ihm nicht stellen dürfen. Die junge drahtige italienischstämmige Kampfmaschine stellte sich leidenschaftlich seiner fleischlichen Herausforderung. Frei nach dem Motto: *Was nutzt dir der schönste Wind, wenn das Segel nicht steht …*

Innerhalb kürzester Zeit war Weihnachten im Osternest. Er kam zum Glück bei der kleinen Krankenschwester schnell genug, um trotz aller widrigen Umstände pünktlich vor meiner Geburt auf der Geburtsstation in der ersten Etage des Krankenhauses anzukommen. Seine Turnübungen dienten selbstverständlich lediglich seinem Stressabbau. Waren ganz emotionslos. Dienten einzig dem Zweck, seinen Kopf frei zu bekommen. Man musste ihm hoch anrechnen, dass er es *fahrplanmäßig* schaffte, vor meiner Geburt seine außereheliche Begattung zu beenden. Umgehend nach dem außerehelich vollzogenen Geschlechtsakt sprintete er flugs vor die *Hall of Fame*. Vor der Ruhmeshalle, der Ankunftshalle der Neugeborenen, saßen rund neunzig Prozent der werdenden Väter auf den harten, ungepolsterten Krankenhausstühlen wie die Hühner auf der Stange. Nervös liefen die restlichen zehn Prozent wie frei laufende Federviecher auf dem langen Korridor auf und ab. Alle Anwesenden fieberten der Ankunft ihres genetischen Erbguts entgegen. Durch die sportliche Hochleistung meines Vaters blieb es ihm erspart, geplante Stunden auf einem der harten, ungepolsterten, klapprigen Stühle Platz nehmen zu müssen. Er hatte sich erst wenige Minuten zuvor hingesetzt, als eine bildhübsche junge Frau in Schwesterntracht seinen Namen aufrief:

„Herr Nielsen? Wer von den hier anwesenden Herren ist Herr Nielsen?“

Als mein Vater hörte, dass dieses hübsche knusprige Ding seinen Namen rief, stand er sofort auf und zeigte sich ihr mit seinem perfektesten Zahnpastawerbelächeln.

„Ich“, antwortete er breit grinsend der nächsten zartesten, süßesten Versuchung aller Zeiten.

„Hallo Herr Nielsen, ich bin Schwester Elisabeth. Herr Nielsen, ich gratuliere Ihnen. Es ist ein wunderschönes Mädchen“, teilte ihm diese Schönheit freudestrahlend, ihre rechte Hand zur Gratulation entgegengestreckt, meine Ankunft auf Erden mit.

Das Universum meiner Mutter verrutschte in eine andere Galaxie. Als ich gesund und munter auf Erden ankam, fing sie bitterlich an zu weinen. Die Ärmste war kreuzunglücklich. Ihr schlimmster Albtraum wurde mit meiner Geburt wahr. Ein Mädchen!

Hatten mein Vater und sie sich doch sehnlichst, mehr als alles andere auf dieser großen, mehr oder weniger erforschten Welt, einen männlichen Thronfolger gewünscht. Nun das!

Die mit sich und ihrer Leistung mehr als zufriedene Hebamme machte das Gebaren meiner Mutter konfus. Sie herrschte meine Mutter hart an:

„Sie sind jetzt uninteressant. Reißen Sie sich gefälligst zusammen! Hören Sie endlich auf zu jammern und zu heulen. Ihr Verhalten ist für mich ausgesprochen befremdlich! Freuen Sie sich lieber, dass Ihr Kind gesund ist. Die Kleine ist ohne Komplikationen zur Welt gekommen. Jetzt muss ich mich erst um Ihr Kind kümmern. Wenn ich dann noch Zeit erübrigen kann, sind Sie dran!“

Die Geburtshelferin nahm mich – nachdem sie mir die Reste meiner Geburt, Käseschmiere, Blut und was sonst noch an mir klebte, entfernt hatte – in ihre starken Hände. Sie hielt mich hoch. Die Hebamme zeigte meiner Mutter das Wunderwerk einer sich über Jahrmilliarden Jahre entwickelten Evolutionsgeschichte. Ein Elefantenbaby war ich entgegen der gehegten Vermutung meiner Mutter nicht. Vielmehr war ich ein biologisches menschliches Wunderwerk.

Ein Gesamtkunstwerk der circa 200.000 Jahre alten Stammesgeschichte des Homo sapiens sapiens. Das biologische Erbgut meiner Eltern. Komplett vollständig war ich. Die Hebamme zählte meiner enttäuschten Mutter voller Enthusiasmus vor: „Eins, zwei, drei, vier, fünf Finger. Zwei Hände. Zwei Füße, fünf Zehen an jedem Fuß. Zwei Ohren. Der Rest ist zum Glück da, wo er hingehört. Nichts verrutscht. Alles gut! Ihr Baby ist ein komplett perfektes kleines Wesen!"

Ich, das Baby Ivonne, hatte für jeden Außenstehenden klar erkennbar mit meiner Vollständigkeit großes Glück. Dessen ungeachtet in vielfacher Hinsicht großes Pech. Ich hatte einen riesengroßen Makel! Ich wurde in das Tierkreiszeichen des Zwillings hineingeboren. Es hätte für meine Mutter nicht schlimmer kommen können. Es gab eine weitere große Katastrophe, mein Geschlecht! Es war das falsche. Der Gynäkologe meiner Mutter hatte verkehrt orakelt. Dass der Arzt den Hinweis gegeben hatte, dass seine getroffene Aussage nicht de facto mit einem hundertprozentigen: „Es wird ein Junge" beantwortet werden konnte, seine Aussage nicht apodiktisch war, blendete meine Mutter aus.

Sie war felsenfest der Meinung, ihrem Medikus sei bei seiner Berechnung meines Geburtstermins ein knüppeldicker Fauxpas unterlaufen.

Rechnen hätte der Dilettant ja können! Welch Frevel! Die nun folgende Kausalkette war definitiv einzig seinem Fauxpas geschuldet.

Meine Mutter hatte während ihrer Schwangerschaft mit mir wiederholt, Tag um Tag, von einem blauäugigen blonden Jungen geträumt! Geliefert wurde trotz aller guten Wünsche, trotz aller wunderschönen Tag- und Nachtträume ein dunkelhaariges und – wie sich später, nach circa achteinhalb Monaten herausstellte – grünäugiges Mädchen. Was für ein großes Unglück!

Am 25. Mai 1961 um 16.35 Uhr erblickte ich das Licht meiner Welt. Ich war 2.850 Gramm leicht und 48 Zentimeter klein. Auf keinen Fall war ich zu spät nach dem errechneten Startschuss ins Leben eingetaucht. Vielmehr war ich Wochen zu früh dran.

Meine Mutter empfand mich bei genauerer Betrachtung als das hässlichste Baby aller Zeiten! Zerknautscht sah ich aus. Viele dunkle lange Haare hatte ich. Braun, viel zu braun war ich. Als ob ich im Mutterleib zu viel Sonne abbekommen hätte. Demzufolge sah ich bei meiner Ankunft aus, als ob ich von einer langen Schönwetterfront-Urlaubsreise zurückgekehrt sei. Natürlich war dies meiner Neugeborenengelbsucht geschuldet. Meine Leber arbeitete knapp nach meiner Geburt noch nicht auf vollen Touren. Meine Drüse brauchte noch Zeit, um meinen Überschuss des Gallenfarbstoffes Bilirubin in meinem Körper abzubauen. Ein paar Tage an der frischen Luft und unter dem Einfluss der Sonnenstrahlen würde dieses Phänomen, das nicht einzig bei mir auftrat, schnell verschwinden und vergessen lassen.

Ich hatte einen Background für ein Leben, wie es ärger nicht hätte kommen können.

Daran konnte entgegen der Naturbestimmung auch das bei meiner Mutter ausgestoßene Hormon Oxytocin nichts ändern. Das Kuschelhormon, das ihrem Kreislauf unter meiner Geburt in ausreichender Menge beigemengt wurde und sich wie ein Brummkreisel in ihrem Blut bewegte, hatte seine Wirkung gründlich verfehlt. Grundsätzlich hätte ich für meine Mutter das schönste Baby der Welt sein müssen. Selbst das hässlichste Baby wird im Reich der Säugetiere unter dem nach der Geburt verabreichten Hormoncocktail für seine Mutter bildschön. Von dieser Hormonausschüttung konnte sich keine Mutti befreien. Keine Mutti? Die Gefühle meiner Mutter mir gegenüber blieben auf einem Schockgefrierpunkt stehen. Meine Mutter schien immun gegen das Hormon. Nichtsdestotrotz hatte ich mit dem Wetter Glück. Es regnete nicht. Es war ein sonniger, für die Jahreszeit jedoch viel zu kalter Frühlingstag. Hatte die Kälte eine Signalwirkung? War diese Hundskälte eine Botschaft für meine weitere Vita?

Ab den ersten Minuten meiner Ankunft waren meine Mutter und ich ohne die enge Bande der bedingungslosen Liebe, ohne die Bande der bedingungslosen Fürsorge, ohne die Bande des absoluten Verständnisses, ohne die Bande des Mutterinstinkts miteinander vom Schicksal verbunden. Das ganze Vorhaben Kind war für meine Mutter ein Fehlschlag, schlichtweg ein Desaster!

Es war von höchster Stelle nicht die beste Grundlage für eine nette, freundliche, harmonische, enge familiäre Affinität zwischen Mutter und Tochter geschaffen worden.

Irgendwer vom Pflegepersonal hatte meiner Mutter *netterweise* zwei Tage nach meiner Geburt, ganz im Vertrauen, ein bis dahin wohlbehütetes Geheimnis anvertraut. Hinter vorgehaltener Hand wurde ihr zugetragen, dass mein Vater nicht den dringlichen Wunsch in sich verspürt hatte, die Geburt seiner zweiten Tochter aktiv mitzuerleben. Dass mein Vater, statt meiner Mutter psychischen Beistand bei der Geburt ihres gemeinsamen Kindes zu leisten, statt die ganze Zeit vor der Tür des Geburtsraums, wie all die anderen werdenden Väter, auf die Ankunft seines Kullerkekses zu warten, doch tatsächlich die Dreistigkeit besessen hatte, in einem kleinen separaten, lauschigen Kabäuschen mit einer in meinem Geburtshaus beschäftigten Krankenschwester zu poppen. Sekunden nach dieser vertraulichen Information brach die vermeintlich heile Welt meiner Mutter wie ein Kartenhaus zusammen.

Meine frischgebackene Mutter war unglücklich und tief betrübt. Sie schien nach meiner Geburt den Babyblues zu haben. Obwohl ich, *die Krönung ihrer großen Liebe,* eine unkomplizierte Geburt war, kam die überschwängliche Freude, endlich Mutter sein zu dürfen, mit der meine Mutter fest gerechnet hatte, nicht in ihr auf. Es fühlte sich nichts richtig an!

Das Stillen war mühsam. Eine der diensthabenden Kinderkrankenschwester rollte zum Stillen die Neugeborenen, inklusive mir, sechsmal täglich in das große Gelass der Wöchnerinnen. Auf einem riesengroßen Gefährt wurden wir der Reihe nach unseren Müttern in deren Bett an die Brust gelegt. Meine Mutter musste mir bereits am zweiten Tag nach meiner Geburt aus einer kleinen Flasche Tee zufüttern. Ich bekam nicht genug Milch aus der Brust meiner Mutter. Schon am fünften Tage drohte meine Muttermilchquelle endgültig zu versiegen. Ich musste nun zusätzlich Muttermilchersatzmilch, Pre-Adaptionsnahrung, bekommen. Laut Befehl der diensthabenden Krankenschwestern sollte meine Mutter weiterhin versuchen, mich zu stillen. Nach jeder Nahrungsaufnahme wurde ich mit den weiteren Dreikäsehochs flugs von einer der Kinderkrankenschwestern zwecks „Weiterverarbeitung“ eingesammelt und abtransportiert.

Die Kinderpflegerinnen übernahmen während der Zeit des gesamten Klinikaufenthalts der frischgebackenen Mütter deren künftige Aufgaben. Investierten ihre ganze Arbeitskraft in das Beruhigen, Wickeln, Wiegen, Trösten und Baden von uns, den neuen Erdenbürgern.

Alle Wöchnerinnen hatten während ihrer gesamten Aufenthaltsphase in der Klinik strengste Bettruhe.

Die Besuchstermine der Wöchnerinnen und die anschließende Besichtigungsspanne der frisch gelieferten Knutschkugeln waren fix. Die Zeiten waren an drei festen Wochentagen auf eine Stunde festgelegt. Nur durch eine dicke Glasscheibe durften wir Neugeborenen auf unserer „Frischlingsstation“ besichtigt werden. Diese Vorsichtsmaßnahme diente einzig unserem Schutz. Unter Umständen war der eine oder andere Anverwandte mit der Lieferung seines Klapperstorchs nicht zufrieden und hätte gerne die eigene Hand zur Korrektur angelegt. Aus diesem Grund, zu unserer Sicherheit und zur Sicherheit des Krankenhauses, wurden wir rund um die Uhr, ganze vierundzwanzig Stunden am Tag, von autorisierten Mitarbeitern der Station vor tätlichen Übergriffen beschützt. Immerhin musste die Klinik dafür Sorge tragen, dass die abgegebenen Lieferungen auf jeden Fall an den jeweils richtigen Adressaten zurückgegeben wurden.

Auf der Säuglingsstation herrschte durch die Begrenzung der Stippvisiten an den Aufwartungstagen ein reger Betrachtungsandrang. Omas, Opas, Onkel, Tanten, Väter, Geschwister. Das volle Programm. Alle wollten in dem knapp geöffneten Zeitfenster ihre kleinen Kullerkugeln sehen. In einer nicht enden wollenden Schlange der neugierigen Besucher musste sich auch mein frischgebackener Vater an den Besuchstagen einreihen. Nur so konnte er mich, seinen kleinen „Frischling“, sehen. Eine Kinderkrankenschwester nahm mich zu meiner Besichtigungstour in ihren Arm. Zeigte mich meinem Vater durch eine dicke Glasscheibe. Mich in seine starken Arme nehmen, durfte er nicht. Erst an dem Tag meines Rauswurfs aus der Klinik. Genehmigt und bestätigt durch den behandelnden Arzt. Dies im Übrigen am zehnten Tag nach meiner Entbindung.

Endlich zu Hause angekommen, verbesserte sich die Stimmung meiner Mutter nicht. Das Stillen klappte weiterhin schlecht bis gar nicht. Meine Muttermilchzapfstelle wurde geschlossen. Die Zwiemilchernährung, in deren Genuss ich womöglich durch die Einstellung meiner Mutter zu mir kam, zu dieser exquisiten Versorgung sah meine Mutter keine Veranlassung mehr. Jetzt, da wir in unseren Heimathafen eingelaufen waren. Nach nur zwei Tagen in meiner Residenz wurde mir aus den differentesten Gründen circa alle vier Stunden einzig die Milchbuddel gereicht. Die nunmehr gereichte Nuckelpulle war ungeheuer pragmatisch. Diese konnte unkompliziert auch von dem weiteren Mitbewohner der gemeinsamen Unterkunft verabreicht werden. Was die Hausherrin als im höchsten Maß angenehm empfand.

Der anschmiegsame Hautkontakt zu meiner Mutter brach demzufolge abrupt ab. Meine Mutter ist von vornherein schon nicht begeistert gewesen, mich zu stillen. Mehr noch, es war ihr äußerst unangenehm, gar schmerzhaft, gruselig, lästig, eklig!

Zu meinem Leidwesen kam hinzu, dass sich bei meiner Mutter auch in ihrer gewohnten Umgebung die ungebrochene und erwartete Euphorie über mich nicht einstellte. Die sogenannten Heultage hatten sie fest im Griff. Jeden Tag, wenn es draußen dunkel wurde, fing sie an zu plärren. Meine Mutter fühlte sich kaputt, hilflos und angespannt. Sie wusste nicht, wie sie auf mich – in ihrem Schoß, manchmal auch in ihren Armen liegend – reagieren sollte. Wie sie mit mir umgehen sollte. Die einbrechende Dunkelheit und die endlos scheinenden Nächte, in denen sie nicht wusste, ob sie Schlaf bekommen würde oder nicht, gaben ihr den Rest. Sie vermisste ihr altes Leben. Erste Hilfe gegen den Baby-Blues brauchte sie von meinem Vater nicht erwarten. Sie fühlte sich alleingelassen und unverstanden. Die anderen Leute, ihre Nachbarn, sahen sie – ihrem Empfinden nach – verständnislos an. Sie hatte das Gefühl, als tuschelten sie, wenn sie ihnen im Treppenhaus oder auf der Straße begegnete.

Der Rochus, den meine Mutter kurz nach meiner Geburt auf meinen Vater hatte, die Wut, die Enttäuschung waren riesengroß.

Das Schwein! Fremdgehen, wenn ich in den Wehen liege, ging ihr ständig aufs Neue durch den Kopf, wenn sie mich ansah. Sie projizierte ihre Wut, ihren Frust auf mich.

Der Seitensprung, der am Tag meiner Geburt seitens meines Vaters stattgefunden hatte, war in den Augen meiner Mutter der einzig wahre Grund, aus dem sie mich nicht als ihren größten Schatz annehmen konnte. Sicherlich, sie war trotz eines gewissen Abstandes nach wie vor unglaublich enttäuscht. War frustriert, dass keines ihrer Eizellen es geschafft hatte, seinen Y-Samenfaden, seine Chromosomen eines Jungen, aufzunehmen. Bei genauerer Betrachtung war dies ganz ohne Zweifel einzig die Schuld meines Vaters. Immerhin hatte es keiner seiner Y-Chromosomen-Samenfäden geschafft, eine ihrer reifen Eizellen zu befruchten. Seine gesamten faulen Samenfäden waren viel zu langsam unterwegs. Zu guter Letzt gab es eine nicht außer Acht zu lassende weitere Misere. Ich war ein astrologischer Zwilling. Diese grausame Tatsache entschärfte die miese Laune meiner Mutter, ihre Ablehnung gegen mich nicht im Geringsten. In ihren Tag- und Nachtillusionen sah alles komplett anders aus.

Tatort Hühnerstall

In dem Stadtteil Wuppertal-Barmen wurde ich am 20. August 1961 protestantisch getauft. Zu diesem Zeitpunkt war ich gut neunzig Tage jung. Eine große Feier gab es mangels Beteiligung meiner weiteren desinteressierten Familienmitglieder nicht.

Ich war ein schwaches, kränkelndes Mädel. Dass ich meine ersten 365 Tage überlebte, daran mochte und wollte keiner recht glauben. Getauft wurde ich an einem Sonntag. Es war für die Jahreszeit ein deutlich zu kalter Sommertag. Es musste an diesem kräftig eingeheizt werden.

Sechs Monate später. Die für ein Baby typischen Speckringe an meinen Ärmchen und Beinchen fehlten. Ich hatte viel zu wenig zugenommen. Einer der Gründe war, dass ich des Öfteren hohes Fieber, das wiederholt in Fieberkrämpfen endete, bekam. Diese Infekte zehrten an meinen Kräften. Doch ich war schon damals eine Amazone. Ich überstand das Babyalter. Wenn auch mehr schlecht als recht. Dennoch, ich war zäh. Ich war eine Kampfhenne. Ich wollte leben.

Gemeinsam mit meinen Eltern bewohnte ich im Jahr 1961 im Stadtteil Wuppertal-Elberfeld einen ehemaligen Hühnerstall. Die ehemalige Legebatterie war zu einer kleinen Zweizimmerwohnung auf dem Hinterhof eines Mehrfamilienhauses umgebaut worden. Diese *prächtige* Unterkunft hatte zum Schaden unser aller Gesundheit erhebliche Nachteile. Sie war eiskalt und saufeucht. In den ehemaligen Eierproduktionsteamgemeinschaftsräumlichkeiten trug ich manche große sowie die eine oder andere kleine Blessur davon.

An einem Tag im Jahr 1963 saß ich im ersten der zwei Gemächer meiner Erziehungsberechtigten auf meinem dunkelrosafarbenen Pott. Dies mit der Zielsetzung meiner Mutter, dass ich – statt in meine warme, wollige Windel zu machen – in die kalte, pinkfarbene Plastikschüssel mein großes Geschäft verrichte. Es war Winter. Meine Eltern beheizten unser kaltes Kabuff, das umgebaute Geflügelasyl, mit einem elektrischen Heizapparat. Meine Mutter saugte Staub in dem daneben liegenden Raum. Von ihr unbemerkt, wickelte sich die Schnur ihres Handstaubsaugers um die Füße des heißen Heizofens, der direkt vor mir stand. Nach Aussage meiner Mutter zog sie die Saugerschnur des Reinigungsgerätes hinter sich her, während ich – auf meinem Töpfchen sitzend – mein großes Geschäft verrichten sollte. Besagte Staubsaugerschnur gab bei Zug nicht nach. Meine Mutter war gereizt, wurde wütend, gar ungehalten, da die besagte verbleibende Saugerschnur nicht ausreichte, den zweiten Raum komplett zu saugen.

Statt nachzusehen, warum die Schnur nicht nachkam, den Grund für die aufgetretene *Schwierigkeit* herauszufinden und aufzuhören, an der verwickelten Schnur zu ziehen, fehlten ihr sowohl die Zeit als auch die Geduld. Sie war zeitlich knapp dran, war in Eile, wollte schnell diesen Raum durchsaugen und dann, husch, husch!, mit mir einkaufen gehen. Meine Mutter zog und zog weiterhin wie eine Besessene an der Staubsaugerschnur ihres Handstaubsaugers.

Plumps!, fiel das große Heizgerät mit der heißen Heizplatte um. Unglücklicherweise auf meinen rechten Arm.

Da die Wärmequelle keine abgedeckte Platte hatte, konnten die glühenden Flächen, die heißen glühenden Spiralen, ungeschützt auf meine kleinen Extremitäten fallen. Meine Mutter war erschrocken. Sie zuckte zusammen, als sie mein ohrenbetäubendes, lautes Gebrüll aus dem benachbarten Raum vernahm. Schnellen Schrittes rannte sie in das anliegende Zimmer, in dem ich nun mehr oder weniger auf meinem Topf saß. Sie stürmte wie ein Sondereinsatzkommando im Einsatz in das kleine Kämmerlein. *Geistesgegenwärtig* riss sie den umgefallenen heißen Ofen von meinem Arm. Achtsam stellte sie diesen auf seine vier Füße zurück. Doch, oh Schreck!, an den Heizspiralen hingen Hautfetzen. Verbranntes Menschenfleisch traf es wohl eher. Fleischreste meines verbrannten rechten Arms, meiner rechten Hand bis zu meinen Fingerspitzen. Laut späterer Berichterstattung soll es in dem Raum widerlich nach verbranntem Fleisch gestunken haben. Vor Schmerzen verlor ich mein Bewusstsein. Durch diesen *Unfall* trug ich Verbrennungen dritten Grades davon. Landete, wie bei zahllosen Verletzungen zuvor als auch danach, im Krankenhaus. Wie konnte es zu diesem schweren Unfall kommen? Es gab keine Vorschriften für Elektrogeräte zur Einhaltung von Sicherheitsvorschriften.

Ein Jahr später. Im Winter 1964. Zu diesem Zeitpunkt war ich dreieinhalb Jahre alt. An einem kalten Winternachmittag brach ein Wasserrohr in unserer Wohnung, der ehemaligen Gefiederverwahrungsanstalt. Unsere gesamte Zweiraumbleibe stand von jetzt auf gleich unter Wasser. Stundenlang musste ich in dem kalten, auf einer Erwachsenenmesslatte wadenhohen Wasser ausharren. Meine Mutter sah sich außerstande, sich um mich zu kümmern. Euphorisch schaufelte sie mit ihren drei Eimern alleine gegen die Wassermassen an. Sie hatte mich bei ihrer Regulierung des Wasserschadens total vergessen. Dass für die Beseitigung des aufgetretenen Wasserschadens und die daraus resultierende Reparatur des Wasserrohrs die Hilfe eines Gas- und Wasserinstallateurs die beste Lösung wäre, kam meiner Mutter nicht annähernd in den Sinn. Nach vielen Stunden des Eimerschippens war das Schlimmste tatsächlich überstanden. Den Wassermassen hatte meine Mutter ihre Stirn geboten.

Meine Mutter wunderte sich sehr, als sie am Abend des ereignisreichen Tages zur Kontrolle an mein Bett trat, und mich in diesem kalt wie einen frisch gefangenen Fisch vorfand. Stunden zuvor hatte sie mich mit einer bedenklichen Körpertemperatur von über 40 Grad ins Bett gelegt und meine Temperatur dank Wadenwickel auf 38 Grad gesenkt. Nun war von Fieber oder erhöhter Temperatur keine Spur mehr. Ich war kaum mehr ansprechbar. Krampfte. Aus lauter Angst, dass ich ihr unter ihren Fingern wegsterben könnte, nahm sie mich schnell aus meinem Bett und zog mir meine Nachtwäsche aus und meine Wohlfühlklamotten an. Sodann fuhren wir umgehend mittels einer herbeigerufenen Taxe in die ortsansässige Klinik.

Als wir in der Klink ankamen, stellte der behandelnde Doktor während seiner eingehenden Untersuchung eine ernste Diagnose: schwere Hypothermie. Meine Körpertemperatur betrug nur noch knapp 28 Grad. Mein Puls war unregelmäßig und abgeschwächt, kaum noch fühlbar. Meine Atmung war abgeflacht. Ich war stark unterkühlt. Im Laufe der Untersuchung verlor ich zum großen Schreck meiner Mutter mein Bewusstsein. Für den behandelnden Arzt war mein Gesundheitszustand extrem bedenklich. Ich wurde umgehend auf die Intensivstation verfrachtet und auf dieser den Umständen entsprechend versorgt. Meine Mutter musste lange auf dem langen, kalten Krankenhauskorridor auf den Befund meiner Untersuchung warten.

Nachdem ich intensivmedizinisch versorgt war, trat der Medizinmann auf den Korridor und rief meine Mutter in einen der Behandlungsräume. Ohne Umschweife kam er zur Sache. „Frau Nielsen, wie ist es möglich, dass Ihre Tochter derart extrem auskühlen konnte? Ivonne schwebt in akuter Lebensgefahr."

Meine Mutter war nervös, fahrig. Gab dem Mediziner entschuldigend zur Antwort: „Wir hatten einen großen Wasserschaden in unserer Wohnung. Mehrere Stunden lang saß Ivonne im kalten Wasser."

„Und wieso kümmern Sie sich um das Wasser und nicht um Ihre Tochter?", fragte der Medizinmann meine Mutter kopfschüttelnd mit einem Anflug aufkommender Wut.

Es kam, wie es kommen musste. Einen Tag nach meiner Hospitaleinlieferung hörte mein Herz auf zu schlagen. Ich hatte einen Herzstillstand. Musste reanimiert werden. Da die Reanimation länger als zehn Minuten dauerte, waren die behandelnden Doktoren alles andere als optimistisch, dass eine ausreichende Sauerstoffversorgung meines Hirns während meines Comebacks gewährleistet wurde. Die Vermutung lag nahe, dass ich schwere, wenn nicht gar schwerste Hirnschädigungen davongetragen hatte. Ich erholte mich langsam und schleppend. Die Heilkundigen diagnostizierten außerdem eine schwere Lungenentzündung infolge der Unterkühlung. Ich musste für einige Wochen zur Genesung im Krankenhaus bleiben. Die endgültige, abschließende Diagnose blieb man meinen Eltern anfänglich schuldig. Ich hatte einen großen, nimmermüden Schutzengel. Der liebe Gott war mir hold. Erneut kam ich mit einem *blauen Auge* davon.

Wieder ein gutes Jahr später. 1965. In diesem zurückliegenden Jahr gab es sowohl schöne als auch unschöne Veränderungen innerhalb unserer Familie.

Ich war nunmehr viereinhalb Jahre alt. Seit geraumer Zeit besuchte ich einen protestantischen Kindergarten. Diesen durfte ich an dem einen oder anderen Tag für 24 Stunden schwänzen, um meine Mutter in das Werk, in dem sie beschäftigt war, zu begleiten. Meine Mutter arbeitete als Produktionshelferin in einer nahen Fabrik. Dieses Unternehmen stellte Hygieneartikel her. Unter anderem Monatsbinden für Frauen und Windeln für inkontinente Erwachsene. Von den großen Maschinen und den vielen Menschen, die an den verschiedenen riesigen Maschinen und Bändern arbeiteten, war ich komplett beeindruckt und zudem mächtig stolz auf meine Mutter. Meine Mutter war eine Maschinenbedienerin.

Bezüglich des Fortkommens auf der Karriereleiter meines Vaters hatte es eine einschneidende Veränderung gegeben. Er war diese eine – wer hätte damit zu irgendeiner Zeit gerechnet – Karrieretreppe hochgefallen. Mein Vater wurde seit geraumer Zeit in seiner ortsansässigen Fabrik tatsächlich als Meister beschäftigt.

Meine Eltern stritten sich seit geraumer Zeit viel und ausgiebig. Mein Vater war ein leidenschaftlicher Fußballspieler. Er konnte auf dem Fußballfeld und auf den anschließenden Saufgelagen richtig abschalten. Schlecht war für meine Mutter und mich, dass sich mein Vater sein beschissenes Leben nicht „schönsaufen" konnte. Mein Vater blieb an den Wochenenden deutlich länger auf den Sportplätzen unserer Region als früher. Fuhr außerdem mit seinen Sportkameraden gerne an dem einen oder anderen verlängerten Wochenende zu Fußballturnieren durch unsere Republik. Eine zweite Variante als Grund seines Fernbleibens konnte sein: Mein Vater hatte gepunktet. Er war offenherzig von einer Herzdame seiner Wahl zur Übernachtung eingeladen worden.

Wenn er nicht mit seinem Sportverein oder anderswo mit anderen Individuen unterwegs war, genoss er an den Sonntagvormittagen ausgiebig seinen Frühschoppen. Meistens in *seiner* Vereinskneipe. In dieser füllte er sich bis zur Obergrenze Haaransatz mit den differentesten alkoholischen Getränken ab. Nach seiner erfolgreichen Abfüllung „Oberkante Unterlippe" trat er sodann stinkbesoffen, unzurechnungsfähig, außerhalb jeglicher Befähigung, die Kontrolle über seine motorischen Fähigkeiten zurückzugewinnen, total desorientiert, häufig kampfbereit wie ein abgerichteter Pitbull zum Kampfhund, widerwillig seinen verhassten Rückzug in unser *wunderschönes* Zuhause an.

Meine Mutter war ständig tief betrübt. Sie frönte in dieser Stimmung gerne ihrer unausgesprochen großen Leidenschaft, dem Ankurbeln der Marktwirtschaft. Sie kaufte unter der Woche Unmengen an Gegenständen. Konsumgüter, die sie bereits zuhauf in unserem Heim in den Schränken angesammelt hatte.

Wenn mein Vater und sie die dicken Umschläge mit den Gehältern aus den Lohnbüros abgeholt hatten, verfügte sie über ausreichend Geld zum Ausgeben. Durch sie bekam der Slogan „*Deutsches Wirtschaftswunder*“ einen ganz neuen Stellenwert. Sie steigerte definitiv das Bruttosozialprodukt! Sie bestellte viel aus den Versandhauskatalogen, die es erst seit wenigen Jahren auf dem Markt des deutschen Wirtschaftswunderlandes gab. Mein Vater schimpfte über den Einkaufswahn meiner Mutter in dem einen oder anderen Disput. Das meiste uns zur Verfügung stehende Geld ging somit bereits am Monatsanfang für Schnickschnack drauf. Zum Monatsende wurde unser zur Verfügung stehendes Budget stets knapp. Dafür gab es Unmengen Handtücher, Bettwäsche, Waschlappen, Blumenvasen und ausreichend Firlefanz in unserer Wohnung.

In meiner elterlichen Wohnung in Wuppertal-Langerfeld gab es keinerlei Luxus. Schon gar nicht den Luxus einer Waschmaschine oder einer Wäscheschleuder.

Im Jahr 1965 gab es keine kombinierten Waschvollautomaten. Die Wäsche wurde in der Waschmaschine in vielen Haushalten noch im Wäschezuber gewaschen. In einem nächsten Gang, so vorhanden, in einer Wäscheschleuder geschleudert.

Trockner gab es für uns, den Pöbel, nicht. Unsere Wäsche wurde auf Wäscheleinen getrocknet. Diese befanden sich auf den Trockenböden, auch mal auf den Hinterhöfen der Wohngebäude. In dem Mehrfamilienhaus, in dem wir eine Wohnung hatten, stellte uns unser Vermieter auf dem Hinterhof seiner Mietskaserne eine Waschmaschine und ebenso eine Wäscheschleuder zur Verfügung. Selbstlos und großherzig. In einem alten umgebauten, bis unter die Decke gekachelten und auf dem Boden gefliesten Schuppen. Im Rahmen seiner begrenzten finanziellen Möglichkeiten, selbstverständlich kostenpflichtig.

An einem Tag im Jahr 1966. Meine Mutter und ich befanden uns auf dem Hinterhof in der Waschküche. Unsere Wäsche war nahezu fertig gewaschen.

Kochwäsche, 95 Grad.

Meine Mutter sprach mich mit zuckersüßer Stimme an:

„Ivonne, bitte leg deinen Arm in das Becken, so kann ich gleich sehen, ob unsere Wäsche gekocht wurde. Du sagst mir, wenn das Wasser kommt, ob das abgepumpte Wasser heiß ist. Ich weiß somit gleich, ob ich die Temperatur zum Waschen unserer Wäsche richtig gewählt habe.“

Bei der Aufforderung meiner Mutter, meinen Arm in das Ablaufbecken zu legen, dachte ich mir nichts. Im Gegenteil. Ich sah keinerlei Gründe, meiner *fürsorglichen* Mutter zu misstrauen. Klar hätten bei mir die Alarmglocken klingeln können, doch ich war zu klein. Zu naiv.

Unbedarft legte ich meinen linken Arm in das Becken, über dem ein graues Plastikrohr hing, das zuvor von ihr eingehängt worden war, um das abgepumpte Wasser aus der Waschmaschine zum Abfluss zu führen. Das Becken war hoch angebracht. In einer Ecke des Schuppens stand ein kleiner Holzschemel. Schnell holte meine Mutter diesen herbei. Artig stellte ich mich auf den herbeigeholten Schemel. Mit angeschwollenem Brustkorb vor lauter Stolz. Ich, Ivonne Nielsen, durfte meiner Mutter als Testperson zur Verfügung stehen. Ahnungslos legte ich meinen linken angewinkelten Arm in das Becken. Achtung, Achtung! Mein Unterarm war bereit. Das Wasser konnte kommen. Das Wasser kam. Das abgepumpte Wasser hatte eine Temperatur von 95 Grad erreicht. Kochwäsche.

Ich schrie wie am Spieß, als das kochend heiße Wasser über meinen Unterarm gepumpt wurde. Erst als ich lauthals Zeter und Mordio schrie, begriff meine Mutter, was sie mir angetan hatte.

„Ivonne!", schrie mich meine Mutter in dem Moment ihres Erwachens an.

„Nimm sofort deinen Arm aus dem Becken!"

Meine Mutter lief aus dem Wäscheschuppen. Lief in unsere Behausung. Lief in unsere Küche. Griff im gut sortierten Küchenschrank nach einer Dose mit der Aufschrift „Mehl".

Lief schnell wie der Schall in den Wäscheschuppen zu mir zurück. Bei ihrer Rückkehr kauerte ich auf dem Boden der Waschküche. Lauthals, beharrlich, vor Höllenqualen schreiend, wimmernd, klappernd.

Meine *fürsorgliche* Mutter pulverte auf die sich durch die schwere Verbrühung sofort bildenden Wasserblasen meines Unterarms großzügig eine dicke Schicht Mehl und verteilte dieses großflächig. Das Mehl sollte die starken Schmerzen lindern und die Blasen, die dicken Quaddeln, zum Abtrocknen bringen. Doch diese wurden durch die nochmalige Attacke meiner Mutter um ein Vielfaches dicker und röter. Ich litt unter unglaublichen Schmerzen. Meine Mutter geriet in Panik. Ihr ging erneut, wie Daniel Düsentrieb, ein Licht auf. Sie nahm mich in ihre Arme. Sie versuchte vergebens, mich zu trösten.

„Ivonne, Liebes, es tut mir unendlich leid. Wie kann ich das alles nur wiedergutmachen? Ich verspreche dir, ich tue dir nicht mehr weh. Es kommt nicht mehr vor. Versprochen. Nie mehr!"

Dutzendfach hatte ich sie *das* schon sagen hören.

Warum hatte sie mir so wehgetan?

Hatte sie mich nicht mehr lieb?
Hatte sie mich nun wieder lieb?

Wir fuhren mit einem Taxi schnurstracks zu einem niedergelassenen Medizinmann. Ganz in unserer Wohnortnähe. Als wir bei dem Medikus angekommen waren, rügte dieser meine Mutter nach seiner eingehenden Untersuchung meines verbrühten Arms. Er sagte zu meiner Mutter:

„Frau Nielsen, dass die Mehlattacke, der Sie Ihre Tochter nach der Verbrühung ihres Unterarms ausgesetzt haben, kontraproduktiv war, brauche ich Ihnen, Ihren gesunden Menschenverstand voraussetzend, nicht zu sagen. Nun muss die Kleine noch viel mehr leiden, als ohnehin schon vonnöten gewesen wäre. Das gesamte Mehl muss ich aus den Brühwunden entfernen. Sollte das Mehl auf Ivonnes Arm verbleiben, kann es durch das Mehl zu einer schlimmen Blutvergiftung kommen. Ich sehe mich genötigt, den Arm der Kleinen steril zu spülen. Ein Beutel mit Eis oder eine kalte Kompresse hätte in jedem Fall eine abschwellende, abkühlende, mildernde Wirkung gezeigt. Wären Sie so schlau gewesen, eines dieser Heilmittel anzuwenden, hätten wir Ihrer Tochter die jetzt folgende Tortur mit Sicherheit ersparen können. Wie kommen Sie bloß auf diese unsinnige Idee mit dem Mehl? Wie sieht es mit Tetanusschutz aus?“

Meine Mutter zuckte beschämt ihre rechte Schulter in die Höhe.

„Na dann, das auch noch! Die Spritze gebe ich Ihrer Tochter im Anschluss.“

Der Arzt war schockiert. Dem behandelnden Medizinmann hatte meine Mutter erzählt, dass sie in einem Augenblick der Unachtsamkeit mich, ihren Abkömmling, aus ihren Augen verloren hätte. Just in diesem Moment hätte ich mir diese schwere Verbrühung zugezogen. Ich hätte wohl aus lauter Neugier den

Arm in das Becken gehalten. Prompt in diesem Moment hätte die Waschmaschine angefangen, das kochend heiße Wasser abzupumpen. Der gelogene Unfallhergang war für den Arzt absolut glaubhaft. In ihm keimte nicht eine Millisekunde der Verdacht auf, dass der *Unfallhergang* ein ganz anderer war. Ich zählte erst viereinhalb Lebensjahre. Wer hätte mir den reellen Ablauf des Unfalls geglaubt?

Ich verstand ja selbst nicht, was wie und warum passiert war.

Auch kann ich mich noch gut an einige Arzttermine erinnern, bei denen ich gemeinsam mit meiner Mutter auf die Toilette gehen musste. Zugegeben, ich hatte zuvor die Frechheit besessen, zu quengeln. Ich hatte genörgelt, weil die Wartezeiten in den verschiedenen Arztpraxen für meine Verhältnisse deutlich zu lange dauerten. Auf den Toiletten der verschiedensten Praxen schlug mir meine Mutter gerne mit ihrer flachen Hand auf meine Nase. So lange, bis diese letzten Endes anfing zu bluten. Sodann hörte meine Mutter auf, mir auf meine Nase zu schlagen. Nach jeder ihrer schlagkräftigen Argumentationen war meine Mutter wie ausgewechselt. War rührend um mich besorgt und hätschelte und tätschelte mich. Den Arzthelferinnen der jeweiligen Praxen erzählte meine Mutter, nachdem wir die Toilette wieder verlassen hatten, dass ihr kleines Mädchen ständig unter Nasenbluten leiden würde. Dass sie mein ständiges Nasenbluten bei Gelegenheit untersuchen lassen müsste. Sie besaß tatsächlich die Frechheit, die Dreistigkeit, sich trösten zu lassen.

Sie erweckte den falschen Eindruck, sich ehrlich und wahrhaftig um mich zu sorgen. Die unwissenden Helferinnen gaben meiner Mutter, ahnungslos über den wahren Tathergang und besorgt um mein Wohlergehen, Tipps. Machten Vorschläge zur Vermeidung und Behebung der wiederholten *Missgeschicke*. Meine Mutter sollte sich mit mir viel in befeuchteten Räumen aufhalten. Sollte in den Wintermonaten unbedingt mit mir in die Schwimmhalle gehen. So würden meine Nasenschleimhäute nicht austrocknen. Wenn es dann trotz aller Fürsorge und entsprechender Vorsorge zu Nasenbluten kommen würde, sollte sie mit einem Lappen gerüstet sein. Dieser sollte im Bedarfsfall mit kaltem Wasser feucht gemacht werden. Sie sollte mir den kalten feuchten Lappen sodann in meinen Nacken legen und so weiter. Wie es sich tatsächlich abgespielt hatte, hatte meine Mutter in dem Moment, als wir gemeinsam den Abort verlassen hatten, verdrängt. Wiederholt vergessen?

Meine Mutter benötigte dringend Hilfe. Keiner sah die Notwendigkeit, mich vor den Angriffen meiner Mutter zu schützen. Keiner sah meine Qualen. Niemand sah, dass meine Mutter, die nach außen fürsorglich und besorgt schien, mir, ihrem eigenen Fleisch und Blut, wieder und wieder Verletzungen zufügte. Keiner sah, dass meine Mutter die mir zustoßenden *Unfälle* durch angebliches Fremd- oder Eigenverschulden, die entsprechenden Fachärzte und/oder Kliniken als Basis zur Aufwertung ihres kranken Egos nutzte. Meine Mutter gierte nach Anerkennung und Aufmerksamkeit seitens der Ärzteschaft und ihrer Mitmenschen. Selbst mein Vater schien ahnungslos. Heute würde man bei meiner Mutter das Münchhausen-Stellvertreter-Syndrom diagnostizieren. Nach Rosenberg wurde im Jahr 1987 festgelegt, welche Symptomatik zur Diagnostik zutreffen musste. Vier Merkmale mussten erfüllt sein, um diese Diagnose ohne einen Anflug des Restzweifels zu stellen. Ich konnte ein Lied davon singen, dass alle vier Punkte in der grausamen, bizarren Mutterliebe meiner Erzeugerin zu mir zutrafen.

Was in dem ersten Lebensjahr schlecht anfing, hörte auch in den nachfolgenden Jahren nicht auf. Ich war weiterhin kränklich und war ein ungern gesehener Gast auf den Kinderstationen der verschiedenen Spitäler in meinem und um meinen Wohnort herum. Meine Mutter sagte nach einer meiner unzähligen Krankenhausentlassungen zu mir: „Sobald ich mit dir vor die Haustür gehe, bist du krank."

Sie hatte unrecht. Ich wurde auch in den gemeinsam bewohnten Wohnungen krank. Meine Erinnerungen an all die vielen schlimmen Dinge, die mir im Laufe meiner Kindheit widerfahren waren, setzten im Alter von sechs Jahren, wenige Monate vor meiner Einschulung, in einer Klinik durch abrupt einsetzende Flashbacks ein.

Ich konnte mich schlagartig gut an meine Zeit in den betreffenden Krankenhäusern erinnern. An die einzelnen Kinderstationen und an die jeweilige Isolation auf diesen. An die verschiedenen Krankenhauszimmer, in denen ich mit keinem der anderen Kinder in Kontakt treten durfte. Zu meinem Leidwesen hatte ich immer alleine gelegen. Auch kann ich mich erinnern, dass ich dann und wann in Räumen lag, die statt mit vier schützenden Wänden lediglich mit drei schützenden Wänden und einer Wand mit Glasausschnitt versehen waren. Durch diese Glasausschnitte schauten die Ärzte und Krankenhaustouristen mich oft an wie ein exotisches Tier im Zoo. Die Hintergründe, die dazu geführt hatten, dass ich in den verschiedensten Hospitälern meiner Umgebung einchecken durfte, hatte meine Mutter für sich behalten. Ich hatte die Umstände, die zu den vielen externen Bewirtungen geführt hatten, zu keiner Zeit in Erfahrung bringen können. Nur einen bis dahin *geheimen Grund*, der mich zu einigen weiteren Aufenthalten zwang. Nach einigem Hin und Her hatte ich diesen aus meiner Mutter *herauskitzeln* können.

Diesbezüglich hatte ich eine Retraumatisierung. Diese schien mir im Nachhinein surreal. Ich kann mich auch noch gut an diverse Untersuchungen erinnern, bei denen mein Kopf mit einem Helm versehen wurde. Der Helm war verbunden mit vielen Drähten und Kabeln zur Messung meiner Hirnströme. Mein Kollaps und meine schwere Lungenentzündung im Jahr 1964 waren Jahre später die hilflosen Erklärungen meiner Mutter für die ständigen Klinikaufenthalte und die vielen Nachuntersuchungen.

Angeblich wollten meine behandelnden Heilkundigen aus meiner mich verarztenden Klinik in gewissen Intervallen ergründen, ob bleibende Schäden an meinem Großhirn zurückgeblieben waren. Diesen Untersuchungen soll mein minutenlanger Exitus zugrunde gelegen haben. Wie meine Mutter mir gegenüber behauptete, sollten bleibende Hirnschäden ausgeschlossen werden. Dennoch blieb meine Mutter mir eine fundierte Erklärung zu den realen Hintergründen schuldig. Mir ist der Grund, warum ich mich bereits als Säugling und fortan fortlaufend in den Krankenhäusern der Umgebung Wuppertals als häufiger Gast einlogieren durfte, bis heute nicht bekannt. Einer der behandelnden Mediziner sagte nach einer seiner zahlreichen Untersuchungen zu mir:

„Ivonne, ich möchte dich, obwohl ich dich unglaublich lieb gewonnen habe, nicht mehr auf meiner Station wiedersehen. Nicht um alles auf der Welt. Versprich mir, dass du künftig gut auf dich aufpasst."

An diesem Tag wurde ich zum x-ten Mal aus dem Krankenhaus entlassen. Wieder einmal durfte ich vor meiner Entlassung mein Lieblingsessen, Spaghetti mit Tomatensoße, verputzen.

Zum x-ten Mal holte meine Mutter mich aus der Klinik ab. Gemeinsam fuhren wir, wie so oft zuvor, mit der Schwebebahn zurück in unsere kalte, dunkle kleine Bleibe in Wuppertal-Elberfeld.

Aufgrund der vielen stationären als auch der ambulanten Krankenhausaufenthalte und meiner sonstigen Unpässlichkeiten hatte ich keine Freunde. Ich besuchte bis zu meiner

Einschulung den kirchlichen Kindergarten. In diesem fehlte ich gerne an dem einen oder anderen Tag. Die Fehltage waren meinen häufigen *Unfällen* geschuldet. Die Kindergärtnerinnen sorgten sich um mich. Unternahmen leider trotz ihrer negativen Bauchgefühle nichts.

Ich war ein sogenanntes Schlüsselkind. Trug meinen Wohnungsschlüssel an einem dicken Band um meinen Hals. Schon als kleiner Knirps musste ich lernen, den Weg vom Kindergarten in mein Asyl alleine zu finden. Meine Eltern arbeiteten beide und hatten keine Zeit, mich abzuholen. Sie beschäftigten sich selbst nach ihrem wohlverdienten Feierabend nicht mit mir. In ihrer knappen Freizeit spürten meine Eltern keinerlei Bedürfnis, sich um mich zu kümmern. Aufgrund dieser schrägen Konstellation in meinem Elternhaus hatte ich keine Möglichkeit, Freunde mit zu mir nach Hause zu nehmen. Ich war sehr einsam.

Mit sechs Jahren wurde ich Anfang August 1967 in die Grundschule in Wuppertal-Langerfeld eingeschult. Ich freute mich auf die Schule. Ich hoffte, in dieser endlich Anschluss zu finden. Zur Einschulung bekam ich von meinen Eltern eine Schultüte geschenkt, die größer war als ich. Gefüllt wurde diese mit lauter leckerem Naschwerk und einigem Spielzeug, das ich mir seit langer Zeit ersehnt hatte. Das Lernen in der Schule brachte mir viel Spaß. Meine Lieblingslehrerin in der ersten Klasse hieß Frau Linke. Diese junge, äußert motivierte Lehrkraft erübrigte viel Zeit für mich. Wenn ich, wie des Öfteren, nicht zu mir in mein heimeliges Zuhause zurückwollte, war Frau Linke für mich da. Ich liebte meine Lehrerin abgöttisch. Ich idealisierte sie buchstäblich. Eines Tages, ich saß gerade auf meinem Platz in meinem Klassenraum, wurde ich in dem Unterricht meiner Lieblingspädagogin ohne Vorankündigung von einer großen inneren Unruhe erfasst. Ich konnte das in mir aufkeimende

Gefühl nicht erklären. Konnte es nicht greifen. Man konnte meine Körperwahrnehmung mit Fug und Recht den *sechsten Sinn* nennen. Artig meldete ich mich:

„Frau Linke, es ist was Schlimmes passiert. Ich muss sofort nach Hause. Meine Mutter stirbt. Ich spüre es."

Meine Klassenlehrerin, Frau Linke, antwortete mir unabhängig von ihrem Argwohn gegenüber meiner Aussage freundlich lächelnd:

„Ivonne, das geht auf keinen Fall. Du kannst nicht, weil du ein Gefühl im Bauch verspürst, das Schulgrundstück verlassen. Das ist verboten. Ich kann dir anbieten, bei dir daheim anzurufen. Sollte niemand abnehmen beziehungsweise ihr kein eigenes Telefon besitzen, lass uns bei einem Nachbarn deiner Eltern anrufen. Dann kannst du dich am Telefon persönlich vergewissern, dass bei dir zu Hause alles in Ordnung ist. Ist das ein Angebot? Ich begleite dich gerne ins Schulbüro, wenn du nicht alleine gehen magst."

„Nein, nein, das geht nicht! Ich kann nicht bleiben. Ich muss in jedem Fall nach Hause", antwortete ich ihr und lief weinend, ohne mich ein einziges Mal umzudrehen, aus dem Klassenraum. Ich lief auf direktem Weg von meiner Schule nach Hause. Auf mein Türklingeln reagierte meine Mutter nicht. Ausgerechnet an diesem Tag hatte ich meinen Haustürschlüssel, der immer um meinen Hals an einem dicken Band hing, vergessen. Ich hatte ihn auf dem Küchenschrank liegen lassen. Durch mein auffälliges Verhalten aktivierte ich die gesamte anwesende Hausgemeinschaft. Diese hatten, mobilisiert durch meinen veranstalteten Lärm, den Hausmeister gerufen. Kaum war dieser an unserer Wohnungstür angekommen, öffnete er mit einem Dietrich unsere Tür. Voilà. Der Weg in unser Domizil war frei. Ich flitzte sofort an dem Concierge vorbei. In unsere Residenz. Ich rief, nein, ich schrie voller Verzweiflung laut nach meiner Mutter.

„Mama, Mama, wo bist du?"

Doch ich bekam keine Antwort. Die Panik stieg unaufhörlich weiter in mir auf. Direkt vor Ort spürte ich noch viel mehr als in der Schule, dass etwas nicht stimmte. Ich schaute zuerst im Wohnzimmer, dann in dem gemeinsamen Schlafzimmer nach meiner Mutter. Mein sensibilisierter Instinkt hatte mich nicht getäuscht.

Auf dem Bett meiner Eltern lag meine Mutter leblos, ohne ein Anzeichen von Restleben wie tot auf dem Ehebett. Auf dem Boden vor meiner Schlafkoje, an der Schlafbettseite meiner Mutter, lagen zwei leere Röhrchen, ehemals gefüllt mit Schlaftabletten. Der nette Hauswart stolzierte wie Kalif Storch hinter mir in unser Schlafgemach und sah ebenfalls meine leblose Mutter auf dem Ehebett liegen. Entsetzt zog der Facility Manager mich aus dem Zimmer. Geistesgegenwärtig rief er den Notarztwagen zur Rettung meiner Mutter. Blitzschnell fuhr ein Rettungswagen mit Blaulicht vor „unserem" Mehrfamilienhaus vor. Ein Rettungssanitäter und ein Notarzt stabilisierten meine Mutter. Sie musste umgehend in eine Klinik eingeliefert werden. Sie lebte noch. Ihre Atmung war jedoch extrem flach und schwach. Sie röchelte. Schnarchte sie? Ihr Körper, ihre leblose, sterbliche Hülle, war im Gegensatz zu ihrem für Außenstehende gut wahrnehmbaren Pusten kraftlos. Schlapp. Leblos. Lebensmüde, wie sie war, hatte meine Mutter tatsächlich den Inhalt der beiden Schlaftablettenröhrchen geschluckt und zur Sicherheit der Wirkung mit einer Flasche hochprozentigem Alkohol hinuntergespült. In dem Hospital sollte der Magen meiner Mutter zu deren Rettung ausgepumpt werden. Mein Vater wurde von einem Nachbarn auf seiner Wirkungsstätte angerufen und über den Selbstmordversuch meiner Mutter benachrichtigt. Er ließ auf seinem seit Neuestem passabel honorierten Betätigungsfeld alles stehen und liegen und machte sich postwendend auf den Weg nach Hause. Verzweifelt und besorgt kam er parallel zu dem Rettungsabtransport meiner Mutter in unserer Wohnung an. Er nahm sich sofort meiner und meiner lebensmüden Mutter an. Es ging um Minuten. Sie musste umgehend nach ihrer Notversorgung des Notarztes mit Blaulicht in das nächste Krankenhaus gefahren werden. Man wollte mir die Fahrt in dem Notarztwagen nicht zumuten. Mein Vater rief ein Taxi.

Gemeinsam fuhren wir beide in das Spital, das im Ortskern lag. Über ein eigenes fahrbares Vehikel verfügten wir zu diesem Zeitpunkt nicht. Mein Vater war aufgewühlt. Auf der kurzen Fahrt in die Klinik hibbelte er neben mir auf dem Rücksitz der Taxe. Mein Vater konnte nicht eine Minute lang still sitzen und wollte dringend zu seiner Ehefrau. Er wollte unbedingt in Erfahrung bringen, wie es um sie stand. In dem Krankenhaus angekommen, mussten wir jedoch lange auf den Befund der Ärzte warten. Hatte er unter den gegebenen Umständen die stille Hoffnung, dass Mutters letzte Stunde geschlagen hatte? War er deshalb so ungeduldig? Auf das Untersuchungsergebnis einer der Weißkittelträger mussten wir in einem hässlichen, kalten nackten Wartezimmer warten. Der Raum war klein. Auf einem kleinen Glastisch, der in der Mitte des Zimmers stand, lagen viel gelesene Zeitschriften. Diese hatten, wie sie aussahen, seit langer Zeit etlichen Wartenden die Wartezeit verkürzt. Meinem Vater war nicht zum Lesen zumute. Still saßen wir nebeneinander. Ich war mit der Lage der Dinge komplett überfordert. Kuschelte mich nach einer langen Zeit unseres Abwartens an meinen Beschützer. Wir hörten auf dem Korridor Schritte. Endlich kam einer der Mediziner von der Intensivstation und rief meinen Vater aus dem Warteraum in den langen Flur der Klinik. Der Arzt teilte meinem Vater monoton mit:

„Herr Nielsen, das war Rettung in letzter Minute. Ihrer Frau geht es nicht gut. Sie ist sehr schwach, jedoch stabil. Wir mussten Ihrer Frau den Magen auspumpen. Ihre Gattin wird nach ihrem Suizidversuch für circa zwei Wochen zur Überwachung bei uns bleiben müssen. Im Anschluss an ihre Genesung werden wir Ihre Gattin zur Obhut in eine psychosomatische Anstalt einweisen. Sie wird in dieser von der Außenwelt abgeschirmt. In der Klinik wird sie aufgebaut und stabilisiert. Rechnen Sie mit gut zehn Wochen, in denen Sie mit Ihrer kleinen Tochter ohne Mutter auskommen müssen. Ihre Frau wird vor Ort von den behandelnden Ärzten medikamentös eingestellt werden, um weitere Vorkommnisse dieser Art zu verhindern."

„Danke", entgegnete ihm mein Vater ungewohnt wortkarg.

Er musste die Worte des Arztes erst sacken lassen. Zudem war er müde und deprimiert. Mein Vater kam mit gesenktem Blick zu mir in die kalte, hässliche, ungemütliche Lounge zurück. Er nahm meine Hand und flötete mir mit warmen, melodischen Worten entgegen: „Ivonne, du musst jetzt tapfer sein. Mama ist sehr, sehr krank. Sie wird für eine lange Zeit nicht bei uns zu Hause sein können. Wir beide sind nun auf uns allein gestellt. Wir können deine Mama jederzeit besuchen. Immer wenn du es magst."

Die Tage der Gesundung meiner Mutter vergingen wie im Fluge. Mein Vater und ich waren früher als gedacht - vier, fünf Tage nach der Einlieferung meiner Mutter ins Krankenhaus – ein eingespieltes Team. Wenn mein Umfeld genauer hingesehen hätte, wäre es ihm aufgefallen, dass ich in der Zeit der Abwesenheit meiner Mutter, die inzwischen, wie von dem Mediziner angekündigt, in eine Irrenanstalt verlegt worden war, keinerlei neue Unfälle beziehungsweise Krankheitsauffälligkeiten zu verzeichnen hatte. Kurz und gut, mir ging es saugut!

Der Tag, an dem ich meine Mutter gemeinsam mit meinem Vater besuchen durfte, kam. Mein Vater *vergaß* bewusst mir zu sagen, in welcher Einrichtung wir meine Mutter besuchten.

Bereits vierzehn Tage nach ihrer Wiederbelebung wurde meine lebensmüde Mutter zur Beobachtung und zum Selbstschutz in eine geschlossene psychiatrische Klinik eingewiesen.

Kurz zur Erklärung: Bis Ende der siebziger Jahre wurden die Harakiri-Kandidaten, die Suizidgefährdeten, in geschlossenen Anstalten, den sogenannten Nervenheilanstalten, untergebracht.

Meine verwirrte Mutter verweilte zu dem Zeitpunkt unseres Besuchs bereits seit drei Wochen in der Klapsmühle. Mein Vater meinte, es sei nunmehr an der Zeit für einen gemeinsamen Pflichtbesuch. Eine kurze Stippvisite sollte es werden. Ich freute mich sehr, meine kranke Mutter wiederzusehen. Nach wenigen Augenblicken in der geschlossenen Anstalt war ich jedoch überwältigt und schockiert von dem, was ich sowohl visuell als auch akustisch in dem Haus vorfand. Ich hatte panische Angst. Überall an den Fenstern waren Gitter. Die Türen mussten von dem Pfleger, der uns durch die Gänge geleitete, aufgeschlossen und nach unserem Durchgang wieder hinter uns verschlossen werden. Hinter den dicken Verschlägen zur rechten und zur linken Seite des Ganges, den mein Vater und ich begehen mussten, schrien Menschen. Als der eine oder andere Mitpatient meiner Mutter unmenschliche Laute ausstieß, erschrak ich mich fast zu Tode. Es war ungeheuer furchterregend und schaurig. Ich hatte einen riesengroßen Bammel. In dieser Institution waren, wie ich hören konnte, Männer und Frauen gleichermaßen untergebracht. Einige schmissen sich gegen ihre verschlossene Zimmertür. Vor lauter Angst zuckte ich zusammen. Ich erinnere mich, dass ich anfing zu weinen. Ängstlich klammerte ich mich fest an den rechten Arm meines Vaters. Behutsam löste dieser meine Umklammerung und legte mir zur Beruhigung seinen starken rechten Arm um meine rechte Schulter. Endlich blieben wir, nach einem Durchmarsch des Auffanglagers für geistig Verwirrte von gefühlten Stunden, vor einem Zimmer auf der rechten Seite eines langen Ganges stehen. Der Pfleger schloss den Zugang zum Zimmer auf. Wir wurden von ihm in einen hellen kleinen Raum geführt. An meinen Vater gerichtet sagte der Aufpasser: „Sie haben zwanzig Minuten Zeit. Klopfen Sie, wenn Sie fertig sind."

Sodann verließ er die Zelle und verschloss die schwere Pforte hinter sich. Durch das Fensterglas in der Tür sah ich die Umrisse des Krankenbetreuers. Ich war froh, dass er dort stand, wo er stand. Ich schaute mich ängstlich in dem Besuchergemach um. Das vorhandene Fenster war auch vergittert. Außer dem Inventar, bestehend aus drei Stühlen und einem Tisch, schmückte das Zimmer kein weiteres Accessoire. Meine Mutter schien aufgeregt. Weinte und schrie meinen Vater laut an. Sie schrie, dass sie nicht hier in der Anstalt bleiben wollte. Bettelte ihn an:

„Sorge dafür, dass ich mit euch nach Hause darf. Nimm mich bitte mit! Lass mich nicht hilflos, schwach, einsam mit den vielen Verrückten in diesem Irrenhaus zurück."

Meine Mutter nahm zu meinem Leidwesen kaum Notiz von mir. Sie sah schlecht aus. Ihre Haare hingen fettig, ungewaschen an ihr herab. Sie war ungeschminkt, blass und roch streng.

„Schatz, du darfst erst nach Hause kommen, wenn die behandelnden Ärzte überzeugt sind, dass keine Gefahr mehr von dir gegen dich und gegen andere ausgeht. Bitte hab Geduld", antwortete mein Vater seiner ehemaligen Verlobten traurig.

„Sei geduldig für Ivonne und für mich", flehte er meine Mutter an.

Just in dem Moment öffnete sich die schwere Tür. Unsere Aufwartungszeit war zu Ende. Obwohl mein Vater nicht gegen die Tür geklopft hatte, öffnete der Pfleger, der unsere Besuchsdauer wartend vor der verschlossenen Tür verbracht hatte, diese. Raunte meinem Vater mit tiefer, dunkler Stimme zu: „Sie müssen jetzt zum Schluss kommen. Die Besuchszeit ist vorbei. Bitte verabschieden Sie sich voneinander."

Unser gemeinsamer Gastauftritt fand nach einer für mich viel zu langen Rast auf dieser unangenehmen Station sein von mir mehr als alles andere herbeigesehnte Ende.

Bei allen weiteren Besuchen meines Vaters in dieser Verwahrungsanstalt in der meine Mutter residierte, wollte ich nicht mehr mitgehen. Mir hatte der eine Anstandsbesuch in dieser imposanten Einrichtung gereicht. Ich war restlos bedient.

Als meine Mutter nach etlichen Wochen Rekonvaleszenz dieses Institut verlassen durfte, war diese in ihrem Auftreten mir gegenüber noch abenteuerlicher. Noch schräger als vorher. Meine Mutter bedankte sich nicht bei mir. Bedankte sich nicht, dass ich ihr das Leben gerettet hatte. Ihr eine zweite Chance eingeräumt hatte. Im Gegenteil. Meine Mutter machte mich fortan für ihr Weiterleben verantwortlich. Sie warf mir kontinuierlich vor, schuld an ihrem Unglück zu sein. Schuld daran zu sein, dass sie noch auf der Erde verweilen musste. Ihren ganzen Frust, ihre Launen – ausschließlich die schlechten – ließ sie unablässig an mir aus. Die Gründe für den Selbstmordversuch waren folgende: Zum einen war sie des ständigen Fremdpoppens meines Vaters überdrüssig. Sie konnte und wollte ihre kranke Beziehung nicht auf diese Art und Weise, auf Biegen und Brechen aufrechterhalten. Sie brachte die Kraft, die sie zur Bewältigung dieses Marathons benötigte, nicht mehr auf.

Zum anderen hatte meine Mutter aus einer großen Morgenzeitung beim Frühstück wenige Stunden vor ihrem Suizidversuch erfahren, dass ihr Bruder, mein Onkel, den sie abgöttisch liebte, einen Tag zuvor einen Mord begangen hatte. Er hatte einen ihm Unbekannten vor seiner Stammkneipe nach einem Streit tödlich verletzt. Etliche Male hatte er mit einem großen scharfen Küchenmesser auf das wehrlose männliche Opfer eingestochen. Der Grund für seine unfassbare Tat wurde mit nachfolgender fetter Überschrift auf der Titelseite einer Wuppertaler und zusätzlich einer überregionalen Tageszeitung publiziert: Es war Eifersucht!

Immerhin hatte mein Onkel es ironischerweise durch seine schlimme Tat geschafft, die Titelblätter etlicher Zeitungen zu zieren. Von einer Titelstory träumen manche ihr Leben lang. Das Opfer hatte versucht, mit meiner Tante, die meinen Onkel aus seiner Stammkneipe abholen wollte, anzubändeln. Als mein Onkel dies spitzbekam, sah der Bruder meiner Mutter rot. Er soll – der nachfolgende Tathergang wurde in dem einen oder anderen Blättchen entsprechend unseriös berichtet – im Anschluss an den Streit mit meiner Tante Brigitte und dem Unbekannten allein zurück in seine Wohnung gegangen sein. In dieser angekommen, soll er sich aus seinem Küchenschrank ein *brauchbares* Küchenmesser gegriffen haben. Mit diesem Mordwerkzeug in seiner Hand soll er zurück zur Gastwirtschaft gegangen sein. Vor dem Eingang seines Stammwirtshauses soll er geduldig gewartet haben, bis sein Kontrahent die Kneipe verließ. Als der Fremde herauskam, um sich auf seinen Heimweg zu machen, soll mein Onkel auf diesen auf offener Straße hinterrücks sieben Mal eingestochen haben. Das ahnungslose, hilflose männliche Wesen soll vor dem Lokal, noch bevor der Rettungswagen eintraf, verstorben sein. Als meine Mutter diese Nachricht mit dem dazugehörigen Bild ihres Bruders auf einer ganzen Seite in einem großen überregionalen Käseblatt erblickte, war sie fassungslos. Ihr geliebter, harmloser, liebenswerter, ständig gut gelaunter, ausgeglichener, selbstloser Bruder ein Mörder? Meine Mutter lief zu unserer direkten Nachbarin, die ein Telefon besaß, und rief meine Großeltern an. Diese wohnten nur wenige Kilometer von uns entfernt in Wuppertal-Barmen. Meine Großeltern bestätigten die Aussagen des Berichts über ihren Sohn vom Vortag aus der Zeitung.

Meine Mutter war komplett verzweifelt. Aufgelöst fuhr sie mit der Straßenbahn zu der Fabrik, in der mein Vater seit vielen Jahren beschäftigt war. Sie ließ meinen Vater ausrufen. Erzählte ihm unter einem Tränenfluss, unter unendlich vielen Schluchzern die schreckliche Meldung aus der Zeitung. Über den verübten Mord an einem Fremden, den ihr Bruder begangen hatte. Doch statt, wie sie es sich von meinem Vater erhoffte nein, wie sie es prinzipiell von ihm erwartet hatte, bei ihm psychische sowie physische Unterstützung zu finden, wurde ihre riesige Erwartungshaltung bitter enttäuscht. Sie erwartete, dass sie gemeinsam sofort in das Untersuchungsgefängnis fahren würden. Dass sie meinen Onkel, den armen Kerl, der bis zu seiner Gerichtsverhandlung und seiner zu erwartenden Verurteilung in der Untersuchungshaft einsitzen musste, besuchen würden. Dass sie sich vor Ort seine Darstellung des Vorfalls anhören würden. Statt der erwarteten warmen Worte schüttete mein Vater Unmengen an Hohn und Spott über meine Mutter aus. Statt der vermuteten Unterstützung bekam sie von ihm nichts als verbitterte Vorhaltungen. Tiefste Verachtung. Mein Vater war unglaublich wütend. Geriet förmlich in Rage.

„Renate, du musst mit deiner Familie brechen. Wir, Ivonne und ich, können gut darauf verzichten, mit dem Namen eines Mörders in Verbindung gebracht zu werden! Was werden meine Sportfreunde dazu sagen? Was die Nachbarn und die Bekannten? Die Kollegen? Hast du einen Moment an uns, speziell an Ivonne gedacht? Was sagen ihre Schulkameraden? Die Kinder aus ihrer Klasse?“

In diesem Augenblick musste der gesamte Kosmos meiner Mutter zusammengebrochen sein. Sie hatte große Todessehnsüchte und ließ ihren dunklen Gedanken lediglich einen Tag später – für Außenstehende unbegreiflich – ihre Flucht in den versuchten Freitod folgen. Ihr emotionaler Zustand war für Fremde und Familienangehörige zu diesem Zeitpunkt nicht ersichtlich. Wäre mit Sicherheit selbst bei Kenntnis, nicht verständlich gewesen.

Dies waren die Hintergründe, die dazu geführt hatten, dass meine Mutter ihrem Leben ein jähes Ende zu setzen gedachte.

Nachdem meine Mutter aus der Klinik entlassen worden war, erzählte sie ihre Homestorys *ganz im Vertrauen* einer netten Nachbarin und so kamen binnen kurzer Zeit all unsere delikaten Familiengeschichten ans Tageslicht. Schnell griff *die Sondermeldung des Tages* wie ein großes Buschfeuer im Hochsommer um sich. Was zuvor hinter vorgehaltener Hand getuschelt wurde, erblickte augenblicklich das grelle Tageslicht.

Ich war nunmehr die Nichte eines Mörders, die Tochter einer Schwachsinnigen, und – als ob das nicht schon genug gewesen wäre – auch noch die Tochter eines notorischen Schmalspurcasanovas. Mein anfängliches Glücksgefühl, auf meiner Schule meinen Wissensdurst stillen zu dürfen, verflog.

Täglich auf dem Schulhof und in meiner Klasse ergossen sich die gehässigen Hänseleien und vielen Gemeinheiten meiner Mitschüler über mich. Auch meiner Mitschüler aus den oberen Klassenstufen. Nichtsdestotrotz hatte ich einen Lichtblick in der Schule. Meine heiß geliebte Lehrerin. Diese hielt zu mir. Wandte sich nicht von mir ab. Mit ihr sprach ich vor und ebenso nach meinem Unterricht über die aktuellen Vorkommnisse. Über meine Ängste und Sorgen. In meiner Pädagogin hatte ich eine enge Verbündete gefunden. Endlich einen Menschen kennengelernt zu haben, dem an meiner Person gelegen war, war mein großes Glück. Doch diese Glückseligkeit währte bedauerlicherweise nicht lange.

Nachdem meine Mutter nach ihrer Entlassung aus der Nervenheilanstalt aus ihrer Trance erwacht war, nahm diese das

Zepter erneut in die Hand. Gemeinsam wollten meine Eltern ihre gruselige Vergangenheit hinter sich lassen. Einen Neuanfang in einer anderen Umgebung, in einem anderen Stadtteil wagen. „Weg aus dem alten Sumpf“ war ihre neue Überlebensdevise. Endlich aus der umgebauten Legebatterie auszuziehen war die Intention der beiden. Seit einigen Monaten waren die zwei auf der verzweifelten Suche nach einer neuen, bezahlbaren Bleibe. Möglichst in der Nähe ihrer Arbeitsplätze. Meine Eltern fanden nach längerer Suche ein neues Domizil. Die neue Unterkunft in Schwelm kam meinen Eltern gut zupass. Bei dem besichtigten Objekt handelte es sich erneut um eine Zweizimmerwohnung. Eine Heimstätte mit sechzig Quadratmetern in der obersten Etage eines roten Backsteinmehrfamilienwohnhauses. Über der vielleicht künftigen Bleibe meiner Eltern waren sowohl die Dachkammern der Mitbewohner als auch der Trockenboden untergebracht.

Das alte Haus hatte zur Erquickung und täglichen Gymnastik fünf Etagen, keinen Fahrstuhl. Unsere unter Umständen eventuell neue Wohnung bestand aus einem Wohnraum, einer riesigen Wohnküche und einem kleinen, separaten Wohnzimmer. Das Wohnzimmer war einzig über einen mit den Nachbarn gemeinsam zu begehenden kleinen Flur erreichbar. Das Badezimmer lag außerhalb der Behausung. Es befand sich auf derselben Etage gegenüber unserer Wohnungseingangstür. Der Nassraum musste jedoch gleichermaßen mit den Etagennachbarn geteilt werden. Wobei Badezimmer als Bezeichnung weitaus übertrieben war. Feuchtraum war treffender. Dieser zur Verfügung gestellte Raum war winzig. Er beherbergte eine kleine Badewanne aus weißer Emaille, aufgestellt auf vier Metallfüßen hinter der schmalen Eingangstür. Gegenüber der Tür war ein kleines weißes Keramikwaschbecken an der gekachelten Wand angebracht worden. Über dem Waschbecken hing ein winziger, verkratzter beschlagener Spiegel. Die Fliesen des

Badezimmers waren, aller visuellen Scheußlichkeiten gerecht werdend, kackbraun. Ein innenarchitektonischer Fauxpas. Die Toilette war separat. Diese befand sich, wie in den sechziger Jahren üblich, eine halbe Treppe tiefer, außerhalb der Wohnung, im Treppenhaus. Zwei Quadratmeter war diese groß. Der Wasserkasten hing fast unter der Decke. Die Metallkette zum Abziehen der Fäkalien war das schmückende Beiwerk dieses Raumes.

Trotz aller Widrigkeiten hatte diese Klause für uns drei einen riesengroßen Vorzug. Wir waren unbekannt. Es war faktisch und wahrhaftig eine Wohnung und keine umgebauten Nutzräume. In diesem Quartier wollten meine Eltern eventuell einen Neuanfang wagen. Sie waren aber noch nicht restlos überzeugt. Es blieb während und nach der Wohnungsbesichtigung ein Restzweifel. Hopp oder top? Die Entscheidung musste in alle Richtungen gut überlegt sein. Meine Eltern benötigten weitere Tage und Nächte zum Sinnieren.

Completamente matta

Nach einigen Tagen des Kopfzerbrechens und des Abwiegens des Für und Wider hatten meine Eltern einen Entschluss gefasst. Die besichtigte Wohnung wurde angemietet und wir zogen um. Unsere paar Habseligkeiten wurden in wenigen Stunden in ein großes Umzugsmobil verstaut. Es ging in das circa sieben Kilometer entfernte Schwelm. Doch für mich waren es nicht sieben Kilometer. Nein, nein, für mich war es eine gefühlte Weltreise. Wenige Tage nach meiner Verpflanzung gab es einen großen Trommelwirbel. Ich wurde umgeschult. Wurde getrennt von dem einzigen Menschen, der mir das Gefühl gab, ein wertvoller Mensch zu sein. Überhaupt etwas wert zu sein. Mit dem ich über all die Dinge, die ich zu Hause nicht ansprechen konnte und wollte, sprechen konnte. Dessen Tür für mich dauerhaft offen gestanden hatte. Es war für mich, als würde die Welt untergehen. Natürlich ging die Welt nicht unter. Mein Leben ging weiter.

Mit sieben Jahren wurde ich 1968 in die Grundschule Schwelm umgeschult. In der neuen Schule hatte ich die eine oder andere Schwierigkeit, mich zurechtzufinden. Meine neuen Klassenkameraden mieden mich. Ich war immer noch ein Schlüsselkind. Meine zwei halben *Freundinnen* blieben in Wuppertal. In Schwelm war ich das erste Mal in meinem Leben alleine. Komplett auf mich gestellt. In Wuppertal hatte ich auf meiner alten Schule zwei halbe Spielkameradinnen. Hier hatte ich nicht einmal mehr das.

Meine Pauker auf meiner neuen Schule waren streng. Die neue Klassenlehrerin verknöchert, autoritär und unerbittlich. Fräulein von und zu Trallala. Sie sah aus wie eine Gouvernante. Diese Lehrerin war immer verkniffen. Ich habe sie nie lachen sehen. Was dieser Frau zum Fröhlichsein fehlte, blieb im Dunkeln.

Für meine Eltern hatte sich die Situation nach dem Umzug entspannt. Beide arbeiteten seit einiger Zeit in einem Werk in Schwelm. Meine Mutter als Metallarbeiterin, mein Vater weiterhin als Betriebsschlossermeister. Seit einigen Monaten in seiner nunmehr eigenen Abteilung. Er führte einen Stab von vierundzwanzig Mitarbeitern an. Zuzüglich zwei Auszubildenden. Jetzt holte er verdientermaßen die Früchte seines ungeheuren hart erarbeiteten, nahezu verbissenen Fleißes ein. Beide hatten einen kurzen Weg zu ihrer Arbeitsstätte. Benötigten keine öffentlichen Verkehrsmittel und kein Auto. Ich war einsam. An einem Abend beim Abendbrotessen suchte ich ein Gespräch mit meiner Mutter: „Mama, ich bin viel alleine. Ich finde es nicht schön hier. Ich wünsche mir ein Geschwisterchen."

„Ivonne, ein Geschwisterchen wächst nicht auf den Bäumen", antwortete mir meine Mutter lasziv.

Mein Vater spielte seit mehr als einem Jahrzehnt in Schwelm Fußball. Seine Elf hatte in diesem Jahr eine karitative, sinnvolle, brillante Idee. Ein Weihnachtsfußballbenefizturnier zugunsten des in Schwelm ansässigen Kinderheims. Gemanagt von meinem Vater. Der Erlös sollte als Spende selbstlos an und in das Schwelmer Kinderheim fließen. Zu diesem Zweck nahm meine Mutter Kontakt zu der Heimleitung auf. Sie wollte vor Ort in Erfahrung bringen, wie die eifrigen Fußballspieler den Erlös des Fußballturniers den in dem Kinderheim lebenden Kindern zugutekommen lassen konnten. Zufällig lief meiner Mutter Heike über den Weg. Heike lebte seit einem Jahr in dem Heim und war ein gutes Jahr älter als ich. Sie war schon sieben und würde in rund achtundzwanzig Wochen ihren achten Geburtstag feiern. Beim Anblick des Mädchens kam meiner Mutter schlagartig dieser *grandiose* Gedankenblitz. Mehr noch. Sie war der festen Überzeugung, dass das Heimmädchen Heike eine fabelhafte Spielkameradin für mich sei und dass das Mädchen die vorhandene Lücke in meinem Leben schließen könnte. Meine Mutter hegte die Hoffnung, dass das Thema Geschwisterchen somit vom Tisch wäre. Sie vereinbarte mit der Heimleitung und dem Einverständnis der kleinen Heike sowie meines Vaters, dass Heike fortan jedes zweite Wochenende als Übernachtungsgast zu uns kommen durfte. Sie sollte künftig jeden Freitag und Samstag eines jeden zweiten Wochenendes bei uns verbringen. Von ihrer guten Idee der Mädelzusammenführung war meine Mutter sehr angetan. Sie freute sich außerordentlich, mir von dem großen Glück, dieses Heimmädchen kennengelernt zu haben, zu berichten. Ich war, als meine Mutter unsere Wohnung betrat, nicht zu Hause. Ich war auf der Pirsch, um mein neues Revier zu erkunden. Gegen achtzehn Uhr schlug ich in unserer Residenz auf. Meine Mutter erwartete mich bereits aufgeregt.

„Setz dich", sagte meine Mutter zu mir, als ich nach meiner kleinen Erkundungstour in der Küche ankam.

„Ich habe heute ein Mädchen in deinem Alter kennengelernt. Sie hat ein unglaublich schlechtes Elternhaus. Sie wird von ihrer Mutter und deren Freund misshandelt. Ich dachte mir, dass ihr euch anfreunden könntet. In ihr hast du eine Spielkameradin. Dann bist du nicht mehr alleine und wir tun dem Mädchen ebenfalls etwas Gutes. Sie lernt ein Leben in einer liebevollen Familie kennen. Mit Papa habe ich schon gesprochen. Der findet meine Idee gut. Du hast endlich jemanden gefunden, der für dich wie eine ältere Schwester ist."

„Wieso habe ich sie gefunden? Du hast sie gefunden. Und was ich wissen möchte, woher kennst du dieses Mädchen überhaupt?"

„Meine Liebe! Nun sei man nicht kiebig! Du weißt, dass Papas Verein mit seiner Fußballmannschaft ein Weihnachtsbenefizfußballturnier veranstaltet. Papa hat bei dieser Organisation den Hut auf. Aus diesem Grund war ich heute zwecks diverser Absprachen in diesem Kinderheim. Doch ich komme vom Thema ab. Das Mädchen, von dem ich spreche, heißt Heike. Heike ist in diesem Heim untergebracht. Ich möchte euch an diesem Wochenende miteinander bekannt machen. Sie lebt dort seit über einem Jahr, und als ich heute Mittag in dem Heim war, habe ich sie dort kennengelernt." In mir kam das Gefühl auf, dass einiges komplett aus dem Ruder lief. Die Antwort auf meine Frage bezüglich eines Geschwisterchens hatte ich mir definitiv anders vorgestellt. Diese *Amtshandlung* seitens meiner Eltern hatte eher den Charakter einer aufgezwungenen, überstürzten Zwangsvergeschwisterung.

„Und wo soll sie schlafen?", erkundigte ich mich irritiert. Mein Bett stand in dem elterlichen Schlafgemach. Direkt neben dem Doppelbett meiner Eltern.

„Ich dachte mir, dass ihr beide auf der Couch im Wohnzimmer schlaft."

„Was? Ich soll mit einer Fremden gemeinsam unter einer Bettdecke auf unserer Wohnzimmercouch im guten Zimmer schlafen?", fragte ich rotzig.

„Ja", antwortete meine Mutter scharf.

Ohne das Mädchen vorher kennengelernt zu haben, war ich schon vorab von diesem total genervt. Besagtes Wochenende kam. Mein Vater holte Heike, das Heimmädchen, am späten Freitagnachmittag aus ihrem derzeitigen Asyl ab. Brachte diese wie eine Trophäe, einen errungenen Pokal, nach einem schwer erkämpften Sieg mit nach Hause. Meine Mutter wartete aufgeregt und machte Heike kurz nach deren Eintreffen sofort mit mir bekannt.

„Heike, schön, dass du da bist! Das ist Ivonne, unsere Tochter", sagte meine Mutter freundlich und zeigte in meine Richtung. Ich stand stur an der Küchenwand. Fragte mich, was der ganze Trubel sollte. Um meine Person war seit ewiger Zeit nicht mehr annähernd so viel Wirbel gemacht worden. Da Heike mit einem Zahnpastasiegerlächeln von meinem Vater „eingeflogen“ wurde, musste ich ihr eine Chance einräumen. *Vielleicht ist sie auf den zweiten Blick richtig nett*, dachte ich mir und ging auf Heike zu. Lächelnd reichte ich ihr meine rechte Hand zur Begrüßung und stellte mich ihr mit folgenden freundlichen Worten vor:

„Ich bin Ivonne.“

Heike musterte mich mürrisch von oben bis unten. Nahm verhalten meine ihr entgegengestreckte Hand mit ihrer linken Hand entgegen und stellte sich via Handschlag kurz und knackig als „Heike“ vor.

Vor mir stand ein um einen halben Kopf größeres, kräftiges Mädchen. Mit schulterlangen brünetten Haaren. Heike war burschikos. Nach der Vorstellung ihrer Person wandte sich Heike erneut meiner Mutter zu. Keiner nahm mehr Notiz von mir.

Na klasse, dachte ich mir. *Ich bin überflüssig*. Beleidigt nahm ich den Wohnzimmerschlüssel von der Schlüsselleiste hinter unserer Küchentür und ging schlecht gelaunt den Flur entlang in Richtung Tür zur *guten Stube*. Leise schloss ich die Zimmertür auf und setzte mich auf die gute grüne Couch. Sodann stellte ich mir den Fernseher an. Es lief „Flipper“ und im Anschluss schielte ein Löwe bei „Daktari“ mich aus dem Röhrenapparat an. Vom Wohnzimmer aus hörte ich Heike und meine Mutter in der benachbarten Küche lachen. Die beiden verstanden sich auf Anhieb. Ich hörte, wie der Küchentisch eingedeckt wurde. Teller klapperten. Tassen und Gläser wurden dem Geräusch nach mit aufgedeckt. Eine Weile später wurde ich von meiner Mutter in die Küche gerufen. Das gemeinsame Abendessen stand an. Es gab Weißbrot und heiße Würstchen. Zu trinken gab es heißen Kakao und zur Feier des Tages Cola. Ich musste mich neben Heike setzen. Am Tisch bemerkte ich, dass Heike komisch roch. Genauer gesagt war der Gestank nicht zu definieren. Schweiß, Unsauberkeit, Urin? Mir schwante nichts Gutes. Es graute mir vor dem ersten gemeinsamen Abend unter einer Decke mit diesem Eindringling. *Ich würde es mal mit Waschen, Baden oder Duschen versuchen*, ging mir durch meinen Kopf. Heike sprach während der gemeinsamen Einnahme des Abendmahls kein Wort mit mir. Der einzige Mensch, mit dem sich die schräge Heike unterhielt, war meine Mutter. Während des Abendbrots wurden derweil definitiv die Weichen für eine *gute Mädchenfreundschaft* gestellt.

Meine Mutter klappte zu unserer angedachten Nachtruhe die hart gepolsterte tannengrüne Wohnzimmercouch in dem kleinen Wohnzimmer aus, bezog das hässliche Sofa mit einem bunten Laken und verrückte den für das kleine Zimmer viel zu großen Couchtisch.

Lächelnd legte sie eine Bettdecke sowie zwei Kopfkissen auf die Couch und verließ das Zimmer mit dem Abschiedsgruß: „Gute Nacht, ihr beiden." Dann zog sie die Wohnzimmertür hinter sich ins Schloss. Rums! Die Tür war unüberhörbar zu. Heike hatte Waschzeug, Nachtzeug als auch Wechselkleidung in ihrem Gepäck. Schweigsam machte sie sich zur gemeinsamen Nacht fertig. Ich registrierte die mitgebrachten Utensilien ihrer angedachten Körperpflege mit großem Interesse. *Solltest du unter allen Umständen, auf jeden Fall benutzen,* dachte ich mir. Heike zog sich ihre Straßenkleidung aus, um sich ungewaschen ihr Nachthemd anzuziehen. Mit großem Entsetzen sah ich Heikes nackten geschundenen, vernarbten Körper. Dieser war über und über mit blauen Flecken und Narben übersät. Am schlimmsten war ihr Rücken betroffen. Dieser war komplett vernarbt. Mir wurde schlecht bei dem sich mir bietenden Anblick. Für das in mir aufkommende Gefühl schämte ich mich. Ich fand Heike gruselig und ekelte mich vor ihrem Anblick.

Unter keinen Umständen wollte ich mit ihr gemeinsam auf dem Sofa unter einer Decke schlafen. Schnurstracks lief ich aufgewühlt zu meiner Mutter.

„Mama, ich mag Heike nicht ansehen. Sie ist voller blauer Flecke und Narben. Außerdem stinkt sie. Ich möchte nicht mit ihr in einem Bett schlafen. Ich schlafe heute und die weiteren Heike-Nächte lieber in eurem Bett."

„Nein!", gab mir meine Mutter kurz und knackig zur Antwort. Um sodann richtig loszupoltern:

„Extra für dich habe ich dieses Mädchen eingeladen. Du wirst dich jetzt um sie kümmern. Stell dich nicht so an! Geh rüber ins Wohnzimmer und sei mir dankbar, dass du durch mich eine Spielkameradin bekommen hast. Eine, die annähernd in deinem Alter ist."

Damit war die Thematik nunmehr für meine Mutter vom Tisch. An ihrem Gesichtsausdruck sah ich, dass, wenn ich jetzt nicht augenblicklich in die gute Wohnstube zu Heike zurückging, es richtig im Karton knirschen würde. Also blieb mir nichts anderes übrig, als mich direkt neben Heike auf die Couch zu legen und mich mit ihr notgedrungen in Morpheus' Arme zu begeben. Der griechische Gott würde mir mit Sicherheit helfen, die Heike-Nächte trotz aller Widrigkeiten tadellos zu überstehen. Was für eine ausgesprochen gruselige Nacht! Heike schnarchte. Sie kannte keine Gnade. Es gab für mich kein Entkommen. Selbst auf meine Zurufe hörte sie nicht auf zu säbeln. Sie rodete weiter die deutschen Tannen und Mischwälder ab. Heike stank. Von ihrem ausgedünsteten Gestank wurde mir schlecht. Heike zog mir während meines Wegduselns ins Land der Träume die gemeinsam genutzte Bettdecke weg. Bis auf eine kurze Zeit musste ich in der Dunkelheit der Nacht ohne Bettdecke auf der harten Pritsche liegen. Am nächsten Morgen war ich wie gerädert und müde. In der vergangenen nächtlichen Finsternis hatte ich nur spärliche Gelegenheiten, meine Augen zu schließen. Ferner hatte ich nur knapp über dem Gefrierpunkt Lust, mit Heike zu spielen. Viel lieber wäre ich alleine gewesen und hätte Heike wieder dahin geschickt, wo sie herkam. Auf Zuruf meiner Eltern, explizit meiner Mutter, musste ich jedoch Heike bespaßen. Zu meinem Glück hatte die Megäre ebenfalls keine große Lust, mit mir zu spielen. Viel lieber schäkerte sie mit meiner Mutter.

Meine Mutter amüsierte sich, im Gegensatz zu mir, prächtig mit Heike.

Die Heike-Wochenenden kamen und gingen. Wenn an den Heike-Wochenenden endlich die herbeigesehnten Sonntage anbrachen und die kleine Hexe, wie ich sie insgeheim nannte, das Feld räumen musste, fiel ich in einen Zustand der tiefen Ehrfurcht. Der unsagbaren Dankbarkeit. Als Heike sich an einem Sonntagnachmittag auf den Weg in ihr Revier gemacht hatte, suchte ich das Gespräch mit meiner Mutter. Ich fand, dass es an der Zeit war, dem ganzen Horrorszenario ein Ende zu bereiten.

„Mama, ich finde Heike komisch. Sie sieht komisch aus, sie riecht komisch. Nein, viel mehr, sie stinkt unsauber und stark nach Schweiß. Ich möchte nicht, dass sie weiterhin zu uns kommt. Wenn ich nachts neben ihr liege, riechen ihre Haare eklig. Schließlich muss ich mit ihr unter einer Bettdecke schlafen. Ich bin glücklich, wenn ich die Decke in den Heike-Frostnächten über mir spüre. Heike schnarcht wie ein Säbelzahntiger. Ich bekomme keinen Schlaf. Mama, bitte, mach, dass Heike nicht mehr zu uns kommt! Ich mag sie nicht. Sie spricht kein einziges Wort mit mir! Läuft ausschließlich hinter dir her. Ich bin Luft für sie. Sie ist mir keine Spielkameradin."

„Ivonne, das geht nicht", unterbrach meine Mutter meinen Redefluss.

„Wir haben mit der Heimleitung abgesprochen, dass wir sie an jedem zweiten Wochenende zu uns holen. Ungeachtet deiner Nörgeleien werden wir unser Wort halten. Stell dir vor, Heike hat mir erzählt, dass sie tatsächlich ab und an, auf den ausdrücklichen Wunsch ihrer Mutter, in die Wohnung gehen muss. Das arme Ding fühlt sich in der Gegenwart seiner Mutter und deren Lebensgefährten unwohl. Wir können sie nicht im Stich lassen. Sie braucht uns."

Ich hörte meiner Mutter nicht mehr weiter zu. Verstand die Welt nicht mehr. Meine Mutter, der eingefleischte Gutmensch.

„Mama, du interessierst dich nicht für mich. Ich bin dir egal. Wenn du Heike weiterhin bei uns haben möchtest, dann kümmere du dich gefälligst um sie. Lass sie in deinem Bett schlafen. Wieso muss ich mich um sie kümmern? Du möchtest, dass sie kommt. Ich nicht. Ich mag sie nicht, und sie mag mich nicht!", schluchzte ich laut. Tränen der Wut und der Verzweiflung rollten mir über meine Wangen. „Ich möchte nicht, dass sie weiter zu uns kommt."

Die ganzen Prozedere gingen trotz meiner vielen Einwände noch Monate weiter. An jedem zweiten Wochenende. Mittlerweile waren die Fronten zwischen Heike und mir stark verhärtet. Ich fing jedes Mal bitterlich an zu weinen, wenn Heike von einem meiner Eltern für das gemeinsame Wochenende abgeholt wurde. Ich bettelte meine Mutter an, dass sie Heike an den Besuchswochenenden unter einem Vorwand absagen sollte. Ich machte einen Riesenzirkus und einen Affenaufstand. Doch meine Mutter hatte keinerlei Erbarmen mit mir. Zwang mich weiterhin, Stippvisite für Stippvisite, mit der fremden Maid gemeinsam auf dem Wohnzimmersofa zu nächtigen. Heike ihrerseits intrigierte unaufhörlich gegen mich bei meiner Mutter. Wo sich gute Gelegenheiten für sie ergaben, schnappte sie zu. Erst als ich anfing, mich an den Heike-Aufwartungswochenenden nachts in die Koje meiner Eltern zu schleichen, unter deren Bettdecke zu schlüpfen, hörten die ungeliebten Nistbesuche der kleinen Schreckschraube von jetzt auf gleich auf.

Es war der 25. April 1968. In einigen Wochen feierte ich meinen siebten Geburtstag. Meine Eltern trafen diesbezüglich eine Entscheidung. Mein Vater nahm mich, als er von seiner Arbeit nach Hause kam, in seine starken Arme und sagte zu mir:

„Meine kleine Prinzessin, du bist zu groß für dein jetziges Bett geworden. Du bist auch zu groß geworden, um nachts in unser Bett zu schlüpfen. Wir fahren morgen gemeinsam in ein Einrichtungsgeschäft nach Wuppertal. Du darfst dir in dem Geschäft ein großes Mädchenbett zu deinem siebten Geburtstag aussuchen."

„Wirklich?", fragte ich ihn ungläubig und überglücklich. Ich war stolz. Ich strahlte meine Eltern an, als hätte ich den Jackpot in einer Lotterie geknackt.

Ich stellte keine weiteren Fragen. Tatsächlich fuhren meine Eltern mit mir am nächsten Tag in ein großes Möbelhaus nach Wuppertal. In diesem durfte ich mir, wie ausgemacht, eine Schlafliege ganz nach meinen eigenen Vorstellungen aussuchen. Meine Eltern ließen mir tatsächlich freie Auswahl. Ich wählte ein meergrünes Schlafsofa mit einem dicken, flauschigen Frotteebezug. Zu meiner enormen Enttäuschung war meine neue Schlafstätte nicht vorrätig. Diese hatte leider eine sechswöchige Lieferzeit. Auf der anderen Seite hatte ich einen Lichtblick, auf den ich mich die kommenden Wochen freuen konnte. Der emsige Verkäufer wollte alles in seiner Macht Stehende tun, damit meine neue Pritsche rechtzeitig bis zu meinem Geburtstag ausgeliefert werden konnte. Das Bett wurde tatsächlich zwei Tage vor meinem siebten Geburtstag von einer Spedition angeliefert. Ich war an dem Tag der Anlieferung das wohl glücklichste Mädchen in ganz Schwelm. Umgehend probierte ich meine Liege aus. Ungeachtet dessen, dass mein Geburtstag erst zwei Tage später stattfand. Prompt schlief ich auf meiner neuen Schlafgelegenheit ein.

Beim Einschlafen dachte ich: *Wie gut und neu mein Schlaflager riecht!*

Meine Eltern ließen mich netterweise bis zum nächsten Morgen durchschlafen. Sodann wurde ich unliebsam von meiner Mutter geweckt. „Ivonne, aufwachen, du Schlafmütze! Du musst dich waschen, deine Zähne putzen, frühstücken und dann ab zur Schule."

Was für eine Nacht!, ging es mir durch den Kopf. Ich hatte richtig gut geschlafen. Wie lange nicht. Gut gelaunt und fröhlich ging ich zur Schule.

Die Freude über die Lagerstätte war vergänglich. Das neue Nachtlager wurde Alltag, und dieser war gespickt mit vielen kleinen Teufelchen.

An einem Samstag wurde ich von dem Plätschern eines Wasserfalles wach. Ich rieb mir verwundert meine Augen. War ich wach oder träumte ich noch?

Als mein Großhirn mir signalisierte, dass ich wach war, fragte ich mich, ob derweil mein Sehnerv den Input an die richtigen Stellen meiner Gehirnareale weitergeleitet hatte. Mein Vater stand ohne Pyjamahose, einzig mit einem Pyjamaoberteil bekleidet wie der Tiger auf einer Zerealienpackung, hinter der Spiegelkommode meiner Mutter. Mein Vater strunzte wie eine Großwildkatze. Ein gelber Urinsee lief bis unter meine neue Pritsche. Nicht nur ich war durch das Wasserplätschern, das Pullergeräusch meines Vaters, wach geworden. Auch meine Mutter erwachte aus ihrem Traumland zum Leben. Diese saß nunmehr kerzengerade in ihrer Furzmolle. Prompt fing sie wütend an zu krakeelen:

„Gerhard, du besoffenes Arschloch! Das darf doch nicht wahr sein! Jetzt gehst du nicht mal mehr auf die Toilette, sondern urinierst frisch, fromm, fröhlich, frei in unser Schlafzimmer. Du alte Drecksau! Deine Strullerpfütze machst du selbst weg. Ich werde deine Pisse mit Sicherheit nicht auffeudeln."

Mein Vater hatte mal wieder sieben bis acht Gläschen zu viel Alkohol in seinem System. Sein Körper hatte die große Herausforderung der Entgiftung seines Körpers angenommen. Seine sterbliche Hülle war großherzig und hatte meinem Vater mildtätig eine kurzzeitige Amnesie geschenkt. Mein Vater war nachtgewandelt. Stand in seinem Traumwunderland mutmaßlich auf einer Toilette. Vielleicht auch vor einem Pissoir. Auch denkbar im Freien. So konnte er seiner Natur freien Lauf lassen. Dies im wahrsten Sinne des Wortes. In diesem Moment wurde der *arme Kerl* von dem Gezeter seiner Gemahlin blitzartig bösartig geweckt. Er erschrak. *Ach du Scheiße*!, dachte er sich. Um nicht klein beizugeben, blökte er zurück:

„Du alte Meckerziege! Ich weiß nicht, was du hast. Sicher, es ist nicht in Ordnung, aber kann ja mal unter bestimmten Umständen doch vorkommen?!“

Unser aller Nachtruhe war gelaufen. Um den Disput meiner Eltern nicht weiterhin mitverfolgen zu müssen, nahm ich mein Bettzeug, ging in die Küche und nahm den Schlüssel für die gute Stube von dem Schlüsselbord, das hinter der Küchentür hing. Laut stampfte über den kleinen Flur in Richtung guter Stube. Schloss dort angekommen verschlafen die Wohnzimmertür auf und legte mich auf die ungeliebte Couch, um auf dieser, meiner gewohnten, jedoch nicht lieb gewonnenen Schlafstätte weiterzuschlafen.

Zum Glück hatte ich am nächsten Tag keine Schule.

Es kam öfter vor, dass meine Eltern sich laut stritten und handgreiflich wurden. Dies konnte der Fall sein, wenn mein Vater, wie schon in Wuppertal, buchstäblich zu besoffen war, um bei anderen Weibern *seinen Mann* zu stehen. Faktisch war er dann instinktiv in der Lage, besoffen seiner Spur nach Hause zu folgen. Wenn dies tatsächlich der Fall war, hatten meine Mutter und ich nichts zu lachen. Es gab für uns begrenzte Möglichkeiten, uns vor den Attacken meines Vaters zu schützen. Am sinnvollsten war es, wenn meine Mutter und ich vor meinem abgedrehten Vater und seinen eventuellen Übergriffen flüchteten. Wir flüchteten überwiegend in das Badezimmer gegenüber unserer Wohnung. Zur Nächtigung griff ich mir, wenn noch irgend möglich, eine Decke. Sollte es den klitzekleinen Hauch einer Chance geben, schnappte ich mir, ergänzend für eine bequemere Nachtruhe, gerne ein Kopfkissen. Meine Mutter und ich hofften beim Antritt unserer Flucht inständig, dass das Badezimmer nicht von den Nachbarn besetzt war. Wir sausten schnellen Schrittes durch das Treppenhaus in die Nasszelle und schlossen beim Eintritt ins Kämmerlein schnell die Tür von innen ab. Nur hinter der verschlossenen Tür waren wir vor seinen legendären Wutausbrüchen in Sicherheit.

Das Ersatzbett zum Schlafen richtete meine Mutter mir in der Badewanne ein. Sie nahm Platz auf einem klapprigen Holzstuhl, der links neben der Wanne stand. Wir verweilten im Bad, bis sich der Pulsschlag meines jähzornigen Vaters normalisiert und sich sein Alkoholspiegel in Richtung der unteren Promillegrenze abgebaut hatte. Manchmal blieben wir zur Vorsicht und zu unser beider Sicherheit die ganze Nacht in dem kleinen Baderaum. Die eine oder andere Übernachtung kam vor, wenn mein in Rage geratener Vater mit den Fäusten wie ein Berserker gegen die abgeschlossene Badezimmertür schlug. Auch manchmal mit den Füßen gegen diese trat.

„Macht die Tür auf“, brüllte mein Vater, „macht sofort die Tür auf oder ich trete diese gottverdammte Tür ein und dann gnade euch Gott!“ Oder: „Ich bringe euch beide um! Ich bringe euch beide um! Wenn ihr nicht sofort diese beschissene Tür öffnet, bringe ich euch um!“ ... Stille.

„Gut, ihr wollt nicht rauskommen. Dann bringe ich euch um, wenn ihr rauskommt.“

Es kam vor, dass er die ganze Nacht vor der verschlossenen Tür hockte und zwischendurch wie ein kleines Kind wimmerte: „Bitte, Renate, Ivonne, seid wieder gut. Ich tue euch nichts. Bitte kommt mit mir in die Wohnung zurück. Ihr seid alles, was ich habe."

Oder: „Ich habe mich im Ton vergriffen, entschuldigt bitte, ihr müsst keine Angst vor mir haben. Ich liebe euch."

Jedes Mal wenn diese unterschiedlichsten Formen der Aufwallungen und Anfälle über meinen Vater kamen, hatte ich unglaublich viel Angst vor ihm. Diese Vulkanausbrüche waren zu meinem Glück nicht alltäglich. Von den direkten Etagenmitbewohnern, die mit Sicherheit die lauten Kontroversen zwischen meinen Eltern mitverfolgen konnten – das Elternschlafzimmer lag direkt neben deren Schlafzimmer – hatten meine Mutter und ich während der ganzen Zeit der schweren Ausbrüche meines Vaters keinerlei Hilfe zu erwarten. Sie stellten sich, wenn es erneut Krawall bei uns gab, tot. Dies galt im Übrigen für alle Mitbewohner des Hauses in unserer Straße. Nicht einer der anderen Nachbarn griff zu unserem Schutz in das Geschehen ein. Niemals. Keiner rief die Ordnungshüter. Niemand. Keine Menschenseele kam uns Frauenzimmern zu Hilfe. Verhältnismäßig früh musste ich erkennen, dass man sich weder in den denkbaren noch in undenkbaren Umständen auf andere verlassen kann und darf. Zivilcourage? Ich hatte noch nie jemanden kennengelernt, der je Mut, Furchtlosigkeit, Tapferkeit, Unerschrockenheit und Beherztheit gezeigt hatte.

Heile, heile Gänschen

An einem kalten Wintertag. Ich hatte mal wieder Differenzen mit meiner Mutter. An diesem denkwürdigen Tag hatte ich wenig bis keine Lust gezeigt, auf Befehl meiner Mutter den Haushaltsmüll umgehend zum Hof hinunterzubringen. Ein Wort ergab das andere. Ich wollte lieber spielen. Mit meiner geliebten Barbiepuppe spielte ich in der großen Wohnküche. Unter dem großen Küchenfenster. Ich saß in meiner Spielecke auf meinem kleinen Teppich. Dieser war eigens für mich von meinem Vater zum Spielen auf den kalten PVC-Boden gelegt worden. An diesem Tag hatte ich die Rechnung ohne meine Mutter gemacht. Schwups!, wurde es ihr zu bunt. Blitzschnell stürmte sie auf mich zu, entriss mir ohne Vorwarnung, ohne das geringste Anzeichen einer bösen Absicht, meine geliebte Barbiepuppe.

„Wenn du glaubst, du musst meinen Aufforderungen nicht folgen, wirst du gleich zu spüren bekommen, was es heißt, mir nicht zu gehorchen."

Ohne einen weiteren Kommentar ging meine Mutter mit hochrotem Kopf, geladen wie eine Handgranate und ebenso explosiv, auf den großen gusseisernen Kochofen am Ende der Küche zu. Dieser stand direkt an der Küchenwand, hinter der sich auf der anderen Seite das Wohnzimmer befand. Meine Mutter nahm den Deckel des Ofens ab, der uns in der Regel als Herdplatte diente. Sie schmiss meine geliebte Puppe ins lodernde Feuer und verfeuerte sie als Bestrafung ohne einen Wimpernschlag. Ohne auch nur einen weiteren Blick in meine Richtung zu verschwenden.

„Das hast du jetzt von deiner Scheißart", grunzte sie zufrieden.

Sodann legte sie die Heizplatte zurück auf den geöffneten Ofen. Da dieser gerade mit Kohle angeheizt wurde und das

Feuer ordentlich flackerte, blieb von meiner Barbie innerhalb kurzer Zeit lediglich ein Klumpen Plastik übrig.

In der Küche stank es wenige Minuten nach dem schweren Attentat bestialisch nach verbranntem Kunststoff. Ich sackte zusammen. Wechselte meine Gesichtsfarbe von dem satten Farbton Rot innerhalb von Minuten auf ein Kreidebleich. Mir fehlten die Worte. Ich war fassungslos. Mit dieser Reaktion meiner Mutter hatte ich nicht ansatzweise gerechnet. Meine Barbiepuppe, auf die ich ein ganzes Jahr lang gewartet hatte, die mir immer wieder versprochen, zunächst aus Geldmangel trotz aller Versprechungen seitens meiner Eltern nicht, letzten Endes aber dann doch gekauft wurde, lag nun zerschmolzen im Ofenherd. Tränenüberströmt lief ich an meiner Mutter vorbei in unser Schlafgemach. Ein eigenes Zimmer hatte ich ja nicht. Ich schmiss mich auf mein Bett. Dies mit der festen Absicht, es für den Rest des Tages nicht mehr zu verlassen. Selbst als mein Vater an diesem Abend von seiner Arbeit nach Hause kam und mich zum Abendessen animieren wollte, blieb ich auf meinem Bett liegen.

Mit meiner Mutter war ich fertig. Wollte sie nicht mehr sehen. In meinem gesamten Restleben nicht mehr mit ihr sprechen. Diesen Sprachboykott hielt ich tatsächlich neun lange Tage durch. An meinem zehnten Schweigetag nahm meine Mutter mich, ohne ein Wort mit mir zu sprechen, kaum dass ich von der Schule zu Hause angekommen war, an die Hand. Wortlos ging sie mit mir aus der Wohnung auf die belebte Straße. Sie lief mit mir schnurstracks zu einem mir bestens bekannten Spielzeugladen in der Schwelmer City. Zu dem Laden, in dem meine Eltern meine erste, nunmehr zu einem Klumpen Plastik verschmolzene Barbiepuppe gekauft hatten. Erst vor der Ladentür des Spielzeuggeschäftes brach meine Mutter die Wand des Schweigens. Sagte mit einer Glockenstimme zu mir:

„Meine Kleine, es tut mir sehr leid, dass ich deine geliebte Puppe verbrannt habe. Bitte sei wieder gut. Stöbere und suche dir im Laden eine neue Barbie aus."

Ich dachte, ich hörte nicht richtig. Frohlockte innerlich nach dem ausgesprochenen Angebot meiner Mutter. Gemeinsam betraten wir den Laden. Als wir hineingingen, klingelte eine kleine Glocke, die über der Eingangstür hing, laut.

In dem gut sortierten Spielzeugladen sah ich mich in aller Ruhe um. Das Angebot war mannigfaltig. Genau die Barbiepuppe, die meine Mutter verfeuert hatte, wollte ich erneut kaufen. Zu meinem großen Bedauern war explizit diese laut der Aussage des Ladenbesitzers ausverkauft und nicht mehr lieferbar. Der Inhaber verstand sein Geschäft. Er war nett und geduldig. Vollblutkaufmann! Umsatzorientiert! Er zeigte mir eine Menge weiterer Barbiepuppen. Dann, nach langer Suche und der außerordentlichen Unterstützung und Hilfsbereitschaft des Ladenbesitzers, fand ich schließlich eine, die meiner verbrannten Barbie ausgesprochen ähnlich sah. Endlich war ich fündig geworden.

Meine Mutter hatte zu meinem großen Glück ein sehr schlechtes Gewissen. Für ihr Zuwiderhandeln durfte ich mir noch die passende Kleidung und schicke Barbie-Puppenmöbel aussuchen. Sogar einen Ken gab ihr Budget noch her. An der Kasse angekommen, ging es mir saugut. Ich war zufrieden. Mit vollen Einkaufstaschen traten wir auf die belebte Straße der Kleinstadt.

Definition Halbwertszeit

An einem Samstagmorgen. Wie jeden Morgen trat ich nach dem Aufstehen an den Käfig meines geliebten Vogels, meines grünen Wellensittichs, heran. Er saß an diesem Tag nicht wie sonst auf seiner Holzstange. Den Piepmatz hatten mir meine Eltern zur Unterhaltung als Mittel gegen meine Einsamkeit geschenkt. Der Käfig wurde zur Freude aller in der großen Wohnküche aufgestellt. So hatten alle Mitglieder der Familie ihren Spaß mit und an ihm. Ich war bemüht, ihm das Sprechen beizubringen. Verbrachte nach der Schule viel Zeit mit dem Sprachunterricht meines Sittichs. Da sah ich das große Unglück. Der arme Piepser lag mit verdrehtem Kopf auf dem Boden seines Bauers.

Sofort schoss mir ein Gedanke durch meinen Kopf: *Mutter!*

Als ich meinen toten Freund auf dem Käfigboden liegen sah, fing ich bitterlich an zu weinen.

Meine Eltern mussten samstags nicht zur Arbeit. Selbst mein Vater, der gerne an dem einen oder anderen Samstag das eine oder andere zu erledigen hatte, war zu Hause. Dieser wurde von meinem lauten Wimmern geweckt. Ich stand starr vor dem Vogelkäfig. Mein Vater kam auf mich zu, nahm mich in seine starken, muskulösen Arme und sagte zu mir:

„Ivonne, der Vogel ist krank gewesen. Wir haben seine Krankheit nicht sehen können. Das wird der Grund sein, weswegen er von der Stange gefallen, sich den Kopf gestoßen und sich diesen im freien Fall noch zusätzlich verdreht hat. Wasch dich, putz dir die Zähne und zieh dich an. Wir beide gehen nach dem Frühstück in die Zoohandlung der Innenstadt und du suchst dir in dem Tierhandel einen neuen aus."

Als ich der Aufforderung meines Vaters nachkam, fiel mir ein, dass meine Mutter seit einiger Zeit auf meinen Piepmatz geschimpft hatte. Über die vielen Federn in ihrer Küche hatte sie sich ausgiebig bei mir beschwert. Wenn er durch die Küche flog, hatte er tatsächlich überall hingekackt. Auch knabberte er zu guter Letzt unsere teuren Tapeten an. Meine Mutter hatte mir vorgeworfen, dass ich ihrer Meinung nach die Säuberung des Käfigs vernachlässigte. Sie hatte sich einen Tag zuvor bei mir beschwert, dass die Reinigung des Vogelbauers in der Vergangenheit des Öfteren an ihrer Person hängen geblieben war. War sie etwa an seinem Unfall beteiligt? Ich verwarf meine negativen Gedanken und ging in die Küche, um mit meinen Eltern zu frühstücken. Kaum war das gemeinsame Zerealienmahl beendet, liefen mein Vater und ich – zum Ärger meiner Mutter – mit der Absicht, einen neuen Piepvogel in der nahen City käuflich zu erwerben, los. Der gemeinsame Ausflug war von Erfolg gekrönt. Wir kamen Stunden später mit einem neuen, ebenfalls grünen Wellensittich zum großen Entsetzen meiner Mutter in unsere Wohnung zurück.

Einige Wochen später. Der neue Piepmatz war, als ich vom Spielen nach Hause kam, nicht in seinem Käfig anzutreffen. Ich rief meine Mutter. Diese kam mit einem Beerdigungsgesicht angewackelt. Als der Vogel im freien Flug in der Küche seine neue Umgebung kennenlernte, hatte meine Mutter angeblich vergessen, dass das Küchenfenster offen stand. Das intelligente Federvieh hatte, wie meine Mutter behauptete, die Gunst der Stunde genutzt und das Weite durch das offene Fenster gesucht.

„Ivonne, der Vogel war neu in unserer Familie. Kannte sich in seiner neuen Umgebung nicht aus, wusste nicht, dass er nunmehr in unserer Wohnung zu Hause ist. Vielleicht hat er dich auch gesucht. Ich denke, er ist in sein altes Zuhause zurückgeflogen."

„Wie jetzt?", fragte ich meine Mutter verdutzt.

„Zurück zum Tierhandel? Für wie dämlich hältst du mich eigentlich?"

Der Familienrat beschloss: ein neues Tier musste her. Einen neuen geflügelten Freund wollte ich nicht mehr haben. Als Ersatz für meinen Sittich suchte ich mir in der bestens bekannten Zoohandlung nunmehr einen Hamster aus. Einen weiß-braun gefleckten. Dieser bekam einen Hamsterkäfig mit exklusiver Designerinnenausstattung. Der putzige kleine Vierbeiner half mir über den Verlust meines sprachbegabten ersten und den weiteren Verlust meines zweiten Wellensittichs hinweg. Er war possierlich und handzahm. Pech war für den kleinen knuddeligen, knopfäugigen Vierbeiner jedoch, dass er an Dynamik zulegte, sobald die Sonne unterging. Er war ein ausgesprochen dämmerungs- und nachtaktives Tier, das in der Nacht gerne sein Laufrad malträtierte. So kam es, wie es kommen musste. Nach einigen wenigen Monaten lag mein geliebter Hausgenosse steif und tot in seinem Käfig. Die Nachtruhe meiner Eltern setzte durch sein plötzliches Ableben zu deren Freude in der folgenden Nacht geräuscharm wieder ein.

Nunmehr versuchten meine Eltern, mir Schildkröten schmackhaft zu machen. Diese waren ruhig, leise, wenig pflegebedürftig und zu der Wirtschaftswunderzeit 1968 ausgesprochen günstig. Ich freute mich, da meine Eltern mir die Reptilien gut verkauft hatten. Meine Erzieher wussten, wie man ein Kind für eine Sache begeistern konnte. Ich bekam von meinen Eltern zwei Wasserschildkröten geschenkt. Der Hamsterkäfig wurde also gegen ein Bassin mit Wasserschildkröten ausgetauscht. Meine beiden neuen Freunde hatte ich Max und Moritz getauft. Die zwei hatten in unserem Haushalt, wie alle vorigen tierischen Mitbewohner auch, eine Halbwertszeit. Diese setzte bei den beiden nach gut einem halben Jahr als Familienmitglieder ein. Ich kam gerade von meiner neuen Freundin Annika nach Hause, als ich das Bassin mit meinen beiden Wasserturtles leer vorfand.

„Wo sind Max und Moritz?“, fragte ich meine Mutter, als ich sah, dass meine beiden Schildkröten nicht in ihrem kleinen Becken schwammen oder was vorkommen konnte auf ihrer orangefarbenen Insel, auf der eine künstliche grüne Palme steckte, faulenzten.

„Ich weiß nicht, was für einen Fluch wir ausgesprochen haben“, sagte meine Mutter traurig zu mir.

„Deine Schildkröten lagen heute Mittag, als ich nach Hause kam, leblos auf ihrer Insel. Ich wollte nicht, dass du sie tot siehst, und habe sie, bevor du nach Hause kamst, beerdigt.“

Erneut waren geliebte Gefährten von mir urplötzlich verstorben. Ich war fassungslos. Diesmal war mein Seelenschmerz, meine empfundene Trauer groß, jedoch nicht riesengroß. Mein Schmerz hielt sich in überschaubaren Grenzen. Einige Tage zuvor hatte ich ein Mädchen in meinem Alter bei einem meiner Streifzüge kennengelernt. Annika Paustian. In ihr hatte ich eine Freundin gefunden, mit der ich spielen konnte. Ich war nunmehr nicht mehr alleine.

Als ich eine halbe Stunde später Obstschalen in den Abfalleimer, der in der Küche neben der Spüle stand, werfen wollte, sah ich meine beiden Urzeitdinos tot im Eimer liegen. Das hatte meine Mutter mit *„Ich habe sie beerdigt“* gemeint. Weggeworfen wie Müll. Ich war durcheinander. Das Bassin wurde am nächsten Morgen nach der *Beerdigung* der beiden Wasserschildkröten von meiner Mutter entsorgt. Der kleine Tisch, auf dem ansonsten ein x-beliebiger Tierkäfig stand, blieb für alle Zeiten leer.

Der „Kinderfreund"

Am Anfang der Gasse meines Zuhauses lag eine Eckkneipe. Die Besitzer der Gastwirtschaft waren Eltern eines kleinen Mädchens. Dieses hörte auf den wohlklingenden Namen Annika. Auf einem meiner zahllosen Streifzüge durch die Promenaden Schwelms hatte ich meine neue Freundin kennengelernt. Direkt in meinem neuen Revier, mitten auf der Straße. Wir freundeten uns an. Annika zählte, als ich sie kennenlernte, wie ich sieben Jahre.

Was hatten wir für einen Spaß miteinander! Im Laufe unserer Freundschaft fand ich in Annikas Mama eine Ersatzmama. Oft lud mich Annikas Mama zum Essen ein. Übernachtungen am Wochenende inklusive. Wir spielten während der Ruhetage der Kneipe und von Zeit zu Zeit unerlaubt vor den Öffnungszeiten in dieser. Ansonsten hatten Annikas Eltern hinter dem Eckhaus einen schönen Garten, in dem wir im Sommer spielen konnten. Ihr Zimmer und auch die Wohnung ihrer Eltern habe ich riesengroß in Erinnerung. Annikas Zimmer war ein pinkfarbener Mädchentraum. Annika hatte eine große, erwachsene Schwester. Ihre Schwester mag damals um die dreißig Jahre alt gewesen sein. Durch ihren Familienstatus war Annika der Sonnenschein ihrer Eltern und ihrer älteren Schwester. Manchmal wünschte ich mir, dass Annikas Mutter meine Mutter wäre.

Meine Freundin ging zum Ballettunterricht in eine kleine Ballettschule, die im Ort ansässig war. Annika wollte, wo wir nun fast Schwestern waren, dass ich sie zu ihrem Ballettunterricht begleitete. Sie fand, dass dies eine grandiose Idee wäre. Dass es großes Kino wäre, wenn wir gemeinsam eines Tages auf den großen Bühnen dieser Welt als Ballerinen stehen würden.

„Ivonne, stelle dir in deinen Gedanken vor, wir beide stehen eines Tages auf einer großen Bühne und tanzen den Schwanensee, träumte meine Kameradin mir ihre riesengroße Seifenblase vor.

Ich hatte keine Ahnung, was der „Schwanensee", von dem meine Freundin euphorisch sprach, war, ließ mich jedoch von deren verträumter überschäumender Euphorie gerne anstecken. War Feuer und Flamme. Am Abend desselben Tages galt es, unsere gemeinsame Zukunft anzugehen. Ich fragte meine Mutter, ob ich künftig mit Annika zu deren Ballettschule gehen dürfte. Gemeinsam wollten wir die hohe Kunst des Tanzens erlernen.

„Mama, hast du einen Augenblick Zeit für mich? Annika und ich hatten heute einen riesengroßen Zukunftstraum, möchtest du ihn hören?"

Keine Antwort …

„Annika lernt in Schwelm in der Tanzschule Primaballerina das Balletttanzen. Ich möchte dort ebenfalls das Tanzen lernen. Wenn wir erwachsen sind, wollen wir gemeinsam den Schwanensee auf den großen Bühnen dieser Welt tanzen. Bitte, Mama, bitte, bitte, bitte", bettelte ich meine Mutter flehend an. Meine großen Zukunftspläne bremste sie unverhohlen aus Kostenersparnisgründen aus.

„Ivonne, weißt du, was eine Ballettstunde kostet? Auf was für Ideen du kommst", antwortete meine Mutter kopfschüttelnd. Meine Seifenblase zerplatzte brutal.

Ungeachtet dessen durfte ich Annika zu ihrem Unterricht in die Ballettschule begleiten. Ich war sehr niedergeschlagen, als ich mit Annika nach deren Unterricht gemeinsam nach Hause ging. Die Tatsache, dass meine Mutter mir den Ballettunterricht nicht ermöglichen wollte, fand ich extrem ungerecht. Verstand aber trotzdem den Grund. Die Tanzstunden waren exorbitant teuer. Die Kosten für Ballettkleidung, Spitzenschuhe, Tutus, Anzüge. Die zusätzlichen Sonderausgaben des Equipments kosteten eine Stange Geld. So kam es, dass ich aus Kostenersparnisgründen an drei Nachmittagen in der Woche meine Freizeit ohne Annika gestalten musste.

An den drei Annika-freien Nachmittagen holte ich meinen Vater von seiner Dienststelle ab. Er arbeitete weiterhin in der Herstellungsindustrie. Der ihn beschäftigende Fabrikbetrieb stand auf einem riesigen Areal. Dieses wurde durch starke Sicherheitszäune vor der Außenwelt geschützt und von einem in einen Schichtplan eingeteilten Pförtner bewacht. Bei den Werken bekamen Besucher Einlass, die die Sicherheitskontrollen der Gesichtserkennungsprüfer, die die Produktionsstätte abschirmten, bestanden. Die geprüften und als zugangswürdig erachteten Besucher erhielten von dem jeweiligen Wächter der Tore einen Zugangsausweis. Dieser war von dem Gast beim Betreten des Werksgrundstücks gut sichtbar anzubringen und vor dem Verlassen des Firmengeländes bei dem jeweiligen Wächter ohne erneute Aufforderung abzugeben.

Wie schon erwähnt, schlug ich dreimal in der Woche auf dem großen Areal auf, um meinen Vater abzuholen. Nach einer gewissen Zeit war ich den Pförtnern gut bekannt. Manche von ihnen waren freundlich. Andere nicht. Manche baten mich in das Pförtnerhäuschen, um in diesem auf meinen Vater zu warten, andere nicht. In mir regte sich kein Misstrauen, als einer der Wächter mich an einem Papa-Abholtag zu sich in das Pförtnerhäuschen bat, um mit mir zu sprechen. Der Torwächter fing kurze Zeit nach meinem Eintreten ins Pförtnerhäuschen an, verbal über meinen Vater herzufallen. Ich hatte just auf dem von ihm zugewiesenen Stuhl Platz genommen, schon schossen seine Gemeinheiten aus ihm heraus.

„Dein Vater trinkt viel zu viel Alkohol. Er ist ein Schürzenjäger. Er schaut jedem Rock hinterher. Er ist ein schlechter Mensch. Du hast einen besseren Vater verdient."

Was er mit seinen gemeinen Aussagen zum Ausdruck bringen wollte, blieb mir anfangs verborgen. Zu meinem Unglück hörte sein Geschwafel nicht auf.

„Wann, an welchem Tag, holst du deinen Vater in dieser Woche ab?“, fragte der Torhüter neugierig, wissbegierig.

„Samstagnachmittag“, antwortete ich ihm freundlich.

„Gut, dann komm ein bisschen früher. Ich warte hier in meiner Unterkunft auf dich. Dann zeige ich dir Dinge und Sachen, die du bisher, glaube ich zumindest, noch nicht gesehen hast. Hast du Lust? Absolut wichtig ist, dass du niemandem – das gilt auch für deine Eltern – von unserer Verabredung erzählst. Die müssen von unserem Date nichts wissen“, tat dieser geheimnisvoll.

Kaum hatte er mir seine Message zukommen lassen, kam mein Vater pfeifend in das Pförtnerhäuschen, um mich abzuholen. Er hatte mich durch die große Scheibe der Pförtnerbude auf dem Stuhl sitzen sehen. Der Pförtner lächelte ihm freundlich entgegen.

„Meine Prinzessin“, sagte mein Vater zu mir. Nahm liebevoll meine rechte Hand, und gemeinsam gingen wir auf die Straße. Alberten und tollten auf dem Weg nach Hause herum.

Während des Nachhausewegs erzählte ich meinem Vater von der *Unterhaltung* mit dem Schrankenverantwortlichen. Dass er sich für den kommenden Samstag mit mir zu einem gemeinsamen Date verabredet hatte, um mir Wichtiges zu zeigen. Mein Vater war anfangs verwundert. Nach einer Weile des Überlegens wütend. Wollte letzten Endes zur Klärung des Sachverhalts zurück zu dem Torwächter. Besann sich eines Besseren und sprach, zu Hause angekommen, mit meiner Mutter. Ich hatte kein Interesse, der Unterhaltung zu folgen. Stattdessen ging ich in das Wohnzimmer. Schaute Fernsehen. Meine Lieblingssendung „Daktari“ flimmerte über den Äther. Mein Vater rief mich in die Küche.

„Prinzessin, komm bitte zu uns!"

Meine Eltern saßen in der großen Wohnküche an dem großen Esstisch.

„Setz dich", forderte mich mein Vater sanft auf, als ich mich provokant in der Küche vor ihm aufstellte. Ich war schlecht gelaunt. Immerhin hatte mein Vater mich gerade von meiner Lieblingssendung weggeholt. Genervt setzte ich mich auf meinen zugewiesenen Stuhl.

„Ivonne", sagte mein Vater nachdenklich zu mir.

„Wir, Mama und ich, haben gerade über deine Einladung meines Kollegen am kommenden Samstag gesprochen. Du wirst mich, wie auch an den Abholtagen zuvor, am Samstag abholen. Du wirst machen, was dir der Pförtner sagt. Ich werde früher Feierabend machen, um dich schnell bei ihm abzuholen. Wir beide werden mal sehen, was er dir so Geheimnisvolles zeigen möchte."

Besagter Samstag, Papa-Abholtag, kam. Wie vereinbart schlug ich eine Dreiviertelstunde vor der Papa-Abholzeit in dem Pförtnerkabuff auf. Genau genommen um vierzehn Uhr fünfzehn. Mein Vater hatte erst gegen fünfzehn Uhr offiziell Feierabend. Der Torwächter erwartete mich fahrig, aufgeregt. Er bat mich nett in das Häuschen. Ich sollte jedoch nicht vorne in dem Gelass, das ich bereits gut kannte, auf dem Stuhl, auf dem ich sonst auf meinen Vater wartete, Platz nehmen. Nein, dieses Mal bat er mich in einen weiteren Raum, den ich bisher noch nicht bemerkt hatte. In ein Zimmer, das keine Fenster hatte. Ich sollte mich hinsetzen und in dieser Dunkelkammer auf meinen Vater warten. Plötzlich, von jetzt auf gleich, stieg ein ungeheuer mulmiges Gefühl in mir auf! Das Zimmer war spärlich möbliert. Es war gut gefüllt mit einem großen Schreibtisch, einem Schreibtischstuhl und einem Besucherstuhl. Das Zimmer war klein. Von der Decke hing eine kleine Deckenleuchte, die allerdings nur wenig Licht abgab.

Der Pförtner ließ nicht lange auf sich warten. Der Bewacher der Werke kam wenige Minuten später in das Gemach, in dem ich auf meinen Vater warten sollte. Er schloss die Tür hinter sich zu. Ich war sehr verwundert, dass er die Tür hinter sich zuschloss. Wie sollte mein Vater jetzt, wo die Tür verschlossen war, in diesen Kerkerraum kommen können, um mich abzuholen?

„Warum schließen Sie die Tür ab?", fragte ich ihn verwundert.

Das schräge Individuum antwortete mir nicht. Der Portier der Schlagbäume schien im Nirwana. War komplett abwesend. Auf dem sich in der *Gefängniszelle* befindlichen Schreibtisch stand eine Schale mit verschiedenen Obstsorten. Pflaumen, Bananen, Äpfel und Birnen.

Der Wachmann der Tore nahm eine Pflaume aus der Obstschale in seine rechte Hand. Schaute mir tief in meine grünen Kulleraugen und sagte zu mir:

„Die hast du ebenfalls. Du hast ein Pfläumchen." Anschließend nahm er eine Banane aus dem gut gefüllten Obstbehältnis in seine linke Hand und säuselte weiterhin:

„Die Banane habe ich. Die Banane wird in die Pflaume gesteckt."

Er legte das Obst zurück in die große Glasschüssel. Gedankenversunken strich er mir mit seiner großen rechten Pranke über meinen Kopf. Nur einen winzigen Augenblick später fing er aufgeregt an, an den Knöpfen meiner zugeknöpften Bluse herumzufriemeln. Ich war schier starr vor Angst. Konnte in dem Moment nicht meine Hand zur Abwehr, nicht meine Füße zum Weglaufen bewegen. Der Pförtner knöpfte begierig meine Bluse auf. Fingerte sodann an meinem Hosenknopf. Als dieser sich nicht von ihm öffnen ließ, schrie er mich an, mir die Hose selbst zu öffnen. Ich bekam noch mehr Angst. Fing an zu weinen. Bemerkte, dass das Leben in meine Füße zurückkehrte, und wollte diesen scheußlichen Raum blitzschnell verlassen.

Da packte der Torhüter mich brutal an meinen beiden Armen. Schüttelte mich. Zwang mich, mir meinen Hosenknopf und meinen Reißverschluss zu öffnen. Zwang mich, mir meine geöffnete Hose herunter- und auszuziehen. Ich sollte mich splitterfasernackt machen.

Mit starrem Blick öffnete er seine eigene Hose und zog sich diese grunzend herunter. Zog sich sodann noch seine Unterhose herunter und legte mit dieser Aktion seinen Penis frei. Als ich sein riesiges, freigelegtes steifes Genital sah, war ich so erschrocken, dass ich sofort aufhörte zu weinen. Der Schrankenwärter zwang mich, seinen Phallus anzufassen. Der Mann seinerseits fingerte an und in meiner Vagina. Steckte seine dicken Finger in diese. Lächelte währenddessen gedankenverloren. Er stank. Seine Atemgeräusche waren unnatürlich laut. Der Mann bibberte am ganzen Körper. Ich verstand nicht, was vor sich ging. Ich war komplett irritiert, und unter meiner riesigen Anspannung fing ich erneut an zu weinen. Ich hatte unglaubliche Angst und wollte nur, dass er aufhörte, mich anzufassen. Aufhörte, mich anzuschreien. Aufhörte, mir zu befehlen, sein steifes Glied anzufassen. Aufhörte, mir zu befehlen, sein Glied zu streicheln. Ich bettelte ihn an. Bettelte ihn an, mich nicht mehr anzufassen. Bettelte ihn an, ihn nicht mehr anfassen zu müssen. Vergebens. Er wurde wütend. Laut schrie er mich an:

„Du kleines Miststück! Wenn du jetzt nicht auf der Stelle deine Schnauze hältst, nicht sofort aufhörst zu jammern, nicht mucksmäuschenstill bist, werde ich gleich heute deinen Vater wegen seiner vielen kriminellen Machenschaften bei seinem Chef anzeigen. Dein Vater wird alleine durch deine Schuld seine Arbeit verlieren. Entweder machst du jetzt das, was ich von dir verlange, oder ich sorge dafür, dass es deinen beschissenen Eltern schlecht ergeht.

Sie werden keinen Fuß mehr auf den Boden bekommen, wenn ich mit ihnen fertig bin. Ich kann bewerkstelligen, dass deine Mutter auf ewig in der Klapsmühle verrottet. Deine beknackte Mutter darf auf alle Zeiten nicht mehr zu dir und deinem Vater zurückkehren. Dein Alter wird seinen Kummer darüber, dass deine Alte für den Rest ihres Lebens in der Klapsmühle bleiben muss, im Alkohol ersaufen. Dein Vater wird dann aufgrund seiner Alkoholsucht dem hochprozentigen Alkohol nicht mehr absprechen können. Der Beste wird sich zu Tode saufen. Wenn nicht, so wird er sich mit Sicherheit eines Tages zu Tode huren. Dein Alter fickt doch alles, was einen Rock trägt und zwei Beine hat. Du, mein kleiner Schatz, musst auf jeden Fall in ein Kinderheim. Das ist glasklar und sicher. So sicher wie das Amen in jeder Kirche. Du hast das Schicksal deiner Eltern und dein eigenes in deiner Hand. Entweder hörst du jetzt endlich auf rumzuzicken und machst mit oder ich werde meine Drohungen in die Tat umsetzen. Du hast die Wahl. Du musst dich jetzt entscheiden."

Der Mann war offensichtlich zu allem bereit. Ich, seine Sachertorte, lag nach seiner Drohung endlich zum Verzehr vor ihm auf dem für das Zimmer viel zu großen Schreibtisch. Der komplett fehlgesteuerte Mann war jetzt wenige Zentimeter von seinem Ziel entfernt. Seine Fantasien überschlugen sich. Ich sah, wie er schwitzte. Er hatte seine *Kriegserklärung* gegen mich erfolgreich ausgestoßen. Ich war starr vor Angst. Rums!, da öffnete sich die Tür zu dem Raum, in dem ich mich dem schnaufenden Pförtner hingeben sollte. Doch horch, was kam von draußen rein? Der in seinem Vorhaben gestörte Mann hatte die Tür meines Kerkers zwar abgeschlossen, doch zu meinem Glück nicht richtig. Mein Vater war keine Zehntelsekunde zu früh. Er stand in der Tür. Sah mich mit ausgebreiteten Beinen auf dem Schreibtisch liegen. Wie zur Opfergabe aufgebahrt. In einem ihm unbekannten Raum. Sah den Gesichtserkennungsprüfer der Werke mit heruntergelassenen Hosen. Total überdreht, supererregt, schnaufend wie eine alte Dampflok über seine Tochter gebeugt, mit irrem Blick, vor Schweiß triefend. Sein erigiertes Glied zum Stoßen bereit.

Tränen liefen meinem Vater bei dem sich ihm bietenden Anblick über das Gesicht. Mein Vater schrie mich verstört und verzweifelt weinend an: „Prinzessin, ich bin zu spät dran. Ich kam nicht rechtzeitig weg. Es tut mir sooo leid! Jetzt brauchst du keine Angst mehr zu haben. Jetzt bin ich da und passe auf dich auf! Dieser Typ kann dir nichts mehr antun. Zieh dich schnell an und verlass sofort diesen Raum. Verlass dieses Haus! Lauf! Sieh zu, dass du hier rauskommst!"

Ich stand schwer unter Schock. Ohne weitere Worte, rasend vor Wut, ballte mein Vater seine Hände zu Fäusten. Schlug wie von Sinnen auf den überraschten, entgeisterten, verblüfften, perplexen Wächter der Werktore ein.

Die Punktlandungen der Faustschläge meines Vaters zeigten schnell ihre Wirkung. Überall sah ich Blut. Ich bekam Angst. Angst, dass mein Vater diesen schlimmen Mann totschlagen würde.

Nachdem es meinem Vater gelungen war, die abgeschlossene Zimmertür zu öffnen, hatte ich mich zitternd, weinend, still, komplett überfordert von dem Schreibtisch, auf dem ich zuvor aufgebahrt lag, hochgerappelt. Mein Vater hatte mich mit seinem Eintreten vor einer Vergewaltigung gerettet. Ich befolgte präzise die Anweisungen meines Vaters.

Langsam zog ich mich an. Beobachtete das Geschehen wie durch fremde Augen. Panik stieg in mir auf. Ich rannte, so schnell es meine mir nicht gehorchen wollenden Glieder und mein starkes Zittern zuließen, aus dem Pförtnerhäuschen. Der Schrankenwärter lag nach wie vor mit runtergelassener Hose auf dem Boden. Blutete. Mein aufgebrachter Vater prügelte weiterhin wie von Sinnen auf den Mann ein. Immer weiter. Sein Blut quoll aufgrund der zielgerecht verabreichten Schwinger meines Vaters aus allen möglichen und unmöglichen Körperstellen heraus.

Hysterisch kreischend floh ich auf den Weg vor dem Wärterhäuschen und schrie lauthals: „Hilfe, ich brauche Hilfe, mein Vater bringt ihn um!"

Es kamen einige Männer und Frauen von ihrer Schicht an dem Pförtnerhaus vorbei. Eine kleine Gruppe von ihnen war neugierig. Folgte meinem Aufruf. Sie kamen mit mir in das kleine Pförtnerhäuschen. Als sie sahen, was in dem kleinen Kabuff vor sich ging, riefen zwei beherzte Männer umsichtig die Polizei, den Werksdienst und einen Rettungswagen. Als die Sanitäter mit den Wachtmeistern und dem Sicherheitsdienst kurze Zeit nach dem Anruf der Kollegen meines Vaters in dem Kabäuschen eintrafen, fanden sie eine extrem skurrile Situation vor. Zwei Kollegen meines Vaters hatten sich diesem angenommen. Vor ihnen lag – wehleidig, wimmernd, um Gnade jammernd – der Pförtner. Er krümmte sich mit dicken, zugeschwollenen Augen und aufgeplatzten Lippen bluttriefend auf dem Boden vor Schmerzen. Mein Vater musste von seinen Kollegen mit ganzer Kraft festgehalten werden. Er war noch lange nicht mit dem pädophilen Mann fertig. Er wollte weiter und weiter auf den Mann einprügeln.

Trotz seiner starken Schmerzen komplett uneinsichtig, unbelehrbar, verbohrt, obstinat, brachte der verwirrte Mann tatsächlich noch die Kraft auf, mir hasserfüllt auf dem Weg seines Krankentransportes von dem Pförtnerhäuschen zu dem für ihn bereitstehenden Rettungswagen zuzuzischen:

„Ich werde dich suchen und finden. Wenn ich dich gefunden habe, dann gnade dir Gott. Du wirst dich nicht mehr gefahrlos durch die Straßen Schwelms bewegen können, und wenn es das Letzte ist, was ich in meinem Leben tun werde."

Der Pförtner der Werke wurde abtransportiert. Ich blieb regungslos, wie angewurzelt, neben meinem Vater stehen. Dieser führte eine Unterhaltung mit zwei Gesetzeshütern. Die vier Augen des Gesetzes sprachen noch einige Zeit mit meinem Vater. Sagten ihm unter anderem, dass er mit mir in jedem Fall zu einem Arzt gehen müsse. Ich müsste zur Sicherheit untersucht werden. Auch wiesen die Beamten meinen Vater darauf hin, dass die Kripo am nächsten Tag mit einer Beamtin zu uns nach Hause kommen würde. Ich war verstört. Stand unter Schock. Ich bewegte mich, als würde ich fremdgesteuert. Einen Schritt nach dem anderen. Bis ich verwundert mit meinem Vater vor unserem Wohnhaus und nach einer gefühlten Ewigkeit vor unserer Wohnungstür stand. War ich tatsächlich selbst die vielen Treppen der vier Etagen hinaufgegangen? Hatte mein Vater mich getragen? Ich wusste es nicht. War auch irgendwie egal. Wir holten meine Mutter aus unserer Wohnung ab. Mein Vater berichtete meiner Mutter schwer erschüttert, was auf dem Werksgelände vorgefallen war. Gemeinsam fuhren wir in das Krankenhaus. In diesem wurde ich von einer Ärztin gründlich untersucht. Das Untersuchungsergebnis wurde mit der Genehmigung meines Vaters an die Polizei weitergegeben.

Für diese „unangenehme Geschichte", wie meine Mutter diese in ihren Augen *lästige Angelegenheit* nannte, machte sie mich alleine verantwortlich. Ich hätte den Mann gereizt. Hätte mit ihm geflirtet. Zu dem Zeitpunkt des Missbrauchs war ich noch sieben Jahre alt. Ich wurde erst zwei Monate später acht.

Was Flirten bedeutet, wusste ich nicht. Ich kannte weder dieses Wort noch dessen Sinn. Meine Mutter war nicht ansatzweise geneigt, mich zu trösten. Mir gar ihre Hilfe anzubieten. Mit der ganzen Situation und deren Bewältigung war ich alleine. Meine Eltern waren nicht in der Lage, vielleicht nicht willens, mir die Unterstützung, die Liebe und Fürsorge, die ich in reichlichem Ausmaß benötigte, zu geben. Hierfür hatten beide überhaupt keinen Sinn.

Am nächsten Tag gegen Mittag kam, wie angekündigt, eine Kriminalbeamtin bei uns vorbei, die mit mir sprechen wollte. Wir wollten gerade Mittag essen, als es an unserer Wohnungstür klingelte. Meine Mutter sprintete flugs zur Tür. Eine junge Frau, die sich als Kripobeamtin auswies, stand vor unserer Eingangstür.

„Darf ich reinkommen?", fragte die junge, kompetente Kommissarin der Sitte meine Mutter nett. Meine Mutter gewährte ihr den gewünschten Einlass. Die Beamtin war bei ihrem Eintritt völlig überrascht, dass meine Eltern nach dem schlimmen Geschehen des vergangenen Tages Normalität in ihren Alltag bringen konnten. Bei ihrem Zutritt in unsere Behausung sah sie mich wie ein Häufchen Elend vom Flur aus in der großen Wohnküche auf einem Küchenstuhl sitzen. Sie fand mich völlig verstört und kreidebleich vor. Die Kommissarin ging in die Küche und nahm mich spontan in ihre Arme. Sie tröstete mich. Eine Aussage konnte ich an diesem Tag nicht machen. Auf an mich gerichtete Fragen fing ich wieder und wieder an zu weinen. Ich machte mir aufgrund der Vorhaltungen meiner Mutter große Vorwürfe, an dieser *Geschichte* schuld zu sein. Wusste jedoch nicht, was ich verkehrt gemacht haben sollte. Die junge Beamtin sagte zu meiner Mutter: „Es hat jetzt wenig Sinn, mit Ihrer Tochter zu sprechen. Sie ist viel zu aufgewühlt. Ihre Kleine braucht Ruhe und viel, viel Liebe. Kommen Sie bitte in den nächsten Tagen, wenn es Ivonne besser geht, zu uns ins Präsidium. Dort kann ich eine Aussage zu dem Tathergang aufnehmen. Ich werde persönlich Sorge tragen, dass eine Therapeutin anwesend ist, die vor Ort mit Ivonne sprechen wird." Die Beamtin drückte meiner Mutter ihre Visitenkarte in die linke Hand.

Gut eine Woche nach dem Besuch der Kripobeamtin in unserem Zuhause hatte meine Mutter telefonisch einen Termin mit mir auf dem Präsidium vereinbart. Als ich mit meiner

Mutter im Polizeipräsidium ankam, wartete die uns bekannte, nette junge Beamtin in einem kleinen Büro. Gemeinsam mit einer Therapeutin. Ich konnte in aller Ruhe meine Aussage zu Protokoll geben. Meine Mutter durfte während meiner Aussage und den Befragungen durch die beiden Frauen mit im Büro sitzen bleiben. Unter Tränen erzählte ich den beiden Beamtinnen, was mir der Pförtner angetan hatte. Womit er mich unter Druck gesetzt hatte, um mich für seine Fantastereien gefügig zu machen. Auch was er alles von mir verlangt hatte. Die Psychologin machte sich viele Notizen. Ließ von mir zusätzlich Zeichnungen anfertigen. Als die beiden Frauen mit der Befragung zu dem Tathergang in dem Pförtnerhäuschen auf dem Werksgelände fertig waren, durften meine Mutter und ich das Präsidium verlassen. Die nette Kriminalbeamtin strich mir nach der Befragung über meinen Kopf und sagte beim Verabschieden zu meiner Mutter:

„Ihre Tochter muss nicht direkt in der Verhandlung vor Gericht aussagen. Wir können das Aussageprotokoll unter Umständen als Beweismaterial anerkennen lassen. Sie sollten sich überlegen, ob sie mit ihr nicht zu einer Psychotherapeutin gehen. Diese kann ihr helfen, die schreckliche Erfahrung und die vielen schlimmen Erinnerungen an diesen Tag zu verarbeiten." „Nein, nein", entgegnete meine Mutter. „Das mit der Anerkennung des Protokolls ist nicht nötig. Meine Tochter kann gegen dieses Schwein vor Gericht aussagen. Den Tipp mit der Inanspruchnahme einer Therapeutin überlegen mein Mann und ich uns noch einmal. Danke."

Die Kommissarin schüttelte während unseres Verlassens der Polizeidienststelle ihren hübschen Kopf. Raunte ihrer Kollegin mit tiefer Verachtung in der Stimme zu: „Was für eine unmögliche Frau! Statt ihre kleine Tochter zu beschützen, schmeißt sie das gebeutelte Mädchen dem Rudel Wölfe zum Fraß vor."

Für die schwere Körperverletzung, die mein Vater dem Pförtner zugefügt hatte, wurde er nicht angeklagt und somit auch seitens der Justiz nicht strafrechtlich verfolgt. Der Kinderschänder lag zur Genesung wochenlang im Krankenhaus.

Monate später kam es zu der besagten Gerichtsverhandlung. Zwei Tage vor der Verhandlung musste ich in Justitias Gebäude. In dem Büro eines Richters machte ich zu den Anschuldigungen gegen den Pförtner, meinen einstigen Peiniger, eine Aussage. Als ich dem Richter die Geschehnisse des besagten Tages erzählte, wohnten dieser Sitzung noch meine Eltern und zusätzlich die Psychoanalytikerin, die ich bereits auf dem Präsidium kennengelernt hatte, bei. Das zwei Tage später stattfindende Gerichtsverfahren fand ohne Zuschauer statt. Die Verhandlung war nicht öffentlich. Durch meine vorher bei dem Richter getätigte Aussage musste ich meinem Peiniger nicht gegenübertreten. Mir blieb der direkte Kontakt zu dem ehemaligen Kollegen meines Vaters erspart. Der Richter war der Empfehlung der Psychologin gefolgt. Das Protokoll wurde zugelassen. Meine Aussage wurde aufgezeichnet und während der Gerichtsverhandlung abgespielt. Man wollte mich nicht mehr belasten als nötig. Ferner sollten Details meines Dramas nicht an die breite Öffentlichkeit gelangen. Durch diese Schutzmaßnahmen sollte ich vor unangenehmen Fragen geschützt werden.

Der Verhandlung wohnte erneut die mir bekannte Psychologin als auch meine Eltern bei. Die Therapeutin nahm Stellung zu meiner Glaubwürdigkeit. Meine Vertrauenswürdigkeit wurde als sehr hoch eingestuft.

Meine Mutter verließ vor der zu erwartenden Verurteilung des „Kinderfreundes“ durch den Richter die Verhandlung. Ihr ging es nach eigener Aussage nicht gut.

Ich war gerade im Begriff, den gemeinsam produzierten Müll zu den Mülltonnen auf dem Hof hinunterzubringen, als ich eine Unterhaltung zwischen meiner Mutter und einer Nachbarin mithören konnte.

„Ich musste aus dem Gerichtssaal, das war nicht auszuhalten, was diese Drecksau alles zu seiner Verteidigung vorgetragen hatte. Ich hoffe nur, dass das Schwein seine gerechte Strafe bekommt.“ Die Stimmen wurden leiser. Die beiden Frauen verschwanden in der Wohnung unserer Nachbarin.

Ich war zu meiner eigenen Verwunderung zum allerersten Mal in meinem Leben ein klitzekleines bisschen stolz auf meine Mutter.

In vielen weiteren Nächten, genau genommen jahrelang, schlief ich schlecht. Mich verfolgten schlimme Albträume. In vielen Nächten träumte ich von dem Pförtner und seinen großen Händen auf meinem Körper, nahm seine ungeliebten, nicht erwünschten Berührungen wahr. Sah seinen riesigen Ständer, roch seinen Duft, diesen ekligen scharfen Gestank seines Rasierwassers.

Es wurde seitens meiner Eltern kein Therapeut, wie von der Kripobeamtin vorgeschlagen, mit der Aufarbeitung des Missbrauchs an mir beauftragt. Ich war gezwungen, diese schlimme Erfahrung mit mir alleine auszumachen. Zu Hause, in meinem Elternhaus, wurde dieses *Thema* totgeschwiegen. Durch Zufall hatte ich eine Unterhaltung meiner Eltern mit anhören können und so erfahren, dass der ehemalige Kollege meines Vaters zu einer einjährigen Gefängnisstrafe ohne Bewährung verurteilt worden war.

Ein Jahr und drei Monate später, kurz vor der Trennung meiner Eltern – ich war neun Jahre alt –, traf ich erneut auf den Exkollegen meines Vaters. Auf meinem kurzen Heimweg von der Schule nach Hause. Ein allerletztes Mal in meinem Leben. Ich hatte visuell eine begrenzte Erinnerung an sein Gesicht, aber ich erinnerte mich indes ausgesprochen gut an seinen Duft, seine Gesten, seine großen Hände und an seine Stimme.

Er war es. Ich war mir zu hundert Prozent sicher. Es gab keinen Zweifel. Annika und ich waren von der Schule auf dem Heimweg. Wir hatten die gleiche Wegstrecke zu bewerkstelligen. Wir wohnten ja lediglich ein paar Hausnummern auseinander. Annika, der gewesene Schrankenwärter des Fabrikgeländes und ich. Wir drei trafen aufeinander. Wir befanden uns auf derselben Straßenseite. Mein ehemaliger Peiniger dachte nicht im Entferntesten daran, die Straßenseite zu wechseln. Im Gegenteil. Als ich ihm vis-à-vis gegenüberstand, direkt auf „*Augenhöhe*", neigte er seinen Kopf leicht zu meiner Seite. Ich hörte ihn tatsächlich leise im Vorbeigehen wispern:

„Wenn ich dir alleine begegne, löse ich mein damalig gegebenes Versprechen ein. Dann bringe ich dich um." Mir lief ein Schauer über den Rücken.

Ich zuckte zusammen. Annika schien das, was der ehemalige Pförtner mir zugeraunt hatte, nicht gehört zu haben. Sie plapperte munter weiter auf mich ein.

Nach dem gruseligen Aufeinandertreffen war ich komplett durch den Wind. Hatte wahnsinnige Angst. Nein, mehr noch, nackte Panik machte sich in mir breit. *Nur weg,* war mein Gedanke. Ich ließ meine Freundin kopflos, kommentarlos stehen und lief schnurstracks weinend nach Hause.

Annika war irritiert. Konnte mein schräges Verhalten nicht zuordnen.

Annika sinnierte: *Habe ich Ivonne unbeabsichtigt beleidigt? Ist sie jetzt böse mit mir?*

Na ja, morgen ist ein neuer Tag, dachte sich Annika und ging den Rest des Weges alleine nach Hause.

Es war wie an den meisten Schultagen niemand zu Hause, als ich in unserer Wohnung ankam. Im gemeinsamen Schlafzimmer legte ich mich auf mein Bett. Meine Augen waren geschwollen vom vielen Weinen. Ungeheuerliche Gedanken schossen mir durch meinen Kopf.

Ich fragte mich, ob ich mich getäuscht hatte. Ob das Zusammentreffen mit diesem Tyrannen real stattgefunden hatte. Ob mir meine Fantasie, ob mir mein Bewusstsein einen bösen, einen gemeinen Streich gespielt hatte. Ich hoffte inständig, dass ich mich getäuscht hatte. Dass dieser Vorfall nicht stattgefunden hatte.

Ich wusste es insgeheim besser. Ich wusste, dass diese schaudererregende, angsterregende Begegnung der dritten Art definitiv genauso stattgefunden hatte.

Von dem hoffentlich zufälligen Aufeinandertreffen mit dem Kinderschänder erzählte ich meinen Eltern nichts. Ich wusste nicht, wie meine Eltern, wenn ich ihnen von dieser Begegnung erzählt hätte, auf meinen Zusammenstoß mit diesem Mann reagiert hätten.

Meine Mutter? Wahrscheinlich mit Gleichgültigkeit. Vielleicht auch wieder mit Vorwürfen gegen mich. Mein Vater? Mit Wut? Mit Aggression? Mit Resignation?

Ein Feuerwerk voller Überraschungen

Nach meinem letzten Schultag vor den großen Ferien wurde ich zu Hause freudig überrascht. Die Sommerferien standen an. Meine Eltern präsentierten mir strahlend Flugtickets einer gebuchten Reise in den Süden. Sie hatten für uns eine Flugreise nach Rumänien gebucht.

Bereits vier Tage später, in der ersten Schulferienwoche, sollte es losgehen. Hurra, ich würde fliegen! Auf die bevorstehende Reise mit meinen Eltern freute ich mich riesig.

Am Tag des Reiseantritts wachte ich weit vor der Abfahrt zum Flughafen auf. Ich war aufgeregt. Mein erster Flug! In den Süden! Es kribbelte in meinem Bauch, als hätte ich Ameisen gegessen. Meine Erziehungsberechtigten fanden, dass wir drei uns diese Reise redlich verdient hätten. Es war ein riesengroßes Abenteuer für mich. Schon die Ankunft auf dem Flughafen Düsseldorf war eindrucksvoll. Die große Anzahl der einzelnen Terminals. Die vielen An- und Abreisenden. Die Reise nach Rumänien war für die Dauer von vierzehn Tagen gebucht. Es war anfänglich für uns alle schön. Später hatte einzig ich eine wunderschöne Zeit.

Meine Eltern hatten eine kleine Hotelanlage in Strandnähe gebucht. Als wir am frühen Mittag auf dem Zielflughafen ankamen, schien die Sonne. Es waren gut und gern 34 Grad im Schatten. Ich schwitzte, war jedoch bestens gelaunt. Freute mich auf das, was mich erwartete. Wir wurden bei unserer Ankunft auf dem Zielflughafen von einem Angestellten des Veranstalters mit weiteren künftigen Mitbewohnern der Anlage mittels eines Schildes herbeigelockt und eingesackt. Dann wurden wir von einem weiteren jungen Mann in einen für uns bereitgestellten Bus verfrachtet. Der Busfahrer nahm uns vor seinem Bus unsere Koffer ab. Verstaute diese mit den Habseligkeiten der anderen Mitfahrer in seinem schrägen Vehikel. Als alle Passagiere endlich zusammengepfercht in dem fahrbaren Untersatz saßen, ging die Fahrt zu unserer gebuchten Anlage endlich los. Bei normaler Fahrzeit würde die Fahrt ins Hotel circa dreißig Minuten dauern. Der Bus machte tatsächlich nach einer halben Stunde Fahrzeit vor einer wunderschönen grünen Lagune halt. Die schneeweiße Viersternehotelanlage war eingebettet in einer prachtvollen Gartenanlage. Riesige Palmen und exotische Blumen, so weit das Auge reichte. Eine solche Anlage hatte ich noch nie in meinem kurzen Leben zu sehen bekommen. Ich war mächtig beeindruckt. Meine Eltern und ich stiegen staunend aus. Unsere drei Koffer wurden von dem Fahrer aus dem Bus gepackt, und ab ging es mit unserer gesamten Fracht zur Rezeption. Wir, die drei Ausländer, bewohnten gemeinsam ein Familienzimmer. Sehr zu meiner Freude hatte ich ein eigenes Zimmer mit Balkon, nobel gelegen zur Wasserseite. *Wow, was für ein gigantischer Ausblick!*, dachte ich, als ich auf den kleinen Balkon trat und das unglaublich fantastische Panorama genoss.

Innerhalb der ersten sieben Tage gingen wir jeden Tag gemeinsam an den Strand. Machten gemeinsam viele Ausflüge, doch unser Idyll dauerte nicht lange. Mein Vater bespaßte acht Tage nach dem gemeinsamen Check-in in unserer Honeymoon-superduper-Anlage eine junge Hotelangestellte. Meine Mutter bekam Wind von der billigen Anmache seitens meines Vaters und machte einen gewaltigen Aufstand. Sie war verzweifelt. Sie konnte sich nicht eben mit dem Flieger in ihr bescheidenes Reich absetzen. Meine Eltern hatten eine Pauschalreise gebucht. Ein einzelner Rückflug in die Heimat war unverhältnismäßig teuer. Meine Mutter war dazu verdonnert, die restliche gebuchte Zeit beleidigt, verletzt, wütend mit ihrem untreuen Ehemann in Rumänien auszuharren. Die Katastrophe nahm ihren unausweichlichen Lauf. Meine Mutter machte einen auf Gutmensch. Meine Eltern zerstritten sich früher, als von mir erwartet. Sie unterhielten mit ihren täglich aufgeführten Theaterstücken hervorragend die anderen Hotelgäste. Diese fühlten sich bestens durch die lauten Einlagen meiner Eltern *unterhalten*. Einmal kam ein Hotelangestellter und klopfte zart an unsere Zimmertür. Meine Mutter öffnete die Tür. Der nette Hotelangestellte stand ihr gegenüber und bat sie leise, Rücksicht auf die anderen Hotelgäste zu nehmen. Bat sie, sich künftig etwas leiser zu verhalten. Es hätte seitens einiger Hotelgäste Beschwerden gegeben.

„Was für eine Frechheit, wie können Sie es wagen? Gibt es in Ihrer Familie keinen Knatsch?“, posaunte meine Mutter ihm laut und wütend entgegen. Knallte ohne Rücksicht nach ihrem Wutausbruch die Zimmertür ins Türschloss.

Ab dem neunten Tag unseres gemeinsamen Aufenthalts trank mein Vater erneut, wie bei sich für ihn ergebenden Anlässen in der Heimat, viel zu viel. Er ertränkte seinen Kummer über die Ungerechtigkeiten der grausamen Welt täglich in großen Mengen hochprozentigem Alkohol.

Meine Mutter weinte aus Kummer über die Welt. Doch hauptsächlich über die Untreue ihres Ehemannes. Allem Übel zum Trotz setzte meine Mutter dem Ganzen ein großes Sahnehäubchen auf. Sie ließ sich ab dem zehnten Tag ihres Aufenthaltes bis zum letzten Abend unserer anzutretenden Heimreise von einem einfühlungsvermögenden, großen, gut aussehenden, gut gewachsenen dunkelhaarigen, braunäugigen Einheimischen mit dem wohlklingenden Namen Nelu trösten und pimpern. Inklusive Glaspräsente für zu Hause. Zur Erinnerung an die schöne Zeit.

Meine Bedürfnisse hatten, wie zu Hause, hinten anzustehen. Ich trottete alleine zu dem in der Nähe des Hotels befindlichen Strand und sonnte mich an diesem selbstverständlich alleine.

Oft badete ich alleine in den Fluten des Meeres oder las auf meinem Zimmer Bücher, die ich mir zum Glück für die Reise hatte kaufen dürfen.

Meine Eltern waren Gefangene in ihrer Welt. Komplett mit sich und ihren eigens gebastelten Problemen beschäftigt.

Meinen ersten Flugurlaub ins Ausland habe ich trotz aller Differenzen zwischen meinen Eltern in guter Erinnerung. Ich hatte mich richtig gut erholen können. Konnte meinen eigenen Alltagsproblemen, den aktuellen als auch den vergangenen, für eine kurze Zeit Adieu sagen. Ich hatte den Luxus der Viersternehotelanlage in vollen Zügen genießen können.

Nach vierzehn Tagen Urlaub im Süden landeten wir, ich dunkelbraun gebrannt, meine Eltern leicht gebräunt, in Deutschland auf dem Düsseldorfer Flughafen.

Die Ferien waren schnell zu Ende. Seit nunmehr acht Wochen schuftete ich nach dem viel zu schnellen Ende der Ferien werktags konzentriert in meinem Unterricht. Eines Mittags, ich kam zeitig aus meiner Schule nach Hause, fand ich meine Mutter an unserem großen Esstisch in der Küche vor. Sie war an diesem Tag früher von ihrer Arbeit nach Hause gekommen. Daher hatte sie die ankommende Post aus dem Briefkasten genommen. Dies war ansonsten meine Aufgabe. Mir sagte sie, sie fühlte sich nicht wohl.

Mein Vater hatte sehr zur *Freude* meiner Mutter einen Brief von einer fremden Frau erhalten. Der Briefumschlag war über und über mit Lippenstiftküssen übersät. Da der an ihn adressierte Brief aussah, wie er aussah, hatte meine Mutter ihn geöffnet und durch das Übergehen des Briefgeheimnisses zu ihrer großen Bestürzung in Erfahrung bringen können, dass mein Vater erneut eine Affäre mit einer anderen Frau hatte. Meine Mutter bat mich, mich zu ihr an den Küchentisch zu setzen. In ihrer riesengroßen Verzweiflung las diese mir die eingetroffene

Provokation der Fremden, die einen kompletten Ausfall beider Gehirnhälften meiner Mutter nach sich zog, vor.

Mein Vater war zwei Monate zuvor mit seinem Fußballverein zu einer Jubiläumsfeier ins weit entfernte Norddeutschland gereist. An der Ostseeküste hatte er eine Frau mit dem Namen Brunhilde, eine Krankenschwester, kennen- und lieben gelernt. Jedenfalls schrieb die fremde Person in dem Brief von ihrer verhängnisvollen Affäre. Bedankte sich für seine hervorragenden Sexualpraktiken. Offensichtlich hatte er bei ihr eine enorme Standhaftigkeit bewiesen, die zulasten seiner Gesundheit ging. Mein Vater hatte sich während der vielen Sportübungen wund und blutig gescheuert. Selbst ihre wiederholt eingesetzte Mundmassage hatte bei seinen schweren Verletzungen keine Abhilfe leisten können. Die fremde Frau erkundigte sich in ihrem Brief besorgt nach ihres kleinen Gerhards Wohlbefinden. Ob er und sein kleiner Freund erneut einsatzbereit und gegebenenfalls in Start- und Schussposition seien. Die Frau stellte ein baldiges Wiedersehen in Aussicht. Meine Mutter platzte vor Wut, war komplett außer sich. Geriet zunehmend in Rage. Ihre Gedanken überschlugen sich. Sie war zu keinem klaren Gedanken mehr fähig. Diesmal schien es ernster zu sein als die Male zuvor. Ich hatte zwar den vorgelesenen Inhalt des Briefes nicht verstanden, jedoch waren meine Antennen auf Empfang geschaltet. Die Impulse, die Signale, die ich vernahm, versprachen nichts Gutes. Verzweiflung machte sich, wie ich spürte, in meiner Mutter breit.

Zukunftsängste kamen in ihr hoch. Was sollte sie jetzt machen? Sich von meinem Vater trennen? Voller Verzweiflung fragte sich meine Mutter, die nichts gelernt hatte, keine Ausbildung absolviert hatte, keinen Schulabschluss in der Tasche hatte, über keinen Führerschein verfügte, was unter diesen Umständen aus uns beiden werden sollte. In ihrem Leben war für einen qualifizierten Schulabschluss, für eine adäquate Ausbildung, für das Erlernen des Autofahrens das Zeitfenster zu klein gewesen. Meine Mutter war sich bombensicher, dass meine Großeltern mütterlicherseits an ihrer mangelnden Bildung schuld waren. Diese hatten ihr für ihre nötige Bildung in all ihren unterschiedlichen Lebensphasen keine Chancen eingeräumt! Aus welchem Hut sollte sie jetzt eine Lösung zaubern?

Bisher hatte meine Mutter in Wuppertal und Schwelm als Produktionshelferin an den Fließbändern oder Maschinen in den Fabriken des Umlands gearbeitet. Was jetzt? Ungewöhnlicherweise kam mein Vater an diesem Tag pünktlich nach Hause. Er war schon lange kein Schichtgänger mehr und hatte in der Regel gegen sechzehn Uhr Feierabend. Mein Vater hatte einen geregelten Dienst. Es war sechzehn Uhr fünfzehn. Gegen seine sonstigen Gewohnheiten kam er gleich nach seinem Feierabend nach Hause. Gönnte sich nicht, wie an vielen der weiteren durchschnittlichen zweihundertfünfzig Arbeitstage im Jahr, sein Feierabendbierchen in seiner Stammkneipe. Hatte er eine Vorahnung? Hatte er die Spur aufgenommen? Diese gewittert? Erhaschte ihn eine Vorahnung auf das, was ihn zu Hause erwartete? Er schloss die Wohnungstür auf.

Meine Mutter und ich saßen in der Küche noch immer an dem großen Küchentisch. Meine Mutter hatte die Schublade des Küchentisches herausgezogen und in diesen den Brief der fremden Frau, der an meinen Vater gerichtet war, hineingelegt. Leise schob sie die Lade zurück. Wir hörten beide, wie sich sein Haustürschlüssel im Schloss der Wohnungstür umdrehte. Hörten deutlich, wie mein Vater die Tür aufschloss. Hörten seinen schweren Schritt im Flur. Er trampelte trotz seiner sportlichen Figur wie ein schwerer Trakehner. Dann öffnete er die Küchentür und betrat strahlend die Küche. Verdutzt schaute er zu „seinen Mädels“. Zuerst zu mir, dann zu meiner Mutter.

„Wollt ihr mich nicht begrüßen? Wollt ihr mir keinen guten Abend wünschen?“, fragte mein Vater uns irritiert.

„Setz dich zu uns“, überging meine Mutter seine Aufforderungen hart.

Meine Mutter saß auf ihrem Stuhl, als hätte sie einen Besenstiel verschluckt! Ihr Tonfall duldete keinen Widerspruch. Hier war etwas im Busch. Das spürte mein Vater jetzt mehr und mehr. Die Luft um ihn herum wurde dünner. So dominant hatte ihn meine Mutter in den gesamten gemeinsamen Jahren nicht angesehen. So energisch war sie ihm kein Mal gegenübergetreten. Wut, Enttäuschung, alle möglichen negativen Emotionen sprangen aus ihren Augen.

Sprangen ihm direkt entgegen. Der Blick meiner Mutter, ihr Ton schnürten ihm die Luft ab. Der Fußboden fing unter ihm an zu wackeln. Er setzte sich.

Meine Mutter zog das Corpus Delicti aus der Schublade des Küchentisches und hielt meinem Vater feindselig den Brief unter seine Nase. Fragte ihn provokant:

„Hast du mir nichts zu sagen?“

Mein Vater nahm ihr den Brief aus der Hand. Drehte ihn auf die Rückseite. Las den Namen der Adressatin und sackte in sich zusammen. Seine Gesichtsfarbe wechselte von einer gesunden Farbe auf Schneeweiß. Alles Blut schien aus seinem Gesicht gewichen zu sein.

„Es war alles komplett anders, als du denkst“, raunte er leise. „Es ist nichts Schlimmes passiert. Es war nur Sex. Komplett ohne Gefühle. Es zählte einzig meiner körperlichen Ertüchtigung. Sie bedeutete und bedeutet mir nichts! Du warst nicht da! Ich war so einsam. Ich hatte nicht gestillte Bedürfnisse. Sie war willig. Was habe ich dir genommen?“

„Natürlich gar nichts“, antwortete meine Mutter scharf.

„Falls du es vergessen beziehungsweise verdrängt hast, du hast mich betrogen!“ Meine Mutter war außer sich.

„Und der Weihnachtsmann und der Osterhase sind reale Figuren, die uns sowohl zu Weihnachten als auch zu Ostern besuchen kommen … Du glaubst nicht im Ernst, dass ich dir das glaube? Es reicht! Du hast das Fass zum Überlaufen gebracht. Ich werde dir nicht die Pantoffeln bringen. Nicht für dich kochen. Es dir heimelig machen. Nebenbei hast du für deine schönen Stunden eine Agathe. Eine allzeit bereite Begatterin. Vergiss es! Du hast dich gründlich verrechnet! Ich werde dich mit Ivonne verlassen. Ich will in keiner polyamourösen Beziehung leben! Du hast mich gedemütigt, mich geschlagen, belogen und betrogen. Mir zahllose Geschlechtskrankheiten angehängt. Von Tripper, Syphilis bis hin zu Filzläusen. Die letztlich zu meinem allergrößten Vergnügen den Besuch des Kammerjägers in unserer Wohnung nach sich gezogen haben. Falls du es vergessen haben solltest, dies ist passiert, als Ivonne noch klein war. Alles habe ich dir verziehen! Du hast mir per Schwur versichert, dass du dich ändern wirst. Ich dumme Kuh habe jedes deiner gelogenen Worte geglaubt. Habe glauben wollen, dass du dein Verhalten in deinem anzüglichen Umgang mit dem anderen Geschlecht änderst. Dass du aufhörst, alles, was nicht bei drei auf den Bäumen ist, anzupoppen. Nun, mit diesem Brief, mit den Aussagen, die dieses Weibsbild in diesem Brief trifft, habt ihr beide tatsächlich unverhohlen eine gemeinsame Zukunft geplant. Zumindest malt sie eure gemeinsame angestrebte Zukunft kunterbunt aus. Von einem gemeinsamen Kinderwunsch ist die Rede. Nein, mein Lieber, du hast alles zerstört. Ich glaube nicht mehr an unsere gemeinsame Zukunft. Du wirst dich nicht ändern. Wenn sie dir nichts bedeutet hätte, hättest du ihr mit Sicherheit nicht unsere Adresse gegeben. Ich glaube an Werte innerhalb der Ehe. Versprechen werden gehalten. Treue, Fürsorge."

„Du hast die Langeweile vergessen zu erwähnen", raunte mein Vater meiner Mutter zu.

Ich verstand wenig von dem, was hier herausgeschrien wurde. Konnte jedoch anhand der Gesichtsausdrücke und der Spannung, die in der Luft lag, deutlich erkennen, dass alles auf dem Spiel stand. Meine Mutter stand abrupt von ihrem Küchenstuhl auf. Dieser fiel durch ihr ruckartiges Aufstehen um. Ohne sich weiter nach einem von uns umzudrehen, verließ sie, nachdem sie ihre Sommerjacke aus dem Schlafzimmerschrank geholt hatte, wortlos die Wohnung. Ich sah meinen Namensgeber fragend an. Doch dieser sprach kein Wort mit mir. Mein Vater nahm sein Gesicht in beide Hände und fing laut an zu schluchzen. Er war verzweifelt. Sein feiges Lügenkonstrukt brach zusammen. Er hatte Zukunftsangst. So wollte er das alles nicht! Dass dieser Fehltritt das Ende seiner Beziehung zu meiner Mutter bedeuten würde, wollte er sich nicht vorstellen müssen. Er liebte seine beiden Frauen. Auf seine eigene Weise.

Langsam, nachdem die Wohnungstür laut ins Türschloss geknallt war, während ihres Treppenabstiegs, dämmerte es meiner Mutter.

Sie erzählte mir Jahre später, dass sie im Treppenhaus zur Besinnung kam und in diesem erst erfasste, was sie zuvor in der Wohnung von sich gegeben hatte. Es wurde ihr schmerzhaft bewusst, dass sie mit ihrem Wutausbruch die Weichen für unser Leben gestellt hatte. Auch, dass sie hart bleiben musste. Den Mut zum Aufbruch würde sie in ihrem Leben nicht erneut aufbringen können. Entweder ein Ende mit Schmerzen oder ein Schmerz ohne Ende. Meine Mutter hatte sich damals für das Ende mit Schmerzen entschieden. So konnte es definitiv nicht weitergehen. Wenn sie ehrlich war, war dieser Entschluss seit Langem mehr als überfällig. Dennoch kamen viele Fragen in ihr hoch.

Woher sollte sie die Miete für eine eigene Wohnung nehmen?

Wovon sollte sie mich ernähren?

Wo sollte sie mit mir an ihrer Seite hin?

Würde jemand einer alleinerziehenden Mutter eine Wohnung vermieten?

Einer getrennt lebenden Ehefrau. Annähernd geschieden. Ohne Sicherheiten.

Erspartes hatten sie nicht. Eine Mietkaution konnte sie nicht zahlen.

Sie war nunmehr einunddreißig Jahre. Welcher Mann wollte sie mit einem Kind aufnehmen? Wollte sie mit Anhang als Frau an seiner Seite haben?

All diese Gedanken schossen meiner Mutter damals laut ihren Erzählungen durch den Kopf.

Das Leben, das meine Mutter bisher geführt hatte, war gewiss nicht das, was sie sich gewünscht hatte. Sie hatte sich im Laufe der Zeit jedoch mit diesem abgefunden. Und jetzt? Noch mal von vorne anfangen? In ihrem Alter? Mit einer kleinen, neunjährigen, vorpubertierenden Tochter?

Panik, nackte, grausame, kalte Panik stieg seinerzeit in ihr auf. Um nicht erneut rückfällig zu werden, meinem Vater nicht aufs Neue eine seiner vielen Affären zu vergeben, war sie, so sagte sie mir, aus der gemeinsamen Wohnung gelaufen.

Erneut stand ich zwischen den Stühlen. Auf der einen Seite saß mein weinender Vater. Dieser bettelte um Verzeihung und um Vergebung. Auf der anderen Seite meine wütende, kreischende, schreiende Mutter. Die, nachdem sie unmissverständlich alles gesagt hatte, was sie zu sagen hatte, wortlos aus der gemeinsamen Wohnung gerannt war. Hysterie und pures Entsetzen breiteten sich in mir aus. Intuitiv spürte ich, dass dieser Streit anders war als die vielen bisherigen Streitigkeiten zwischen meinen Eltern. Angst und Panik übernahmen auch bei mir die Oberhand bei der Steuerung meiner Gedanken. Was, wenn meine Eltern sich nach dem Streit wirklich trennen würden? Ich wollte meinen Vater nicht verlassen müssen.

Sicherlich, er war weiß Gott kein Waisenknabe. Trank ausgesprochen gerne einen über seinen viel zu großen Durst.

Er war viel unterwegs und schien nur Gast in seinem eigenen Zuhause zu sein. Er war nicht nett und vor allem nicht immer gerecht mir gegenüber. War jähzornig. Dann noch seine dauernden Eskapaden mit anderen Frauen. Einerseits. Andererseits hatte er eine weiche Seite. Eine liebevolle Seite. Er lachte viel mit mir. Nahm mich viel mit auf seine geliebten Sportplätze. Nahm mich viel in seine Arme. Streichelte mich liebevoll, wie ein Vater sein Kind streichelt. Kraulen nannte er es, wenn er mir sanft über meinen Kopf, meinen Nacken oder meinen Rücken strich. Manchmal, wenn ich nicht mehr wusste, wohin, hörte er mir zu. Erübrigte er Zeit für meine Belange, konnte ich ihm erzählen, was mich bedrückte. Bei allem, was war, er war und blieb mein Vater!

Ich liebte meinen Vater und widersinnigerweise auch meine Mutter. Ich liebte meine Mutter, obwohl diese oftmals ungeheuer grausam zu mir war. Ich liebte meine beiden Elternteile auf meine eigene, kindlich naive Weise.

Auf keinen Fall wollte ich mich zwischen einem meiner beiden Elternteile entscheiden müssen. Ich dachte das erste Mal darüber nach, wegzulaufen. Vielleicht würde dann alles gut werden? Vielleicht würden sich meine Eltern dann endlich richtig vertragen, wenn sie sich gemeinsam Sorgen um mich machen müssten?

Doch zur Umsetzung meiner schrägen Gedanken kam es nicht mehr. Meine Mutter hatte es allen bereits vor einiger Zeit gezeigt. Sie hatte gezeigt, dass sie im wahrsten Sinne des Wortes lebensmüde war und keine Todesangst verspürte.

Nun, an diesem folgenschweren Tag beschloss meine Mutter, unser beider Leben zu beenden.

In Schwelm gab es eine Eisenbahnbrücke, bei Ortsansässigen und Insidern bekannt unter dem Namen Selbstmörderbrücke. Auf dieser wollte sie unser beider Leben ein Ende setzen.

Sie kam mit diesem unglaublich gefassten Entschluss im gedanklichen Gepäck nach ihrem stundenlangen Irrlauf durch die Schwelmer Gassen in unsere Wohnung zurück. Weiterhin wortlos ging meine Mutter an meinem Vater vorbei. Dieser saß immer noch, wie sie ihn vor Stunden verlassen hatte, zusammengesunken auf seinem Stuhl am Küchentisch. Wie festgeklebt. Sie kam auf mich zu, nahm meine rechte Hand und sagte zu mir: „Komm, lass uns spazieren gehen."

Nichts ahnend folgte ich der Aufforderung meiner Mutter. Ging mit ihr *spazieren*. Es kam mir erst komisch vor, als wir bei der Selbstmörderbrücke, der Ruhrtalbrücke, ankamen und sie auf der Brücke ihre Schritte verlangsamte. Wie Schuppen fiel es mir urplötzlich von meinen Augen. Meine Alarmglocken fingen laut an zu läuten. Läuteten lauter und lauter! Ich spürte, es war was im Busch!

Da ich einiges, sowohl in meiner Schule als auch in der Kneipe von Annikas Eltern, über diese Brücke gehört hatte, kannte ich den Namen und den Ort der Brücke. Von durch die vorbeifahrenden Züge erfassten zerstückelten Menschen, von Leichenteilen in der Umgebung der Gleise war die Rede. Von abgefahrenen Gliedmaßen hatten manche der Kneipengänger gesprochen. Angeblich wurden diese auf oder neben den Eisenbahnschienen gefunden. Von Säuberungsaktionen seitens der Bahnmitarbeiter wurde in der Kneipe, an dem Tresen von Annikas Eltern, berichtet. Fragend sah ich meine Mutter an.

„Komm, wir stellen uns auf die Brüstung. Von hier aus können wir die ankommenden Züge besser sehen", sagte meine Mutter gefährlich leise zu mir. Meine Mutter handelte wie in Trance. Hatte Tränen in den Augen, als sie mich auf die Brüstung stellen wollte. Doch ich roch den Braten und wehrte mich gegen ihre selbstsüchtige Amtshandlung. Ich wollte leben! Die Hände meiner Mutter umklammerten meine Hüften. Zu meinem Glück kam in diesem Moment ein älterer Herr mit seinem Hund, einem Mops, der an einer signalroten Leine Gassi geführt wurde, an der Brücke vorbei.

„Was machen Sie denn hier?“, fragte er meine Mutter.

„Wenn Sie lebensmüde sind, springen Sie. Aber haben Sie keinerlei Respekt vor dem Leben anderer? Vor dem Leben Ihrer Tochter? Warum wollen Sie die Kleine mit in den Tod stürzen?“

Er sprach leise, bedacht, ruhig und sanftmütig auf meine Mutter ein. Dabei kam er langsam mit kleinen bedachten Schritten auf uns zu. In einem guten Moment packte der mutige Mann meine Hand und zog mich mit aller Kraft von meiner Mutter weg. Erst jetzt, durch den Ruck, nahm meine Mutter wahr, was geschehen war. Der Fremde hatte mir, ihrer Tochter, das Leben gerettet. Weder an diesem Abend noch an einem anderen Abend sprang meine Mutter von der Selbstmörderbrücke. Den Gedanken des Selbstmordes hatte sie nach dem vereitelten Suizidversuch ad acta gelegt.

Vor den Füßen des fremden Mannes sackte meine Mutter weinend zusammen. Es war, als ob sie aus einer Hypnose erwachte. Dieser tröstete sie und sagte zu ihr:

„Gute Frau. Es gibt in jeder Lebenssituation ein Licht am Ende des Tunnels. Unsere Zeit auf Erden ist begrenzt. Das Leben ist bunt. Glauben Sie mir. Es ist nicht grau und unter keinen Umständen schwarz, wie es Ihnen im Moment erscheinen mag. Es hat viele verschiedene Farben und Schattierungen. Viele verschiedene Nuancen. Machen Sie Ihre Augen auf. Das Leben, auch Ihr Leben, ist unglaublich farbenreich! Es kann nichts derart schlimm sein, nichts derartig schlimm kommen, sein Leben beziehungsweise das eines anderen achtlos wegzuwerfen. Wir dürfen, verglichen mit dem Alter unserer Erde, ein paar Augenaufschläge auf diesem wunderbaren Planeten verweilen. Genießen Sie diese kurze Zeit, die Sie auf ihm genießen dürfen. Das Ende kommt früh genug. Sie werden bald sehen, wie wahr meine Worte, die ich heute an Sie gerichtet habe, sind."

Es war Sommer. Es war ein warmer schöner Sommerabend. Es roch nach gemähtem Rasen und blühenden Blumen. Aus den angrenzenden Gärten qualmte es. Es wurde gegrillt. Alles hätte schön sein können.

Als für den selbstlosen Mann klar erkennbar war, dass seitens meiner Mutter keine Gefahr mehr für mich ausging, setzte er kopfschüttelnd seinen Rundgang fort. Ursprünglich waren sein Mops und er auf ihrer gewohnten Runde. Sie waren zum Mopsgeschäftverrichten unterwegs. Er ließ uns nach seiner guten Tat alleine unseres Weges gehen. Sein Hund hatte vor einiger Zeit angefangen zu quengeln und zu jaulen. Der kleine, dicke Mops verspürte ein dringendes Bedürfnis, das es schnellstmöglich zu befriedigen galt.

„Ivonne, wir fahren zu Oma und Opa Wuppertal", ließ meine Mutter mich wissen.

„Wollen wir hoffen, dass uns die beiden ein warmes Plätzchen zum Unterschlupf frei machen."

Nach dem vereitelten Selbstmordversuch meiner Mutter glaubte ich, nicht richtig gehört zu haben. Überrascht und fragend sah ich sie an. Viel zu aufgewühlt und komplett durcheinander, außerdem froh und dankbar, dass der nette Mopsbesitzer mich vor dem freien Fall auf die Eisenbahnschienen bewahrt hatte, war ich zu keiner Antwort in der Lage. Gemeinsam gingen wir zu einer Straßenbahnhaltestelle, die sich in direkter Nähe der Brücke befand. Als die Straßenbahn bimmelnd an der Haltestelle ankam, stiegen wir wortlos ein. Nun war ich mir sicher, dass meine Mutter es ernst meinte. Sie wollte tatsächlich nicht zurück in unser altes Leben. Sie wollte gemeinsam mit mir zu meinen Großeltern, ihren Eltern, fahren. Mir ging es nicht gut. Ich fror. Ich klapperte. Mir war bitterkalt. Mein Magen grummelte. Mir war übel. Ich hatte starkes Kopfweh. Meine gesamten Glieder waren verkrampft. Jede einzelne Muskelfaser meines Körpers war angespannt und tat mir irrsinnig weh. Meine Großmutter, Oma Minna, mochte ich nicht. Ich verspürte keine Lust, diese nach dem gerade erlebten Vorfall zu besuchen. Diese *große Liebe* schien auf Gegenseitigkeit zu beruhen. Meinen Großvater, Opa Karl, wiederum liebte ich heiß und innig.

Das Ende einer Ära

Meine Großeltern, Opa Karl und Oma Minna, waren sehr überrascht über unseren unangemeldeten Besuch. Ihre jüngste Tochter und ihre zweitälteste Enkelin standen unangemeldet, tränenüberströmt vor der Eingangstür ihrer Wohnung in Wuppertal-Barmen. Als meine Mutter sie um Unterschlupf für sich und mich lediglich für ein paar Tage bat, fielen diese aus allen Wolken. Meine Großeltern bewohnten eine schicke Dreizimmerwohnung in einem schönen Mehrfamilienhaus in Wuppertal-Barmen. Man konnte von deren Wohnzimmerfenster aus die Schwebebahn vorbeifahren sehen. Diesen tollen Ausblick über die Wupper genoss ich sehr, wenn ich ab und an in der Wohnung meiner Großeltern zu Besuch war.

„Ich habe mich von Gerhard getrennt. Wir können nicht mehr zurück. Können wir für ein paar Tage bei euch unterkommen? Ich suche uns eine neue Bleibe. Suche mir schnellstmöglich eine andere Arbeit. Wir belästigen euch nicht länger als nötig. Es wäre nur für ein paar Nächte", bettelte meine Mutter meine Großmutter im Treppenhaus vor ihrer Wohnungstür an.

„Du weißt, wir haben nur eine Dreizimmerwohnung. Wo wollt ihr denn schlafen?", fragte meine Oma meine Mutter genervt. Ich spürte den kalten Blick meiner Oma auf meiner Haut. Ich wusste, was sie von mir dachte. Meine Oma nahm selten ein Blatt vor den Mund. Oft genug hatte sie mir gesagt, ich sei die Brut des italienischen Abschaums. Meine Mutter bemerkte den Kampf meiner Großmutter mit ihrem inneren Schweinehund. Schnell beteuerte meine Mutter ihrer Mutter: „Es macht uns nichts aus, in eurem kleinen Zimmer in dem kleinen Bett gemeinsam zu schlafen. Du wirst uns nicht merken. Wir verhalten uns leise und sind unauffällig. Versprochen", bettelte meine Mutter meine Großmutter regelrecht an.

„Na gut, kommt rein", erwiderte meine Oma Minna gnädig, jedoch mit einem schrägen Unterton in ihrer Stimme. Eine Einladung, der meine Mutter nur zu gerne nachkam. Der gute *Kern* meiner Oma hatte gesiegt. Meine Mutter war dankbar für die Beherbergung und versprach noch einmal vor unserem Eintritt in die Wohnung, dass das Asyl für uns beide tatsächlich nur von kurzer Dauer sein würde. Meine Oma trollte sich aus dem versperrten Wohnungseingang. Wir fanden endlich nach gefühlten Stunden im kalten Treppenhaus Einlass.

Am nächsten Tag kaufte meine Mutter, wie auch an jedem folgenden Tag, eine überregionale Tageszeitung. Überschlug die aufgeführten Stellenanzeigen. Einige Tage später fand meine Mutter eine geeignete Stellung als Haushälterin. Bei einem alleinstehenden Mann im fünfzig Kilometer entfernten Köln. Meine Mutter rief den Mann, der diese Anzeige aufgesetzt hatte, umgehend an. Bereits am nächsten Tag setzte sie sich in den Zug und traf sich mit ihm in einem Café in der Kölner City. Der Inserent und meine Mutter wurden sich schnell einig. Einen gefühlten Flügelschlag, sechs Tage später, konnte meine Mutter in dem Kölner Haushalt des Fabrikanten anfangen. Dessen Wohnung lag in dem Speckgürtel der Kölner City. Wir konnten somit zu neuen Taten, zu neuen Ufern aufbrechen. Dass dies eine grundlegende Veränderung meiner Lebenssituation bedeutete, war meiner Mutter nicht klar. Darüber hatte sie sich nicht im Geringsten Gedanken gemacht.

Bevor wir nunmehr von Wuppertal nach Köln aufbrachen, wollte meine Mutter ihren Bruder im Gefängnis besuchen. Nach seiner schon erwähnten Gräueltat musste er nach seiner Verurteilung eine lebenslängliche Haftstrafe absitzen. Somit hatte ich das große Vergnügen, meinen Onkel Frank im Hochsicherheitstrakt eines Gefängnisses zu besuchen. Er saß in der JVA Wuppertal ein. Im Volksmund wurde die Haftanstalt „Bad Bendahlo“ genannt. In dieser saßen, bis auf wenige Ausnahmen, ausschließlich Schwerverbrecher ein.

Inzwischen hatte meine Mutter weitere wichtige Dinge geklärt. Sie war fünf Tage zuvor in unserer alten Wohnung gewesen, als mein Vater in den Werken schuftete. Der Schuft. In Rekordgeschwindigkeit hatte sie für uns zwei Koffer mit Kleidung zusammengepackt. Sonst nichts. Meine Mutter hatte ausschließlich das Wichtigste mitgenommen. Eine Tatsache, die ich bis ins Erwachsenenalter weiterhin zu hören bekommen sollte.

Vier Tage zuvor hatte meine Mutter die Kanzlei eines Scheidungsanwalts aufgesucht, um in dieser die Scheidung von meinem Vater einzureichen. Unser aller Neuanfang wurde schriftlich besiegelt. In der Zeit des Umbruchs musste ich nicht zur Schule. Meine Mutter hatte mich aus gegebenem Anlass von dem laufenden Schulunterricht befreit. Vor dem gemeinsamen Neubeginn, wie meine Mutter die Reise ins Unbekannte titulierte, war ich irrsinnig aufgeregt.

Der Tag des von meiner Mutter versprochenen Neubeginns kam. Wir fuhren zum Hauptbahnhof, wo meine Mutter eine Bahnkarte zweiter Klasse nach Köln löste. Das Geld zum Kauf der Fahrkarten hatte sich meine Mutter von ihren Eltern geliehen. Das geliehene Geld wollte meine Mutter meinen Großeltern von ihrem ersten Gehalt zurückzahlen. Mir war zum Glück zu diesem Zeitpunkt nicht bewusst, als ich mit meiner Mutter in den ankommenden Zug auf dem Hauptbahnhof Wuppertal zu unserer Weiterfahrt nach Köln einstieg, dass dies nur die erste Station unserer Odyssee sein würde.

Ludwig der XIV

Wir wurden auf dem Kölner Hauptbahnhof von dem Fabrikanten erwartet. Er nahm meine Mutter mit einem Blumenstrauß, mich mit warmen Worten in Empfang.

Das kleine alte Maskulinum holte uns mit seinem schicken Mercedes ab. Er fuhr schnurstracks mit uns in seine Wohnung, in das Kölner Nobelviertel Köln-Klettenberg.

Was für ein prächtiges Wohnhaus! In circa einer Dreiviertelstunde war man mit dem Auto in der Kölner Innenstadt. Zu Fuß dauerte die Tour entsprechend länger.

Die Wohnung war riesig. Sie bestand aus vier großen Zimmern zuzüglich Küche und einem riesigen Badezimmer. Wir sollten es uns in seinem Gästezimmer bequem machen, um uns von der einstündigen Zugfahrt zu erholen. Auch bot uns der Mann die Gelegenheit, uns frisch zu machen. Sodann wollte der Fabrikant uns die Wohnung und die Nebenräume zeigen. Das neue Domizil war plüschig. In unserer Residenz stand außer einem großen klobigen Kleiderschrank ein riesiges Doppelbett mit einer durchgängigen, unglaublich dicken Matratze. Neben dem Bett standen rechts und links kleine Nachtschränkchen. Auch ein kleiner Glastisch mit zwei Barockstühlen fand seinen Nischenplatz in unserem Kämmerlein. Als ich mich umsah, fiel mein Blick auf einen kleinen, verschnörkelten goldenen Spiegel. Dieser war an der Wand neben der großen Zimmertür auf der rechten Seite des großen Raumes angebracht. Mir gefiel das Zimmer sehr.

Den Mann wiederum fand ich komisch. Er war klein. Mehr als einen Kopf kleiner als meine Mutter. Ach, o Graus, er war alt! Mit großer Wahrscheinlichkeit steinalt! Er erinnerte mich an einen chinesischen Faltenhund. Nett war er. Zumindest am Anfang. Meine Mutter war für die Haushaltsführung verantwortlich. Sie sollte die Wohnung des Mannes sauber halten und ihm Essen kochen, wenn er von seiner Arbeit nach Hause kam. Wie sich im Laufe der Zeit herausstellte, war er auf der Suche nach einer neuen Lebensabschnittspartnerin. Er konnte sich gut vorstellen, dass meine Mutter die freie Position an seiner Seite in seiner weiteren Vita einnahm.

Bevor sie in seine freie Herzkammer einziehen konnte, musste allerdings noch ein nicht winziges Problem gelöst beziehungsweise eine nicht weitere nennenswerte Herausforderung gewuppt werden. Ich war überzählig.

Das kleine, alte Männlein scharwenzelte in seiner freien Zeit ständig um meine Mutter herum. Meine Mutter hatte mich in der Zwischenzeit in einer Kölner Grundschule in der Nähe des neuen Wohnortes Klettenberg angemeldet. Als grausam empfand ich meinen ersten Schultag in Köln. Neue Kinder, neue Lehrer. Bei jedem Lehrerwechsel musste ich am Anfang der Unterrichtsstunde aufstehen, um mich dem wissbegierigen Lehrer vorzustellen. Es fühlte sich nicht gut an. Ich war gezwungen, sowohl der Klasse als auch dem jeweiligen Lehrer mitzuteilen, dass ich ohne Vater, nur mit Mutter von Schwelm nach Köln umgesiedelt war. Dass meine Eltern getrennt lebten. Dass mein Vater alleine in Schwelm zurückgeblieben war. Die Lehrer konnten von dem Umstand meines Umzugs von Schwelm nach Köln nicht oft genug zu hören bekommen. Es war schlimm. Hinter meinem Rücken munkelten, spekulierten und sinnierten meine Mitschüler, was meine Mutter, wenn sie nicht den Haushalt ihres Chefs führte, noch zu pflegen imstande war. Dass meine Mutter mit an Sicherheit grenzender Wahrscheinlichkeit mehr als eine Haushälterin war. Eine Frau mit einer Tochter, die bei einem alleinstehenden Mann beschäftigt war. Ich versank vor Scham im Erdboden. Es war eine Tortur für mich. Ich erzählte meiner Mutter nach meinem ersten Schultag, in unserer neuen Bleibe angekommen, nichts von meinen Erlebnissen in der neuen Schule. Meine Mutter bemerkte weder an meinem ersten Schultag noch in meiner weiteren Kölner Schulzeit nichts von meinen Sorgen und Nöten. Vielleicht wollte sie diese auch nicht bemerken. In der ganzen Kölner Zeit fragte sie mich nicht ein einziges Mal, wie ich mit dem Verlust meines Vaters und/oder mit der räumlichen Trennung meiner Eltern zurechtkam. Dieses Thema war tabu.

Wohnten wir nicht in einer schönen Wohnung? In einem hippen Vorort der Kölner City. Meine Mutter war glücklich. Der alte Mann war nett und bemühte sich täglich um ihre Aufmerksamkeit. Er erlaubte mir, meine Hausaufgaben an seinem großen imposanten Schreibtisch, der in seinem riesigen Wohnzimmer stand, zu erledigen.

Meine Mutter wurde von dem Replikat des chinesischen Faltenhundes nicht einzig allein als Haushälterin, sondern als das, was sie war, wahrgenommen. Als eine äußerst attraktive junge Frau. Das gefiel ihr. Der Alte überhäufte sie ständig mit Komplimenten und entsprechendem Equipment. Das Zimmer, das er uns zugeteilt hatte, mussten wir einzig zum Schlafen benutzen. Uns stand über Tag die ganze Wohnung zur freien Verfügung. Was hatte er am ersten Tag meiner Mutter mitgeteilt?

„Was mein ist, ist auch dein."

Ich würde in sieben Monaten zehn Jahre alt werden. War nicht mehr ganz so naiv. Daher fiel mir auf, dass dem kleinen alten Mann bei dem Anblick meiner Mutter der Speichel im Mund zusammenlief. Das kleine alte männliche Wesen seiberte und sabberte jedes Mal, wenn er sie ansah. Mir graute es, seine Blicke auf den Körper meiner Mutter gerichtet zu sehen. Meine Mutter war nunmehr einunddreißig Jahre. In absehbarer Zeit wurde sie zweiunddreißig. Sie hatte sich trotz ihres Alters ausgezeichnet gehalten. War nett anzusehen. Schlank und rank. Nur ein kleines Bäuchlein nach meiner Geburt war ihr mangels

Disziplin während ihrer Rückbildungsgymnastik geblieben. Seit geraumer Zeit duzten sich die beiden.

Hatten meine Mitschüler tatsächlich den Durchblick? War ich nur verblendet? Ich nahm mir vor, künftig genauer hinzusehen.

Wir wohnten mittlerweile seit acht Wochen in der Wohnung des alten kleinen Mannes. Als ich an diesem Tag aus der Schule kam, wollten wir zu dritt in der Kölner Innenstadt einkaufen. Diese Einkaufstour wurde am morgendlichen Frühstückstisch besprochen. Man fuhr standesgemäß mit dem dicken Benz. Es sollten vorwiegend neue Kleider für meine Mutter gekauft werden. Diese besaß nicht viel Kleidung. Eine Tatsache, die es zu ändern galt. Doch auch ich kam voll auf meine Kosten. Selbst als ich den dekadenten Wunsch äußerte, ein Funkenmariechen-Kostüm für den anstehenden Karneval haben zu wollen, wurde mir dieser von dem spendablen alten Mann erfüllt. Wir durchstöberten viele Boutiquen, in denen die Funkenmariechen-Kostüme verkauft wurden. Letztlich wurden wir in einem außergewöhnlich exquisiten Laden fündig. Geld spielte zum Glück keine Rolle.

Der alte Herr war in seiner Wohnung der Schlossherr. Dieser saß fest auf seinem imaginären Thron. Er erinnerte mich im Nachhinein an Ludwig XIV. Von geringer Statur und mit wachem scharfen Verstand. Frauenversteher. Trug immerwährend Schuhe mit höherem Absatz. Kein Familienmensch, genau wie Ludwig. Der alte Mann war zu keiner Zeit verheiratet. Im Gegensatz zur Fruchtbarkeit des Sonnenkönigs, zu dessen Zeugungsfähigkeit von siebzehn Kindern, ehelichen als auch unehelichen, hatte der Fabrikant keine eigenen Kinder. Rückblickend denke ich, hatte er ebenso viele Mätressen verschlissen. Auf jeden Fall war er im Jahr 1970 auf der Suche nach der ewigen Liebe. Sein Reich war, wie Ludwigs, imposant. Er war Fabrikant, Unternehmer und Großgrundbesitzer. Es gab viel zu erben. Er besaß laut eigener Aussage viele Immobilien in und um Köln herum. Meiner Person war er aufgrund seines Unverständnisses für Kinder und deren Belange nach den wenigen Wochen des glücklichen Zusammenlebens überdrüssig. Er wollte, dass ich aus dem gemeinsamen Leben seiner Auserkorenen und ihm verschwinde. Ich war seine Spaßbremse. Er hatte ein Internat für mich angedacht. In diesem sollte ich unterkommen. Bei Bedarf dürfte ich die Wochenenden bei und mit ihnen verbringen. Er sprach an einem Samstagmorgen mit seiner Angebeteten über seinen genialen Einfall:

„Damit ich dich besser kennenlernen kann, schlage ich vor, dass wir Ivonne in ein Internat ganz in der Nähe einquartieren. Das Mädchen kann gern jedes Wochenende zu uns kommen. Natürlich freiwillig. Wenn sie mag, wir wollen deine Tochter nicht zwingen. Was sagst du dazu?“

Meiner Mutter fehlten in diesem Augenblick die Worte. Sie war sichtlich wortlos, sprachlos.

„Lass mich bitte kurz über dein großzügiges Angebot nachdenken. Ich gebe dir in ein paar Tagen Bescheid“, gab sie dem alten Knaben zur Antwort.

Der *alte kleine König* war trotz seines Reichtums, *mirabile dictu*, einsam und alleine. Er hatte Torschlusspanik. Der arme alte Mann benötigte eine Versorgung für das in überschaubarer Zukunft anstehende Rentner- und Pflegebedürftigkeitsdasein. Zum Bescheidgeben kam es nicht mehr. Ich hatte die Unterhaltung beziehungsweise den Vorschlag des Greises mitbekommen. Ich bekam Panik. Nackte, kalte Panik. Jetzt, wo ich gerade mein Zuhause, meinen Vater verloren hatte, sollte ich auch noch meine Mutter verlieren? Das wollte ich unter allen Umständen verhindern.

Als meine Mutter Minuten später zu mir in das gemeinsame Zimmer kam, schloss ich die Zimmertür hinter ihr ab und schmiss den Zimmerschlüssel aus lauter Verzweiflung aus dem

Fenster. Die Wohnung befand sich in der dritten Etage. So leicht kam man nicht ohne spezielle Kletterkünste oder Akrobatik an den Schlüssel heran. Kaum hatte ich den Schlüssel aus dem Fenster geschmissen, schrie meine Mutter mich wütend an: „Was hast du getan? Was soll das? Mach sofort die Tür auf! Du spinnst total!"

Ich war jedoch in dem Moment mehr als zufrieden mit meiner Leistung. Rekelte mich genüsslich auf dem gemeinsam genutzten Bett. Dachte mir: *Meine Mutter gehört mir!*

Leise ging in diesem Augenblick die Türklinke herunter. Das Replikat des chinesischen Faltenhundes versuchte, die Zimmertür vergebens von der anderen Seite der Tür zu öffnen. „Geschlossen!", rief ich ihm hämisch durch die geschlossene Zimmertür zu.

„Die Tür ist zu und bleibt es auch. Bis ihr beide mir versprecht, dass ich nicht in ein Internat abgeschoben werde."

„Ivonne, wie kommst du auf diese schwachsinnige Idee?", hörte ich den Alten auf der anderen Seite der Zimmertür Süßholz raspeln.

„Du hast es meiner Mutter vorgeschlagen", antwortete ich ihm. Stille.

„Wir können über alles reden. Doch bitte schließ die Zimmertür auf."

„Geht nicht, der Schlüssel liegt draußen auf der Straße. Ich habe ihn aus dem Fenster geworfen", erwiderte ich.

Ich hörte ein leises Gemurmel auf der anderen Seite der Zimmertür.

„Das darf nicht wahr sein!", schimpfte der alte Mann laut. Weitere Schimpftiraden folgten.

Ich vernahm seine Schritte Richtung Wohnungstür. Wahrscheinlich wollte er den Schlüssel auf der Straße suchen. In der Zwischenzeit war die anfängliche Wut meiner Mutter auf mich wegen meines Zuwiderhandelns verflogen.

„Auf was für Ideen du kommst“, sagte meine Mutter mild und lächelte mich an.

Meine Mutter hatte gerade ausgesprochen, schon konnte ich meine Tränen nicht mehr halten. Ich fing bitterlich an zu weinen. Meine Anspannung fiel von mir ab. Meine Mutter nahm mich in ihre Arme und tröstete mich.

„Alles wird gut. Du musst in kein Internat. Wir werden eine andere Lösung finden.“

In diesem Augenblick vernahmen wir die Schritte des alten Mannes auf dem Korridor.

„Ich habe den Schlüssel auf der Straße nicht finden können. Ich werde einen Schlüsseldienst mit der Öffnung der Tür beauftragen!“, schrie er hysterisch.

Sodann griff er, wie ich in unserem Zimmer hören konnte, zum Telefon. Er rief einen Schlüsseldienst an und bat den Mitarbeiter des Schlüsseldienstes am anderen Ende der Leitung, sofort jemanden zur Öffnung seiner verschlossenen Zimmertür vorbeizuschicken. Der Alte babbelte wirres Zeug von einem abgebrochenen Schlüssel, wichtigen Unterlagen in dem verschlossenen Zimmer, einem dringenden Termin. So hatte ich es zumindest verstanden. Ich hatte mein Ohr gegen die Zimmertür gelegt, um zu hören, was auf der anderen Seite des Zimmers an Interaktionen stattfand.

„Ist das mein Problem? Sind Sie Dienstleister oder was? Wissen Sie, dass Sie nicht der einzige Schlüsseldienst in Köln sind? Was? Die sind alle nicht besser dran als Sie? Keine Leute? Na, dann lässt sich das Ganze nicht ändern!“, zischte der Alte garstig, rasend vor Wut in den Hörer.

Gab nach seinem hysterischen, kontraproduktiven Anfall seine Adresse durch.

„Breibergstraße in Köln-Klettenberg“, sagte er.

Als er den Hörer aufgeknallt hatte, kam er erneut an unsere verschlossene Zimmertür.

„Du kleines Biest! Wir beide sind noch lange nicht fertig miteinander!“, fauchte der kleine alte Mann mich wütend durch die verschlossene Tür an. An meine Mutter gewandt: „Renate, in circa zweieinhalb Stunden bin ich zurück. Dann müssen wir beide uns über eure Zukunft unterhalten.“

Wir hörten die sich entfernenden Schritte. Zack!, fiel die schwere Wohnungstür laut ins Schloss. Der alte Mann war weg. Kaum rumste die Eingangstür ins Schloss, kam Leben in den Körper meiner Mutter.

„Wir müssen hier schnellstmöglich weg“, sagte sie zu mir.

„Er wird uns nach deinem Auftritt mit großer Sicherheit rausschmeißen. Wenn nicht das, wird er von mir verlangen, dass ich dich in das von ihm herausgepickte Internat gebe. Dazu bin ich nicht bereit. Der Preis ist mir zu hoch.“

Meine Mutter suchte einen spitzen Gegenstand, mit dem sie die Zimmertür öffnen konnte.

Vergebens. Dann hatte sie den rettenden Einfall. Sie nahm einen Kleiderbügel aus dem Schrank. Die Kleiderbügel, die in dem Schrank hingen, waren aus Metall. Sie verbog den Bügel. Fingerte mit dem Metallaufhänger in dem Türschloss herum. Eine gefühlte Ewigkeit später klickte das Schloss leise und die verschlossene Zimmertür sprang auf. Unser Weg nach draußen war frei. Unserer Freiheit stand nichts im Wege.

„Pack all deine Sachen!“, rief meine Mutter mir zu.

Hastig warf sie unsere Koffer zuzüglich eines weiteren Koffers, der auch in dem Zimmer stand, auf das große Bett. Flink riss sie unsere Sachen aus dem Schrank, schmiss diese fahrig in die Koffer und lief nach deren Verschließen aus dem Zimmer – schnurstracks auf den Wandsafe, der sich in dem Wohnzimmer hinter einem großen Bild befand, zu. Sehr zu meiner Verwunderung kannte meine Mutter den Code zum Öffnen des Safes. Sie gab einen langen Zahlencode ein. Siehe da – *Sesam öffne dich* –, die dicke, verschlossene Safetür des gewichtigen großen

Safes sprang leise auf. Gab prompt seinen prallen Inhalt preis. Hatte der alte Mann nicht zu meiner Mutter gesagt: „Was mein ist, ist auch dein?"

Na bitte. Meine Mutter war keine Diebin. Sie nahm sich lediglich das, was ihr gehörte. Das, was das Replikat des chinesischen Faltenhundes ihr zugestanden hatte. Meine Mutter nahm vier dicke Batzen gebündeltes Geld, des Weiteren nicht zu knapp Schmuck aus dem Safe des Alten. Der entnommene Schatz aus dem „Sesam öffne dich" musste eine unbegrenzte Zeit für zwei Personen zum Leben reichen. Gehetzt schaute sie zur Uhr. Halb vier. Wir hatten noch gut eine Stunde Zeit. Um fünf wollte der alte Mann zurück sein. Meine Mutter ging zum Telefon und rief eine Taxe.

„Bitte kommen Sie schnell, wir haben es eilig", sagte meine Mutter der weiblichen Stimme der Leitstelle der Taxizentrale, die die Fahrbestellung aufnahm. Laut und deutlich nannte sie der netten Stimme auf der anderen Seite der Leitung unsere derzeitige Adresse:

„Klettberg, Breibergstraße vier. Bitte bei Müller klingeln." Nach der Durchsage unserer derzeitigen Adresse legte meine Mutter den Hörer leise auf die Telefongabel zurück. Galoppierte schnellen Schrittes durch die Wohnung und suchte mich.

„Bist du fertig?", fragte sie mich gehetzt, ich stand im Badezimmer und hatte gerade meine Zahnbürste in meine Kulturtasche gepackt.

„Ja", antwortete ich ihr.

Um sich zu vergewissern, dass wir tatsächlich nichts von unseren Sachen in der Wohnung des Alten vergessen hatten, ging meine Mutter zur Sicherheit alle Räume im Dauerlauf ab. Sie inspizierte gerade den letzten Raum, als es stürmisch klingelte. Hoffentlich der Taxifahrer. Sie schaute aus dem Fenster. Tatsächlich. Das Taxi stand auf der Straße, direkt vor unserer Haustür.

„Ivonne! Das Taxi ist da. Beeil dich. Mach schnell!", rief mir meine Mutter aus dem Wohnzimmer laut zu. Ich stand derweil schon geschniegelt mit Sack und Pack im Flur.

„Du musst mir einen Koffer abnehmen. Ich schaffe es nicht, unsere gesamten Habseligkeiten ohne deine Mithilfe zu tragen. Komm, Ivonne, *avanti, avanti!*"

Wir verließen fluchtartig die Wohnung. Als wir endlich vor der imposanten Eingangstür des feudalen Mehrfamilienhauses des Fabrikanten angekommen waren, warf meine Mutter dem wartenden Taxifahrer einen hollywoodreifen Augenaufschlag und ein süffisantes Lächeln zu. Wir setzten uns auf den Rücksitz der Taxe. Bevor die Fahrt losgehen konnte, musste jedoch unser gesamtes Gepäck gut verstaut werden. Der Fahrer, ein liebenswerter Gentleman, ergriff unsere drei Koffer und legte diese, so sicher wie in Abrahams Schoß, in den Kofferraum. Wahrscheinlich mit dem Hintergedanken und der guten Hoffnung, dass jemand, den man aus dieser Nobelgegend abholte, ein anständiges Trinkgeld gab. Wenn er sich da mal nicht täuschte. Wir hatten nichts zu verschenken.

Meine Mutter rief dem Taxifahrer, der in der Zwischenzeit auf seinem Fahrersitz Platz genommen hatte, gut verständlich: „Zum Hauptbahnhof bitte!" zu. Dort angekommen und von dem Taxifahrer bestens in den Bahnhof verfrachtet, ging die Rechnung des Taxifahrers auf. Meine Mutter hatte ihre Spendierhosen an und gab ihm ein gutes Trinkgeld.

Nun waren wir also auf der Flucht. Auch nicht schlecht. Als wir auf dem Kölner Hauptbahnhof angekommen waren, wollte meine Mutter sich eine Zeitung für die Weiterfahrt kaufen. Ich quengelte. Auch ich wollte eine Zeitschrift haben. Meine Mutter kaufte mir ein Comicheft und ein Buch. Heinrich Zille, mein Milieu. Zwar verstand ich den Inhalt des Buches nicht annähernd, doch die Karikaturen in dem Buch hatten es mir angetan. Völlig planlos gingen wir zu einer ausgewiesenen Routenkarte auf dem Bahnhof.

„Du bestimmst, wohin unsere Reise geht“, wandte sich meine Mutter an mich.

Ich zeigte auf einer riesigen Karte, die gut sichtbar auf dem Bahnhofsgelände an der Wand des Bahnhofsvorstehers drapiert war, auf einen grünen Punkt. München. Na bitte, unsere Expedition führte uns nach München. Meine Mutter ging zu einem Schalter, an dem Fahrkarten verkauft wurden, und kaufte zwei Fahrkarten zweiter Klasse zum Münchner Hauptbahnhof. Das Geld, das meine Mutter sich auf illegal-legalem Weg angeeignet hatte, musste noch für eine lange, lange Weile reichen. Noch hatte meine Mutter keinen Plan. Keinen blassen Schimmer, was aus uns beiden werden sollte.

Bigamie verboten

In unserem Zugabteil angekommen, machten wir es uns gemütlich. Circa acht lange Stunden Fahrt lagen vor uns. In der Landeshauptstadt des Freistaates Bayern würden wir nicht erwartet werden. Wir mussten uns vom Münchner Hauptbahnhof aus alleine, wohin auch immer, durchschlagen. Das konnte was werden! *Auf zur Abenteuererlebnisfahrt!,* dachte ich mir.

Als wir auf dem Münchner Hauptbahnhof ankamen, hatte meine Mutter tatsächlich keinen Plan. Völlig orientierungslos standen wir nach unserem Eintrudeln auf dem Münchner Hauptbahnhofsbahnsteig. Wie beim Lotto versuchten wir unser Glück beim Pensionslos. Wir wählten aus den mannigfaltigen Angeboten eins heraus, das uns zum zwanglosen Übernachten am geeignetsten erschien. Wie sich später herausstellen sollte, wurden wir nicht enttäuscht. Wir hatten ein gutes Los gezogen.

Wir traten nun, nachdem wir ein Ziel vor Augen hatten, aus dem Bahnhofsgelände hinaus auf den Bahnhofsvorplatz, auf dem eine Menge Taxen gierig auf ihre Fahrgäste warteten. Meine Mutter hob den Zeigefinger in die Luft und rief so unseren Fahrer herbei. Wir setzten uns, als er vorfuhr, auf die Rückbank der Taxe. Als Fahrziel gab meine Mutter dem Taxifahrer die Pension bei der Marienkirche an. Dort fanden wir fürs Erste eine neue Bleibe. Die Pension war nett, sauber und heimelig. Zudem waren die Wirtsleute aufmerksam und liebenswert. Es gab jedoch zu unserem Leidwesen ausschließlich Frühstück und kein weiteres Angebot der Verkostung in der kuscheligen Pension. Wenn wir mittags oder abends Appetit bekamen, gar Hunger verspürten, suchten wir außerhäusliche Lokalitäten auf. Dieser Umstand war definitiv Jammern auf hohem Niveau. Welches Kind hatte Ende der Sechziger-, Anfang der Siebzigerjahre die Möglichkeit und die dazugehörige Gelegenheit, jeden Tag in einem Restaurant essen zu gehen? In der Pension blieben wir nicht lange. Nur zwei Wochen.

Wie zuvor kaufte meine Mutter ausreichend Tageszeitungen. Durchkämmte diese täglich auf ihrer Suche nach einem neuen Unterschlupf für uns beide. Sie wurde wieder einmal ausgesprochen schnell fündig. Es verschlug uns an den Stadtrand von München. Ein Lebensmittelladenbesitzer suchte eine Haushälterin. Wieder machten wir uns auf den Weg. Vielleicht zu einem neuen Einsatzort? Als wir an unserem Ziel aufschlugen, erwartete uns ein dicker, schmieriger, dunkelhaariger Mann. Auf den ersten Blick konnte ich ihn nicht leiden. Unter guten Umständen auf den zweiten Blick? Er wohnte in einem schicken Einfamilienhaus über seinem Lebensmittelmarkt. Wie sinnvoll! Er saß direkt an der Schnabulierquelle. Ihm ging zu keiner Zeit das Essen aus, wie man gut erkennen konnte. Wie in Köln wurde ich einige Tage später in der Grundschule angemeldet. Es war erneut alles ausgesprochen fremd. Der fremde Dialekt. Die vielen neuen Kinder. Die neue Umgebung und dann, dann waren da die Berge. Ich hatte das Gefühl, die geballte Ansammlung der riesengroßen massiven Natursteine würde mich erdrücken. Ich konnte den Hype und die große Lust mancher Menschen, die Gebirgsketten zu erklimmen, nicht begreifen. Das Verlangen sein Fähnchen auf den einen oder anderen Gebirgsgipfel aufzustecken, auf den Bergen rauf- und runterzuklettern, konnte ich nicht einmal ansatzweise nachvollziehen. Die Berge waren nicht meins.

Abermals hatte ich das Problem der Mitschüler und der neugierigen Lehrer. Ich wurde von ihnen gezwungen, Erklärungen abzugeben. Wieso, weshalb, warum ich ohne Vater in einem Vorort von München, alleine mit meiner Mutter, aufgeschlagen war. Warum meine Mutter mit mir bei einem Mann, der nicht verheiratet, im Volksmund eine *gute Partie* war, eingezogen war. Der Spießrutenlauf sowohl in der Schule als auch mit dem neuen Arbeitgeber meiner Mutter begann für mich erneut.

Der dicke Ladenbesitzer mit dem wohlklingenden Vornamen Otto nahm wenig bis keine Notiz von mir. Er hatte seine Augen einzig auf meine Mutter gerichtet. Für ihn war ich nicht sichtbar. In meiner Gegenwart zeigte er meiner Mutter, was er unter der Haushaltsführung in seinem Haus verstand. In mir kam mehrmalig ein imaginärer Brechreiz hoch.

Eines Tages, ich kam nach einem anstrengenden Schultag im Haus des dicken Ladenbesitzers an, saß meine Mutter im riesigen Wohnzimmer des Hausherrn. Ich hatte gerade meinen Ranzen in meinem Zimmer abgelegt, da rief sie mich aufgeregt mit honigsüßer Stimme zu sich.

„Ivonne, kommst du bitte gleich ins Wohnzimmer und setzt dich zu mir? Ich muss mit dir über die Gestaltung unserer gemeinsamen Zukunft sprechen", flötete mir meine Mutter zu.

„Stell dir vor, Otto möchte mich heiraten."

Rums! Das saß. Ich dachte, ich hätte mich verhört. Doch meine Mutter babbelte weiter.

„Wir können, wenn wir wollen, für alle Zeit bleiben", trötete sie mir unverblümt entgegen.

„Was?", erwiderte ich. „Nein, ich mag ihn nicht. Nein. Du kennst diesen Mann doch gar nicht. Du kannst ihn nicht gleich heiraten. Du bist, falls du es vergessen haben solltest, noch mit Papa verheiratet."

Völlig schockiert schaute meine Mutter mich an. In diesem Haus war mir nicht uneigennützig ein eigenes Zimmer eingerichtet worden, in das ich jederzeit flüchten konnte. Von dem verliebten Gockel war meiner Mutter bereits nach kurzer Zeit der Dreisamkeit die Pistole der Entscheidung auf ihre Brust gesetzt worden. Er dachte sich bestimmt, dass er in seinem Leben keine Bessere mehr abbekommen würde. Recht hatte er.

Meine Mutter war tatsächlich eine tolle Erscheinung. Hübsch, nett, adrett.

Ich denke, der Dicke sah seine Chance. Wollte schnellstmöglich seinen Sack schließen. Nach dem Ablauf der von ihm gesetzten Frist entschied sich meine Mutter gegen die Heirat mit dem Dicken. Den Grund für diese Entscheidung teilte sie mir nicht mit.

Nach ihrer Absage der *anstehenden Liebeshochzeit* entschied sich der geläuterte Liebesknochen verständlicherweise gegen ein weiteres Zusammenleben mit uns unter seinem Dach. Des Dicken Hochzeitspläne mit meiner Mutter wurden zu Grabe getragen. Nach zehn Wochen des dreisamen Zusammenlebens setzte der gekränkte Schmierlappen uns verständlicherweise eine zweiwöchige Frist, zu der wir sein Haus verlassen haben mussten. Somit kam ich erneut in den Genuss des Prozederes der Zeitungen.

Meine Mutter hatte nach einigem Suchen den Blick auf ein anderes Bundesland geworfen. Auf das circa zweihundert Kilometer entfernte Baden-Württemberg. Meine Mutter ließ sich den bis zu dem Tag des Auszuges erarbeiteten Lohn auszahlen. Schnappte sich unser Hab und Gut und ab ging es mit einem Taxi zum Bahnhof. An diesem angekommen, zum Bahnhofschalter. Tickets lösen und los. So langsam bekamen wir Routine in dem Aufbauen und Abbrechen unserer Zelte.

Der Tyrann

Unsere nächste Städtereise verschlug uns dieses Mal nach Creglingen, einem Ort in Baden-Württemberg. In der Nähe von Stuttgart. Hier fand meine Mutter erneut eine Anstellung in dem Haushalt eines älteren Herrn. Diesem war die Frau weggelaufen. Dies, wie sich herausstellen sollte, nicht ohne Grund. Der Mann war unverschämt. Dauernd schrie er meine Mutter laut an. Zum Beispiel, wenn sie sein Ansinnen nicht genauso verrichtete, wie er sich die Umsetzung vorgestellt hatte. Wirklich grausig.

Die Prozeduren waren ähnlich wie bei den *Arbeitsstätten* zuvor. Ich wurde erneut in der Grundschule angemeldet. Hatte erneut das große Vergnügen, mich vor meiner Klasse seelisch nackt ausziehen zu dürfen. War, wie gehabt, die Neue. Die Fremdartige. Meine Mutter verhielt sich, wie die Male zuvor, bedeckt. Für kurze Zeit war ihre Welt mal wieder in Ordnung. Wie ich mich fühlte, wie es in der Schule klappte, interessierte in diesem Haushalt niemanden. Diesmal wohnten wir in einer Etagenwohnung. Doch, wie sollte es anders sein, in diesem diktatorisch geführten Hausstand mit solch einer Führungsspitze fanden wir kein Happy End. Der Mann war verabscheuungswürdig, gar abstoßend, rabiat und herzlos. An einem Tag – ich hatte es gewagt, ihm zu widersprechen – ohrfeigte er mich vor den Augen meiner Mutter. Meine Mutter, die in demselben Zimmer stand, in der die Körperverletzung stattfand, sah durch mich hindurch. Sie schwieg zu dem Vorfall. Verließ stumm wie ein Fisch das Zimmer. Der Mann fühlte sich nach diesem schweigsamen Abgang meiner Mutter im Recht. Künftig drohte er mir permanent mit einer Tracht Prügel, wenn ich ihm zu widersprechen wagte.

„Mama, hilf mir bitte!“, bat ich meine Mutter verzweifelt, als ihr neuer Arbeitgeber mir mal wieder mit Schlägen gedroht hatte. Ich hatte große Angst vor diesem Mann. Immer wenn ich seiner Meinung nach etwas falsch machte oder seinen Aufforderungen nicht umgehend nachkam, drohte er mir mit Schlägen. Geohrfeigt hatte er mich zu diesem Zeitpunkt schon des Öfteren. Auch vor den Augen meiner Mutter. Mir zu Hilfe zu eilen oder ihren Arbeitgeber zurechtzuweisen war offensichtlich keine denkbare Option für sie.

Der mir fremde Mann schnaufte wie ein gestrandetes Walross, sobald er meine Mutter ansah. Ich war nicht blöd. Ich wusste mittlerweile, welches Aufgabengebiet meine Mutter abzudecken hatte. Wie groß der Radius ihres Einsatzgebietes war. Auch, warum ihr Arbeitgeber an manchen Tagen mehr als schlecht gelaunt war. Dass dieser Aufenthalt nur viereinhalb Wochen dauerte, war definitiv nicht meinem Verhalten ihm gegenüber geschuldet. Es musste etwas passiert sein. Ich war viel zu verängstigt, um gegen diesen Mann zu wettern. Vielleicht aber hatte meine Mutter es tatsächlich geschafft, ihre Augen und Ohren zu öffnen. Hatte das schlechte Miteinander zwischen ihrem Arbeitgeber und mir doch wahrgenommen.

Erneut suchte meine Mutter in einer Zeitung für uns ein neues Refugium. Sie hatte sich zum Glück eins ausgeguckt, das sich ganz in unserer Nähe befand. Diesmal verschlug es uns ins achtzehneinhalb Kilometer entfernte Rothenburg ob der Tauber. Bedeutete eine geringe Fahrzeit, keine Zugfahrt, gleiche Umgebung, keine große Umstellung. Die Straßenbahnfahrt ging in eine schöne historische Kleinstadt.

Das Haus mit der roten Laterne

Augenscheinlich wollte meine Mutter „mal was „Neues" ausprobieren. Hatte sich in ihrer Findungsphase rein interessehalber in einer Nachtbar als Bardame beworben. Sie bekam tatsächlich ein Vorstellungsgespräch zum Showdown. Per Straßenbahn rauschten wir zu unserem eventuellen neuen Wohnort und zur eventuellen Arbeitsstelle meiner Mutter.

Der Inhaber der Bar war charismatisch. Ein toller Typ. Groß, blond, blauäugig, gut aussehend, Zahnpastasiegerlächeln. Das Vorstellungsgespräch meiner Mutter verlief zu Beginn der einberufenen Talkrunde des Betreibers nicht befriedigend. Nicht so, wie meine Mutter es sich in ihren Gedanken durchgespielt hatte. Vor ihrem geistigen Auge sah der eingespielte Film ausgesprochen gut aus. Vor Ort nicht. Schuld war mal wieder ich. Der Betreiber beschäftigte seit einiger Zeit eine Mutter. Mütter zogen mit ihren Kindern, aus seinem Erfahrungsschatz schöpfend, Ärger nach sich. Genau auf diesen hatte er keine Lust.

Der Nachtklubbesitzer war ein knallharter Geschäftsmann. Es zählten ausschließlich Daten, Zahlen, Fakten. Nach einigem Hin und Her überzeugte ihn meine Mutter von ihren Stärken. Man wollte es miteinander versuchen. Er ließ sich bezüglich seiner aufgestauten Vorurteile gegenüber Kindern gerne vom Gegenteil überzeugen. Gab ihr großzügig, selbstlos eine Chance, sich in seinem Unternehmen darzustellen. Der Barbetreiber war meiner Mutter Meinung nach unser Retter in der Not.

Die Bar war in einem kleinen Fachwerkhaus am Anfang des Ortskernes gelegen. Es war ein wunderschönes, mehrere Jahrhunderte altes, unter Denkmalschutz stehendes Haus. Stolz führte der Inhaber des Etablissements meine Mutter durch ihre künftigen Arbeitsräume. Diese waren auf mehrere Etagen aufgeteilt. Um in die eigentliche Bar zu kommen, musste man in die erste Etage des Hauses hinaufgehen. Im kleinen Treppenaufstieg roch es muffig. Rot war die Farbe des Hausinneren. Die Wände hinter dem Tresen waren verspiegelt. Selbst die Decken und eine weitere Wand zur rechten Seite waren mit den dünnen, silbermetall beschichteten Glasscheiben eingekleidet. Die Spiegel ließen den kleinen Raum größer erscheinen, als er grundsätzlich war. Es roch in dem gesamten *Gastronomiebetrieb* nach kaltem, abgestandenem Zigarettenrauch. Zur Belustigung der Gäste gab es eine kleine, kreisrunde Tanzfläche. Hinter der Tanzfläche befanden sich Sitzgelegenheiten. Kleine Plüschsofas. Natürlich auch in Rot. Zum Abstellen der Gläser und Flaschen mit kleinen Beistelltischen flankiert. Meine Mutter und ihr neuer Chef gingen durch den Raum des Getränkeausschanks und kamen in die Separees. Er erzählte meiner Mutter, dass sich seine Angestellten in diesen Räumlichkeiten zusätzliches Geld hinzuverdienen konnten, indem sie den zahlungskräftigen Herren der Schöpfung zu Diensten waren. Alles ganz freiwillig, nur wenn sie es wollten. Die Räume der Angestellten waren im angrenzenden Haus zu finden. In diesem gab es drei Etagen. Im Erdgeschoss und in der ersten Etage befanden sich die Umkleideräume aller Mitarbeiter mit abschließbaren Spinden. Zusätzlich war der Sozialraum der Mitarbeiter in der ersten Etage untergebracht. In der zweiten und dritten Etage lagen die Wohnräume der Frauen. Der Frauen, die die günstigen Unterkünfte nutzten.

Die Zeit des Bewerbungsgespräches meiner Mutter hatte ich genutzt, um die Gegend zu erkunden. Zu meiner Verwunderung hatte ich während meines Erkundungsrundgangs Kontakt gefunden. Neugierig, wie ich war, bin ich in einen kleinen Schreibwarenladen, der nur wenige Häuser weiter auf derselben

Straßenseite lag, gegangen und hatte mich mit der Besitzerin sofort angeregt unterhalten. Gerade als ich ihr erklären wollte, warum ich auf den Straßen Rothenburg ob der Taubers unterwegs war, vernahm ich das Rufen meiner Mutter. Schnell verabschiedete ich mich von der netten älteren Dame mit der Frage, ob ich wiederkommen dürfte. Sie bejahte meine Frage. Ich ging auf die Straße. Meine Mutter strahlte wie ein Honigkuchenpferd, als sie mich sah. Schnell teilte sie mir mit, dass sie den begehrten Job bekommen hatte. Ich war selig. Nun würde alles gut werden.

Die beiden Kammern, die meine Mutter für uns angemietet hatte, waren eng und schmal, zudem nur spärlich eingerichtet. Beide Räume waren identisch. In der Stube, die mir zugeordnet wurde, war gegenüber der Zimmertür ein kleines Fenster, was sich nicht vernünftig öffnen ließ. In beiden Räumen waren die Decken niedrig und die Wände nackt, weiß, steril. Beide Zimmer wirkten auf mich angsteinflößend.

Unsere Unterkunft und die Arbeitsstelle meiner Mutter lagen wunderbar gelegen in einer Häuserreihe alter, unter Denkmalschutz stehender Fachwerkhäuser. Ganz in der Nähe des historischen Marktplatzes mit einem unglaublich eindrucksvollen Rathaus.

Mit den neuen Arbeitszeiten meiner Mutter konnte ich nicht viel anfangen. Am Tag schlief sie, am Abend und in der Nacht war sie aktiv. Arbeitete von spätabends bis frühmorgens. Welcher genauen Tätigkeit meine Mutter nachging, wusste ich lange Zeit nicht. Aufgrund der Arbeitszeiten meiner Mutter war ich die ganze Zeit, die wir in Rothenburg ob der Tauber verweilten, auf mich allein gestellt.

Auch in diesem Ort gab es eine Grundschule. Erneut hatte ich das zweifelhafte Vergnügen, diese besuchen zu dürfen. Nur dass mein täglicher Schulbesuch in Rothenburg ob der Tauber um einiges schlimmer war als die Male zuvor. Meine Mitschüler tuschelten noch mehr über mich, die Neue. Deren Mutter in dem Haus arbeitete, an dem spätabends eine rote Laterne hell und grell leuchtete. In dem ausschließlich Männer verkehrten. Ich war einsamer als jemals zuvor in meinem kurzen Leben. Mir erging es auf dieser Schule nicht gut. Ich wurde gehänselt, geschubst, getreten. Einmal wurde mir mein Schulranzen aus dem Unterricht heraus, unter den Augen des unterrichtenden Lehrers, gestohlen. Diesen fand ich nach dem Unterricht ausgekippt auf dem Schulhof wieder. Ein anderes Mal wurde ich in einen Müllcontainer, der auf dem Pausenhof in einer Ecke stand, geworfen. Die Mitschüler meinten höhnisch zu mir:

„Da gehört eine Hexe, eine wie du, rein. In den Müll. Du Hurentochter!“

Aus dem Müllcontainer half mir circa zehn Minuten später ein Lehrer. Dieser hatte die Pausenaufsicht. Da der Container außerhalb seines Radius, fernab seines Blickwinkels stand, sei ihm der Vorfall nicht sofort aufgefallen. Behauptete er mir gegenüber zumindest.

„Ivonne, was ist hier vorgefallen? Möchtest du mit mir über diesen Vorfall reden? Wer hat dir das angetan? Sag mir die Namen der Schüler und ich werde sie für ihr Vergehen an dir zur Rechenschaft ziehen. Wenn du die Namen nicht weißt, beschreibe mir ihr Aussehen. Soll ich deine Mutter informieren?“, fragte mich der besorgte Lehrer.

Nein, sollte er nicht! Ich wollte nicht mit ihm reden. Was hätte ich ihm auch sagen sollen?

Am Nachmittag, als ich aus der Schule nach Hause kam, wollte ich meiner Mutter von den schlimmen Vorkommnissen in dieser Schule berichten. Wollte dieser erzählen, wie meine Mitschüler mit mir umgingen, wie sie mich beschimpften. Wie die Mitschüler über mich sprachen. Was meine Mitschüler mir in den Pausen alles antaten. Doch meine Mutter hatte nur taube Ohren. Meine Mutter fand ich an diesem Tag in deren Zimmer vor. Diese war gerade damit beschäftigt, sich für ihre abendlichen Animationen herzurichten. Meine Mutter wollte von all meinen vielen Nöten, von meinen großen Sorgen und meinem riesigen Kummer nichts wissen und nichts hören. Ganz im Gegenteil. Genervt sagte sie nach meinem Vorstoß zu mir: „Ivonne, nimm gefälligst Rücksicht auf mich. Ich muss das Geld für uns verdienen. Ich habe für dich auf alles verzichtet. Ich habe allein nur dich mitgenommen und sonst nichts! Ich hätte, wenn du bei deinem Vater geblieben wärst, seit Langem ein neues, schönes Zuhause. Stattdessen muss ich ständig Arbeiten erledigen, die mir keinen Spaß machen. Also, wo ist dein Problem? Reiß dich gefälligst zusammen! Das Leben ist kein Ponyhof."

Mit gesenktem Kopf verließ ich das Zimmer meiner Mutter. Ich verstand die Welt nicht mehr. Mit wem, wenn nicht mit meiner Mutter, sollte ich über meine Sorgen und Nöte reden?

Als ich das Zimmer meiner Mutter verließ, hörte ich es laut rumsen. Auf der Etage der Angestelltenzimmer wohnte eine weitere Mutter mit ihrem Kind. Einem Jungen. Heiko. Ebenso wie ich zählte er neun Lenze. Aber der arme Kerl hatte einen absoluten Knacks. Er war komplett gestört. Wenn er glaubte, dass ihn keiner sah, knallte er mit seinem Kopf wieder und wieder gegen die Zimmerwände. Da Heiko in seiner Auswahl des Mauerwerks nicht wählerisch war, konnten es ebenso Hauswände sein.

Auf unserem Pausenhof in der Schule schlug Heiko sich oft mit anderen Mitschülern. Der schräge Vogel suchte permanent Gründe, sich zu hauen. Der Idiot prügelte auf nahezu alles ein, was zwei Beine hatte. Wenn keine Zweibeiner zur Verfügung standen, drangsalierte er arme Vierbeiner. Mit Freude führte er bei diesen unschuldigen Viechern seine Vergeltungsanschläge gegen das ihm zuteilgewordene Unrecht durch. Ich war heilfroh, dass er mich als Leidensgenossin wahrnahm. Mich aus diesem Grund in Ruhe ließ. Ich hatte Angst vor ihm. Zum Glück ging er nicht in meine Klasse. Heiko war eine Klassenstufe über mir. Wenn ich konnte, vermied ich den Kontakt zu ihm. Dann lieber alleine sein.

In dem Dorf war ich ein Fremdkörper. Die Kinder durften oder wollten nicht mit mir spielen. Mit dem schrägen Heiko wollte ich nichts zu tun haben. An den Nachmittagen war ich aus den gegebenen Umständen alleine in Rothenburg ob der Tauber unterwegs. Manchmal tatsächlich nach der Erledigung meiner Hausaufgaben. Ich erfuhr viel über die in Rothenburg ob der Tauber zwischen dem fünfzehnten und dem achtzehnten Jahrhundert stattgefundenen Hexenjagden, Hexenprozesse und die Inquisitionen, die in Rothenburg ob der Tauber oder dessen nahen Umgebung gang und gäbe waren. Fünfundzwanzigtausend Menschen kostete der grausame Verfolgungswahn das Leben. Ich sah mir Führungen in dem Kriminalmuseum durch die Folterwerkstätten der Ortschaft an. Bekam einen Eindruck, wie unmenschlich die zurückliegenden Jahrhunderte für viele Menschen, die als Zauberer, Zauberinnen und Hexen angeklagt waren, gewesen sein mussten.

Doch zurück ins 20. Jahrhundert. Ins Jahr 1970. Mangels Interesse an meiner Person oder vielmehr wegen der großen Ablehnung anderer Kinder erkundete ich die Ruinen der Umgebung immer alleine.

An einem Montagmorgen kam meine Mutter freudig aus der Bar in unsere Gemächer. Ein Gast hatte ihr ein sehr großzügiges Geschenk gemacht. Ich war auf dem Weg zur Schule, als meine Mutter mir strahlend ihr linkes Handgelenk unter meine Nase hielt. Dort blitzte und blinkte eine neue, extrem teure Armbanduhr der Marke Omega aus 585er-Gelbgold.

„Guck mal, habe ich heute Nacht von einem großzügigen Gast geschenkt bekommen. Nur so, weil ich so eine tolle Frau bin“, berichtete mir meine Mutter stolz.

„Na, was sagst du? Da bist du baff, oder? Setz dich bitte einen Augenblick zu mir an den Tisch“, forderte meine Mutter mich auf.

„Ich muss zur Schule. Du weißt, dass sie mich dauernd hänseln. Du hast keine Ahnung, wie grausam sie zu mir sind. Da muss ich ihnen nicht noch mehr Gründe liefern“, antwortete ich ihr. „Ivonne, es ist wichtig, hör auf zu nörgeln und setz dich jetzt. Zur Not schreibe ich dir eine Entschuldigung für dein Zuspätkommen“, befahl mir meine Mutter.

„Du kennst gewiss Susanne, das ist Heikos Mutter. Die kleine dünne Blonde, die hier auf unserer Etage gemeinsam mit ihm lebt. Susanne hat eine Menge Geld beiseitegelegt, indem sie nach ihrer Schicht noch andere Aufgaben im Haus wahrgenommen hat. Falls es dir nichts ausmacht, dass ich künftig, wie heute, nicht vor halb acht Uhr in der Früh nach Hause komme, würde ich diese Sonderaufgaben gerne übernehmen. Susanne hört auf, in der Bar zu arbeiten. Sie muss sich künftig intensiver um ihren Sohn kümmern. Dieser bereitet ihr großen Kummer. Mit den verlängerten Schichten kann ich für uns mehr Geld verdienen. Somit können wir uns beide künftig mehr leisten. Wir hätten es in Zukunft besser. Eines Tages, wenn wir genug Geld gespart haben, kann ich kündigen. Wir beide fangen woanders, wo uns niemand kennt, von vorne an. Ivonne, schau nicht so traurig. Ich werde nicht jünger und muss sehen, dass ich in kurzer Zeit viel Geld für uns beide verdiene.“

Ich wusste nicht, was meine Mutter mir sagen wollte. Ihre Äußerungen hatte ich akustisch verstanden, jedoch konnte ich die Botschaft nicht deuten. Den Kern der Aussage meiner Mutter hatte ich hingegen greifen können. Künftig wollte meine Mutter morgens gegen sieben Uhr dreißig nach Hause kommen, wenn ich zur Schule ging. Meine Mutter wollte sich dann schlafen legen. Ich hatte mich künftig, wenn ich von der Schule nach Hause kam, mucksmäuschenstill zu verhalten, bis meine Mutter im Laufe des Abends aufstehen und sich für ihren Dienst herrichten würde. Am späten Abend würde sie dann zur Arbeit gehen. Unser fliegender Wechsel sollte von jetzt an regelmäßig stattfinden.

Ich antwortete auf den Monolog meiner Mutter nichts. Was hätte ich auch sagen sollen?

Das einzig Positive, das ich dem einseitig geführten Gespräch entnehmen konnte, war, dass der Gestörte endlich einen Abflug machte. Ich hatte ein Problem weniger.

„Mama, bitte sei lieb. Schreib mir jetzt meine Entschuldigung, ich muss dringend los. Bevor ich erneut Ärger in der Schule bekomme", bat ich meine Mutter aus Angst, von den Lehrern für mein Zuspätkommen bestraft zu werden.

Wie von ihr versprochen, schrieb meine Mutter mir eine Entschuldigung für das Zuspätkommen.

Einige weitere Wochen gingen ins Land. Mir ging es schlechter und schlechter. Die Musik aus der Bar dröhnte und wummerte abends in meinem Zimmer. Rücksichtslos. Unbeschreiblich laut. Nachts fand ich kaum Schlaf. Durch den Schlafentzug wurde ich kontinuierlich unkonzentrierter. Leider auch im Schulunterricht. Das Schicksal hatte mein „Wohlfühl-Sorglos-Paket" fest geschnürt und weit, weit weggepackt.

Es wurde mir übel, wenn ich an das außerhalb des Ortskerns ansässige Bildungszentrum dachte. Zum ersten Mal zog ich in Betracht, die Schule zu schwänzen. Wollte einfach nicht mehr in diese schlimme Einrichtung marschieren. Mit meiner Mutter konnte ich über meine Problemberge nicht reden. Diese hatte, wie bei meinen vielen Kummerkastenausschüttungen zuvor, taube Ohren für meine Anliegen. Immer wenn ich ihr meine schlimmen Situationen in meinem derzeitigen Umfeld darlegen wollte, gab meine Mutter mir zu bedenken:

„Ich weiß nicht, was du hast. Dein ewiges Gejammer geht mir auf die Nerven. Ich habe nichts mitgenommen. Nur dich. Und du? Du hast nichts anderes zu tun, als dich bei mir zu beschweren. Du bist undankbar. Dein Gejammer finde ich nicht in Ordnung. Was du jetzt erlebst, ist das Leben. Lerne."
Was sollte ich dem noch entgegensetzen?

Eines Samstags, es war ein schöner, warmer Frühjahrstag, kam meine Mutter strahlend in mein Zimmer. Sie musste an diesem Tag nicht arbeiten und hatte, sehr zu meinem Entzücken, frei.

„Wir gehen jemanden besuchen. Was hältst du davon, wenn du dich schick anziehst? Wir besuchen einen Bekannten. Ich habe ihn bei meiner Arbeit kennengelernt. Er wohnt gleich um die Ecke und hat uns zu sich eingeladen."

„So, uns eingeladen", äffte ich meine Mutter nach.

Nachdem ich mich nach dem vorgeschriebenen Dresscode meiner Mutter umgezogen hatte, machten wir uns auf den Weg zu dem Einladenden. Einem ledigen Mann. Auf dem Weg zu ihm erfuhr ich, dass der Bekannte, den wir nunmehr besuchten, als Polizist in Stuttgart arbeitete. Er war geschieden. Suchte Anschluss. Laut Auskunft meiner Mutter konnte er sie sich gut als seine Lebensabschnittsgefährtin vorstellen. Wollte jedoch zuvor noch mich persönlich kennenlernen.

„Er hat uns zu sich eingeladen, weil ich anständig bin. Weil ich mich von keinem Mann anfassen lasse", sagte meine Mutter mir.

Wir kamen nach gut zwanzig Minuten Fußweg zur Einschätzung und Zensierung meiner Person an dem Haus des Polizisten an. Er lebte mit einigem Viehzeug, großen und kleinen Tieren, auf einem großen, frei stehenden Resthof. Dieser war auf einem riesigen grünen Terrain gelegen. So weit das Auge reichte, sah man Wiesen und Felder. Ich wurde mit meiner Mutter von einem sympathischen jungen Mann mit einem warmen, festen Händedruck begrüßt.

„Hallo, ich bin Thomas", begrüßte er mich nett und reichte mir seine rechte Hand zum Gruß.

„Wie ist dein Name?"

„Ivonne."

„Hm, ein schöner Name. Ich habe einen Hund. Magst du ihn kennenlernen?", fragte Thomas mich immer noch nett und ohne Umschweife.

„Gerne", antwortete ich ihm höflich. Prompt gingen wir hinter sein Haus in Richtung Hundehütte. Vor der Hundehütte lag ein großer Schäferhund. Dieser war an einer langen dicken Kette angeleint. Als der Hund mich kommen sah, schlug er sogleich an. Bellte und knurrte. Der große Schäferhund fletschte gut sichtbar seine Zähne.

„Du musst keine Angst vor Hasso haben. Er tut nichts. Hasso, sitz!", befahl Thomas dem Hund.

Ich bekam Angst.

Hoffentlich weiß er auch, dass er nicht beißt, dachte ich.

Der Hund war komplett wuschig, verwirrt von der ungewohnten Menschenansammlung in seinem Revier. Meine Mutter war uns neugierig gefolgt. Hasso gehorchte seinem Herrchen nicht mehr. Der arme Kerl war darauf bedacht, die unliebsamen Eindringlinge aus seinem Territorium zu verscheuchen. Thomas zeigte ihm als Befehlshaber der Flotte, wer der Herr im Haus war. Zeigte ihm, dass er das Herrchen war. Befehligte dem Hund laut: „Hasso! Sitz!"

Der große Hund setzte sich mit unüberhörbarem Grimm auf seinen Allerwertesten. Knurrend und murrend wie ein Kleinkind, dem man gerade sein Spielzeug weggenommen hat.

Der an mich gerichteten Aufforderung von Thomas, seinen Hund zu streicheln, folgte ich aus Angst, dass sich das

Kauwerkzeug seines Hundes in meinen Arm verkeilen würde, nicht.

„Hasso ist ein Drogensuchhund“, klärte Thomas mich bedeutend auf.

Der arme Hund hatte es offensichtlich beim Aufspüren der Drogen nicht vermeiden können, die eine oder andere durch sein Riechorgan zu ziehen, sinnierte ich lächelnd.

„Er wird bei der Razzia nach Drogen eingesetzt. Er gehört mir. Er ist mein Freund und Kollege. Wenn du magst, kannst du gerne eine Zeit lang bei Hasso bleiben.“

Hatte ich eine Wahl? Bestimmt nicht! Dann bleibe ich halt mit einem mutmaßlich drogenabhängigen Hund alleine!, ging mir durch den Kopf. Das konnte ja lustig bis heiter werden. Hurra, wenn das kein Grund zur Freude für mich war!

„Deine Mutter und ich gehen, wenn du keine Fragen hast, ins Haus. Wenn dir langweilig wird, kannst du dich gerne auf meinem Hof umsehen“, diktierte mir Thomas seine Anweisungen mit einem freundlichen Grinsen im Gesicht.

Drehte sich währenddessen zu meiner Mutter um, nahm diese an deren linken Unterarm und schob sie in Richtung Hauseingang.

So stellte sich Thomas das Kennenlernen meiner Person vor? Ich sagte nichts. Ich musste draußen bleiben, da die beiden ihre Ruhe haben wollten. Warum wollte meine Mutter, dass ich zu diesem Mann mitkam? Er zeigte keinerlei Interesse an mir. Ich war doch sonst auch immer alleine. Ich schaute ihnen nach. Die beiden waren außer meiner Sichtweite im Haus verschwunden. Ich war mit Hasso, dem scharfen, im ungünstigsten Fall eventuell drogenabhängigen (?!) Schäferhund alleine. Der Hund beäugte mich misstrauisch aus seinen Augenwinkeln. Sobald ich mich bewegte, knurrte der Hund mich an. Gern fletschte er seine Lefzen und zeigte mir freudig seine scharfen Beißerchen. Ich blieb aus lauter Angst eine gefühlte Ewigkeit regungslos.

Als ich mich aus meiner Starre befreite und Lust bekam, mich auf dem Thomas-Areal umzusehen, kam Bewegung in den gefährlichen Rüden. Dieser sprang prompt auf. Bellte und fletschte mich an und zeigte mir seine beiden schönen, scharfen Zahnreihen. Zum Glück war er an der Kette und konnte mich in meiner *sicheren* Entfernung nicht verletzen.

Doch der Hund war nicht berechenbar. Er wollte mich anspringen. Vor dem Sprung des wütend bellenden Hundes erschrak ich heftig. So heftig, dass ich einen großen Findling, der am Wegrand lag, übersah und über diesen stolperte. Ich fiel auf meine Knie. Um meinen Fall abzudämpfen, versuchte ich im Sturz noch meine Arme aufzustützen. Ich schlug mich bei dem unabwendbaren Sturz blutig und holte mir Verletzungen an den Handinnenflächen, den Ellbogen und den Knien. Mein schönes, erst vier Wochen altes hellblaues Spitzenkleid war schmutzig und blutig. Ich war erschrocken, geriet in Panik und fing – für alle Anwohner in der näheren Umgebung unüberhörbar – laut an zu schreien und zu jaulen. Thomas und meine Mutter mussten mein Geschrei gehört haben. Genug Dezibel an Phonstärke wies die akustische Untermalung meiner Verletzungen allemal auf. Die beiden kamen aus dem Haus gestürzt. Thomas schien genervt. Er war sichtlich verstimmt. Er sah angriffslustig in meine Richtung herüber. Suchte mit einem furiosen Blick Kontakt zu mir. Auch meine Mutter war grimmig. Wie sie mich ansah! Ihr Blick versprühte Funken in meine Richtung. Ihre ansonsten sorgfältig drapierten Haare waren zerzaust, ihre Klamotten knittrig, ihre Schminke verlaufen und ihr Lippenstift abgeknutscht. Meine Mutter hatte zu meiner Belustigung ihr Kleid am Hinterteil nicht richtig runtergezogen. Ein Zipfel hing noch im Schlüpfer. Ein nicht unbeträchtlicher Teil ihres Hinterns stand im Freien. Dieses Kuriosum wurde sichtbar, als sie sich eines vermeintlich näher kommenden Automotorengeräusches wegen umdrehte.

„Was hast du jetzt wieder für ein Problem?“, quakte meine Mutter mich von der Seite an.

Von den Reaktionen, den mehr als negativen Schwingungen, die mir seitens der beiden entgegenschlugen, war ich absolut baff. Ich richtete mich auf und entgegnete meiner Mutter maulig:

„Der Hund wollte mich anspringen und beißen, als ich an ihm vorbeigehen wollte. Ich habe mich erschrocken, bin gestolpert und hingefallen. Bei dem Sturz habe ich mich schwer verletzt. Schau, wie ich aussehe.“

„Sollen wir einen Rettungswagen rufen? Brauchst du Blutkonserven? Außerdem verstehe ich deine Panik nicht im Geringsten. Wie, bitte schön, hätte Hasso dich anspringen und beißen können? Er ist angekettet“, maulte Thomas mich garstig an.

„Ich glaube, wir machen für heute Schluss.“

Zu meiner Mutter gewandt sagte er: „Ich melde mich bei dir“, und drehte sich theatralisch um. Verabschiedete sich selbstverständlich nicht von mir und ging schnurstracks, ohne sich noch einmal nach uns umzudrehen, in Richtung seines Hauseingangs.

Völlig genervt sagte meine Mutter zu mir:

„Das hast du ja schön hingekriegt. Bist du jetzt zufrieden?“

Ich war wortlos.

Womit sollte ich zufrieden sein? Machten meine Mutter und Thomas mich für den Vorfall verantwortlich? Nahmen die beiden an, dass ich das Spektakel inszeniert hatte?

Da die Besichtigungstour ein jähes Ende gefunden hatte, machten wir uns auf unseren Heimweg. Auf dem Rückweg sprachen wir kein einziges Wort miteinander. Die Stimmung meiner Mutter lag auch noch fünf Tage nach dem Vorfall mehrere Grad unter dem Gefrierpunkt.

Den Polizisten Thomas sah ich nie wieder. Bei ihm musste ich wohl einen bleibenden Eindruck hinterlassen haben. Mir ist zu keinem Zeitpunkt zu Ohren gekommen, was aus den weiteren Treffen der beiden wurde. Fünf weitere Male war meine Mutter nach dem Intermezzo noch in dem Haus des Polizisten eingeladen. Allerdings jedes Mal alleine. Warum wir nicht, wie angedacht, in das Haus einzogen, wusste ich nicht. War ich schuld? Meine Mutter sagte mir nichts.

Endlich, endlich hatte ich eine Freundin gefunden. Die alte Dame, die den Schreibwarenladen in der Häuserreihe neben der Nachtbar besaß, die ich am ersten Tag, als meine Mutter das Bewerbungsgespräch mit dem Barbetreiber geführt hatte, kennengelernt hatte. Diese wurde für die Dauer meines Aufenthaltes meine erste Anlaufstelle. Auch zur Lösung meiner nicht enden wollenden Probleme.

Mit ihr machte ich gemeinsam meine Hausaufgaben. Die betagte Frau unterstützte mich beim Lösen meiner Rechenaufgaben und half mir bei dem Verstehen der teutonischen Texte als auch beim Einstudieren meiner Diktate. Übte mit mir emsig für alle anstehenden Klassenarbeiten. Sie hörte sich meine Geschichten aus meinem Unterricht und aus meiner Schule an. Sie gab mir wertvolle Tipps im Verhalten und Umgang mit meinen grausamen Mitschülern. Die bejahrte Fee wusste auf jede einzelne von mir gestellte Frage eine Antwort. Fand allzeit einen gut gemeinten Rat. Diese Frau war mein gutes Fabelwesen. Ein Wesen aus einer anderen Welt. Diese Frau war mir von höherer Stelle zu meinem Schutz an meine Seite gestellt worden.

An einem Abend. Es war, wie in unzähligen vorausgegangenen Nächten, unglaublich laut in unserem Domizil. Ich fand erneut keinen Schlaf. Aufgrund des hohen Lärmpegels konnte ich nicht zur Ruhe kommen. Ich wälzte mich in meinem Bett von einer Seite auf die andere. Die Musik aus der benachbarten Bar dröhnte laut. Die Bässe der Anlage überschritten den zugelassenen Lärmgrenzwert bei Weitem. Mit einem großen Holzkochlöffel, den ich zuvor in der Küche gefunden hatte, klopfte ich gegen die an die Bar anliegende Zimmerwand. Als diese Aktion nicht fruchtete, schlug ich mit meinen Fäusten gegen die Wand meines Zimmers. Durch den permanenten Schlafentzug war ich extrem genervt und ging total gerädert entgegen dem Verbot des Barbesitzers und meiner Mutter aus unserem gemeinsamen Zimmer auf die Straße, hinaus in die Dunkelheit. Die Straßenlaternen vor der Häuserreihe warfen einen kleinen Lichtstrahl auf das Kopfsteinpflaster der Straße und den schmalen Fußweg. Ansonsten war es stockfinster. Die Kirchenglocke schlug zwölf Mal. Mitternacht. Der Himmel war bedeckt. Kein Stern war zu sehen.

Ein Haus weiter. Über der Tür des Hauses leuchtete eine rote Laterne. Vor der Tür stand ein Mann oder eine Frau. Als Einlasser? Ich wusste es nicht, ich vermutete es. Ich konnte das Geschlecht dieses Neutrums nicht bestimmen. Die Gestalt hatte ihre Haare kurz geschnitten und streng nach hinten gegelt. Dieses Wesen trug einen schwarzen Anzug und ein weißes Hemd mit schwarzer Fliege. Es sah aus wie ein Mann. Es sprach aber wie eine Frau. Als ich an dem Wesen vorbei ins Haus wollte, ließ dieses mich nicht eintreten. Die androgyne, asexuelle, plakativ auftretende menschliche Gestalt versperrte mir demonstrativ den Zugang zu der Dienststelle meiner Mutter.

„Für Kinder ist der Zutritt verboten“, sagte mir die menschliche Materie und machte sich vor der Eingangstür zu dem Etablissement breit.

Im rechten Mundwinkel steckte eine Zigarette. Von Nahem sah ich, dass es sich um eine Frau handeln musste.

„Ich muss zu meiner Mutter, es ist dringend, ich habe Angst, bitte, bitte!“, bettelte ich. „Meine Mutter arbeitet in diesem Haus, und ich muss sie dringend sprechen.“

„Nein“, sagte das Wesen. Kurz und knapp. Es ließ sich nicht von meinem Gejammer erweichen. Stattdessen schob es die glimmende Zigarette von dem rechten in den linken Mundwinkel. Die Gestalt blieb wie eine Statue vor der verschlossenen Eingangstür der Bar stehen. In diesem Moment kam eine kleine Gruppe Männer an die geschlossene, von ihr bewachte Tür und suchte Einlass. Diesen Einlasssuchenden öffnete die Mannfrau die Tür. Schwups!, war ich mit der Gruppe angesäuselter, lüsterner Männer in dem Haus mit der roten Laterne verschwunden. Ich war zu keinem Zeitpunkt zuvor in diesem Gemäuer gewesen. Es war das erste Mal, dass ich meine Mutter bei ihrer Arbeit in diesem Etablissement zusah.

Ich stieg die Treppen hinauf. Folgte dem Lärm der Musik. Die Stufen, die Wände, die Auslegeware, die Decken, alles war tiefrot. Aus den nicht sichtbaren Lautsprechern dröhnte Musik. Die Lampen leuchteten schummrig. Es stank nach Zigarettenqualm und Alkohol. Meine Mutter sah ich nicht gleich. Aber dann, dann sah ich sie. Sie war hinter dem in dem Raum befindlichen Tresen und schenkte Getränke an die anwesenden Männer aus. Meine Mutter schäkerte mit einer aufdringlichen männlichen Gestalt. Dieser reichte sie ein gut gefülltes Glas mit einer dunklen Flüssigkeit. Aufgebrezelt, angetuscht war sie. Doch sie hatte die Haare schön. Ihre schulterlangen Haare hatte meine Mutter hochtoupiert und eine Steckfrisur gemacht. Die anderen, ebenfalls in diesem Haus beschäftigten Gastgeberinnen animierten ihre zahlungskräftigen Gäste freizügig zum Getränkeverzehr. Einige der Frauen tanzten mit ihren Gästen auf einer kleinen Tanzfläche eng umschlungen. Alle Frauen waren angemalt wie Indianer, waren aufgehübscht und trugen enge, tief dekolletierte Kleider. Alle Kleider gewährten den gierigen Blicken der Männer Einsicht vom Brustansatz bis zum Bauchnabel. Selbst für mich war erkennbar, dass diese Outfits die vorgeschriebene Dienstkleidung war.

Ein Adam versuchte meiner Mutter, nein, er versuchte es nicht, sondern er tat es. Er steckte meiner Mutter einen gerollten Geldschein in ihren tiefen Kleiderausschnitt. Er grapschte ferner mit seinen gierigen großen Händen über den Tresen in ihr tief liegendes Dekolleté. Massierte aufgegeilt ihre Brüste, als meine Mutter ihm sein geordertes Getränk reichte. Ebenso wie die anderen Frauen trug meine Mutter ein enges Kleid mit einem Mörderausschnitt. Ich war schockiert.

Wütend stampfte ich auf die Testosteronbombe zu, deren Hände in dem tiefen Ausschnitt meiner Mutter steckten. Ausladend, mit meiner ganzen Kraft, trat ich gegen sein linkes Schienbein. Der Mann schrie erschrocken auf. Schaute schmerzverzerrt zuerst zu mir hinunter, dann meiner Mutter ins Gesicht. In diesem Moment schrie ich meine Mutter an, dass sie sofort mit mir mitkommen müsse. Ich, ihre Tochter, wollte es nicht zulassen, dass andere Männer sie an ihren Brüsten packten und ihr vor allen Augen Geldscheine in den Ausschnitt steckten.

Waren die Lästereien, die Gemeinheiten und die ausgestoßenen Bosheiten meiner Mitschüler tatsächlich zutreffend? Machte meine Mutter in der Bar mit anderen Männern rum? War sie ein feuchter Männertraum? Diese Andeutungen hatten mir eine Handvoll älterer Mitschüler gemacht. Schlimmer hätte es für mich nicht kommen können. Der Nachtklubbesitzer, der ebenfalls vor Ort war, kam aufgebracht auf uns zu. Wütend schrie er meine Mutter an:

„Geh, nimm deine Tochter und verschwindet! Alle beide, raus! Raus aus meinem Lokal! Verschwindet! Ich will euch in meinem Laden nicht mehr sehen! Haut ab! Sofort! Schleicht euch in eure Zimmer! Renate, wir beide sprechen uns morgen. Die Stunden, die du nicht arbeitest, werden dir vom Lohn abgezogen."

Völlig verdattert ging meine Mutter mit mir die Treppen des *piekfeinen* Lokals in Richtung Ausgang hinunter. Am Eingang beziehungsweise am Ausgang, je nachdem von welcher Seite man das Etablissement betrat oder verließ, stand nicht weniger verdattert die Mannfrau. Streichelte meiner Mutter, als wir an ihr vorbeigingen, über deren Kopf.

„Alles wird gut, meine Süße“, sagte sie tröstend zu meiner aufgewühlten Mutter.

„Was hast du dir bei deinem Auftritt heute Abend gedacht?“, fauchte mich meine aufgebrachte Mutter auf der Straße von der Seite an.

„Ich hatte unheimliche Angst. Es war, wie so oft, megalaut. Ich konnte nicht schlafen. Daher habe ich dich auf deiner Arbeitsstelle besuchen wollen. Wie früher von Zeit zu Zeit. Als ich den Mann gesehen habe, der dir an die Brüste gefasst hat, bin ich ausgerastet.“

„Was du wohl gesehen hast? Mir hat kein Mann an die Brust gefasst. Deine Fantasie hatte Ausgang. Was du glaubst gesehen zu haben, ist einzig deiner Fantasie entsprungen. Ich bin eine anständige Frau. So was würde ich in meinem ganzen Leben nicht zulassen! Ich lasse mich nicht begrapschen“, verteidigte sich meine Mutter gefährlich aufgebracht.

Sie war nunmehr ein brodelnder Vulkan kurz vor dem Ausbruch. Ihr imaginäres Magma kochte. Entgegen dem gut gemeinten, aufmunternden nächtlichen Zuspruch seitens der Kollegin meiner Mutter wurde für uns nichts gut. Aufgrund des Theaters, das ich in dem Nachtklub abgezogen hatte, fühlte sich der Besitzer in seinem Vorurteil, dass eine Mutter mit Kind nicht als Angestellte in seinem Etablissement taugte, bestätigt. Er kündigte meiner Mutter zum Monatsende das Arbeitsverhältnis.

Er sagte zu ihr bei dem Aussprechen und dem Überreichen ihrer Kündigung: „Es hat keinen Sinn, deine Tochter hältst du nicht im Zaum. Ich gebe dir fünf Tage Zeit, dann seid ihr verschwunden.“

Meine Mutter war am Boden zerstört. Sie wusste nicht, wohin. Da holte sie sich in ihrer Verzweiflung ihren Seelentröster. Wie immer das Anzeigenblättchen für Arbeitsuchende. Wie bei allen Spritztouren zuvor war dieses ihr Kompass zu einem neuen Wirkungskreis. Doch, hurra!, diesmal war diese Aktion nicht nötig. Ein Gast, ein Aral-Tankstellenbesitzer, hörte von den Vorkommnissen der besagten Nacht. Kontaktierte daraufhin meine Mutter und bot uns großherzig Unterschlupf in seiner Wohnung an. Er lebte mit seiner Frau in Scheidung und benötigte jemanden, der ihm in seinem Haushalt half. Auch gerne zur Unterstützung bei der Erziehung seiner beiden Kinder, die nach der Trennung seiner Frau bei ihm lebten. Er wohnte in dem fünfundvierzig Kilometer entfernten Bad Mergentheim. Eine gute Dreiviertelstunde mit dem Auto entfernt.

Bevor wir nun dieses schlimme Erlebnis hinter uns lassen konnten, wollte ich mich noch von meiner Freundin, der Schreibwarenladenbesitzerin, verabschieden. Die ältere Frau weinte bei meiner Verabschiedung Freudentränen.

„Ich freue mich so sehr für dich! Ich freue mich, dass du aus diesem Sumpf herauskommst. Dieser Ort ist kein Platz für Kinder. Meine kleine Maus! Pass gut auf dich auf und vergiss mich nicht." Prompt nahm sie mich in die Arme und drückte mich an ihre Brust.

Meine Supernanny schenkte mir zur Erinnerung an unsere gemeinsame Zeit ein Buch.

Punkt, Punkt, Komma, Strich.

Tatort Tankstelle

Der ehemalige Gast aus der zwielichtigen Arbeitsstätte meiner Mutter, in der sie professionelle Schankdienste geleistet hatte, hieß Karl-Heinz.

Für jemanden zu arbeiten, der eigene Kinder hatte, fand meine Mutter großartig. Dieser Gedanke behagte ihr. Das künftige Zusammenleben sollte sich entgegen ihrer emotionalen Glückseligkeit als kompliziert herausstellen. Wie meine Mutter zu mir sagte, hatte Karl-Heinz sie gefragt, ob wir bei ihm einziehen würden, da sie eine durch und durch anständige Frau sei.

Karl-Heinz erwartete uns bei unserer Ankunft auf dem Bahnhof Bad Mergentheims aufgeregt mit einem großen bunten Blumenstrauß für meine Mutter. Er kam ohne seine beiden Sprösslinge Sabine und Peter. Diese sollten wir später kennenlernen. Er ging nett auf mich zu. Da er selbst Vater war, wusste er, dass es unkomplizierter war, meine Mutter für sich zu gewinnen, wenn ich ihn akzeptierte. Es war ihm wichtig, mein kleines Kinderherz für sich zu gewinnen.

„Hallo, ich bin Karl-Heinz. Freut mich, dich persönlich kennenzulernen. Deine Mutter hat viel von dir erzählt. Uneingeschränkt Gutes“, stellte er sich mir lächelnd vor.

„Hallo“, antwortete ich ihm.

„Und? Deine Kinder? Wo sind die?“

„Bei ihrer Mutter. Peter und Sabine sind das Wochenende bis Sonntagnachmittag bei ihrer Mutter. Du wirst die beiden am späten Sonntagnachmittag kennenlernen. Wir drei haben das ganze Wochenende Zeit, uns miteinander bekannt zu machen. Ich zeige euch euer neues Zuhause und die Umgebung. Ich hoffe, es gefällt euch bei mir.“

Karl-Heinz schien nett zu sein. Exakt konnte ich seine emotionalen Schwingungen zu diesem Zeitpunkt nicht deuten.

Meine Kassandrarufe erklangen in meinem Inneren. Nach all den negativen Erfahrungen mit den vielen Männerbekanntschaften meiner Mutter in der zurückliegenden Vergangenheit war ich misstrauisch. Wir fuhren mit einem großen BMW vom Bahnhof zu unserem neuen Zuhause. Einer Tankstelle, über der eine große Einliegerwohnung lag.

Der Deal, den Karl-Heinz mit meiner Mutter ausgehandelt hatte, war, dass sie ihm in seiner Tankstelle, in seinem Haushalt, ebenso bei der Kindererziehung half. Er würde uns im Gegenzug kostenfreie Logis und Kost bieten. Das Happy End wollte man offenlassen. Die beiden wollten nichts übers Knie brechen. Gut Ding will Weile haben. Gras wuchs auch nicht schneller, wenn man daran zog.

Das Wochenende war schön, harmonisch und ruhig. Meine Mutter war richtig gut drauf. Am späten Sonntagnachmittag lernte ich endlich Karl-Heinz' Kinder kennen.

Sabine war viel älter als ich. Sie war fünfzehn. Groß, kräftig, blond. Sabine hatte, als ihre Eltern sich getrennt hatten, einen Schäferhund von ihrem Vater geschenkt bekommen. Er war ihr bester und treuester Freund und war ihr absolut ergeben. Parierte auf Sabines Kommandos aufs Wort. Bei dem Kennenlernen mit Sabines großem Hund zuckte ich ängstlich zusammen. Ich hatte ja sehr zu meiner *großen Freude* meine Erfahrungen mit Schäferhunden erst wenige Wochen zuvor machen dürfen.

Peter war drei Jahre älter als ich. Er war zwölf. Im Gegensatz zu seiner Schwester war er dünn. Auch groß, jedoch dunkelhaarig mit offenen, wachen braunen Augen. Er sah seinem Vater sehr ähnlich. Peter lachte viel und gerne. Bei ihm hatte ich im Gegensatz zu seiner Schwester sofort ein gutes Bauchgefühl. Ich mochte Peter, und Peter mochte mich. Bei seiner Schwester wusste ich nicht, was ich von ihr halten sollte.

Sabine war auffällig eifersüchtig auf mich. Diese Eifersucht ließ sie mich durch ihre Gestik und Mimik bei jeder sich ihr bietenden Gelegenheit spüren. Sie zeigte mir, dass ich in ihrem Revier unerwünscht war. Ich war ein kleines, zartes dunkelhaariges Mädchen.

Karl-Heinz wiederum mochte mich gern. Er trat mir mit gebührlicher Höflichkeit, Respekt und Achtung entgegen. Mehr und mehr spürte ich jedoch, dass sich die Situation wegen des angespannten Verhältnisses zwischen Sabine und mir zu meinen Ungunsten verschärfte.

Durch die vielen Umzüge und die negativen Erfahrungen der letzten Monate waren meine Sinnesorgane, meine Wahrnehmung, um ein Vielfaches geschärft. Ich spürte, dass eine große Prise Negatives von Sabine ausging. Ich schwor mir, bei ihr vorsichtig zu sein.

Karl-Heinz' Wohnung war groß. Erneut hatte ich ein eigenes Zimmer bekommen. Ebenso wie Sabine, Peter und meine Mutter. Die beiden, Karl Heinz und meine Mutter, meinten es tatsächlich ernst und ließen es langsam angehen. Die Trennung von Karl-Heinz' Frau, der Mutter seiner Kinder, war zu diesem Zeitpunkt ein gutes Dreivierteljahr her. Sabine zerfloss nach wie vor im Trennungsschmerz. Blies gut sichtbar Trübsal. Explizit für sie war der Umstand, dass jetzt eine andere Eva mit ihrer Leibesfrucht in der ehemals gemeinsamen Wohnung ihrer Eltern wohnte, ein unzumutbarer Status quo.

Dies sollte ich an einem Tag, an dem meine Mutter mit Karl-Heinz neue Möbel für das Wohnzimmer kaufen wollte, gut zu spüren bekommen. Ich kam von der Schule nach Hause, als Sabine bereits hibbelig auf mich wartete. Unter einem Vorwand bat sie mich in das Badezimmer. Ich war vorsichtig, aber von der höflichen Art Sabines überrascht. Naiv folgte ich ihr ins Badezimmer. Sabine hatte mir suggeriert, dass sie bei einem Vorhaben dringend meine Hilfe benötigte. Ich war gebauchpinselt.

Kaum war ich in dem Nassraum angekommen, verschloss Sabine die Zimmertür hinter mir. Den Schlüssel der abgeschlossenen Tür steckte sie in ihre linke Hosentasche. Sodann widmete sie sich mit ihrer ganzen Kraft und Hingabe ihrer gefühlten Feindin. Sprich mir!

Sabine ließ ihrer sadistischen Ader in vollem Umfang freien Lauf.

Holte heimtückisch aus einem kleinen weißen Badezimmerschrank, der unter dem Waschtisch stand, eine dicke Hundeleine aus Leder hervor. Schlug mit dieser wie von Sinnen auf mich ein. Von dem hinterhältigen Angriff wurde ich komplett überrascht. Sabine war eindeutig nicht meine Alters- und Gewichtsklasse. Jeder ihrer grausamen Schläge war ein Volltreffer. Zwar war jeder Schlag ein grobes Foul, doch es gab niemanden, der in diesen unsportlichen Kampf hätte eingreifen können. Alle Vögel waren ausgeflogen. Ich war ihr schon nach der ersten unsportlichen Runde unterlegen. Sabine kannte keine Gnade. Wie von Sinnen prügelte sie weiter und weiter auf mich ein. Sabine war im Rausch. Ihr limbisches System schien gestört. Dieses musste die Kontrolle über viele Teile ihres Hirns übernommen haben. Sie konnte nicht aufhören, auf mich einzuschlagen, und geriet förmlich in einen Blutrausch. Meine Arme waren nahezu von oben bis unten blutig geschlagen. Mein gesamter Körper wies blutige Striemen auf. Ich hatte große Angst, dass mein letztes Stündlein geschlagen hatte.

Es waren qualvolle Minuten vergangen, als ich ein Licht am Horizont wahrnahm. Von draußen, aus der Ferne, hörte ich Peters Stimme. Hoffnung keimte in mir auf. Er trommelte gegen die verschlossene Badezimmertür. Ich schrie um Hilfe. Meine Hilferufe schienen Sabine noch mehr anzutreiben. Immer härter schlug sie auf mich ein. Vor Schmerzen drohte ich meine Besinnung zu verlieren. Mein Körper schaltete auf den Überlebensmodus um.

In der Zwischenzeit waren Karl-Heinz und meine Mutter vom Möbelshoppen zurückgekehrt. Peter hatte die beiden in

Kenntnis gesetzt. Karl-Heinz forderte Sabine von der anderen Seite der verschlossenen Tür vier, fünf Mal auf, die verschlossene Tür zu öffnen. Ergebnislos. Da hörte ich es laut krachen. Karl-Heinz brach die Badezimmertür mit einem kräftigen Fußtritt auf. Stürmte auf die wütende Sabine zu und riss ihr entsetzt die blutige Hundeleine aus den Händen. Von Weitem hörte ich Stimmen, jedoch konnte ich diese keiner Person zuordnen. Ich war erschöpft und hatte extrem große Schmerzen. Nun, nach dem x-ten Schlag meiner Gegnerin, der noch kurz bevor Karl-Heinz die Zimmertür eintrat, von Sabine ausgeteilt wurde, war ich durch einen Knock-out zu Boden gegangen. Der ungerecht verteilte Kampf war endlich beendet. Gnädigerweise verlor ich mein Bewusstsein. Meine Mutter war inzwischen in das Badezimmer eingetreten, und obwohl sie hart im Nehmen war, war sie von dem sich ihr vor Ort bietenden Anblick schockiert. Der eventuell unter guten Umständen gegebenenfalls neue Lebensgefährte meiner Mutter nahm mich in seine Arme und rannte mit uns zu seinem Auto. Legte mich sanft auf die Rückbank seines Wagens und fuhr umgehend mit uns ins nächste Krankenhaus.

In diesem wohlbehalten angekommen, wurde ich notärztlich versorgt und gut behandelt. Zur Sicherheit sollte ich zur Beobachtung im Hospital bleiben. Als ich einige Zeit später aus meiner Ohnmacht erwachte, lag ich in der Klinik. Peter, Karl-Heinz und meine Mutter standen um mein Krankenbett herum.

„Es tut mir unglaublich leid, ich weiß nicht, wie ich das Geschehene in meinem Leben wiedergutmachen kann. Mit meiner Tochter werde ich später sprechen. Ich werde sie entsprechend bestrafen. Das, was sie dir angetan hat, wird sich nicht wiederholen. Versprochen.“ Karl-Heinz hatte Tränen in seinen Augen.

Sabine war heimtückisch und arglistig, jedoch nicht blöd. Sie hatte mir nicht in mein Gesicht geschlagen. So sah man die blutigen Riemenabdrücke einzig auf meinem Körper. Sabine hatte mich mit ihren harten, brutalen Schlägen so malträtiert, dass an einigen Stellen meines geschundenen Körpers meine Haut in Fetzen hing. Meine Schmerzen waren unmenschlich. Mir wurde ein starkes Schmerzmittel via Infusion eingeflößt. Drei Tage blieb ich in der Klinik. Als ich aus dem Hospital entlassen wurde, war ich um zahlreiche Bandagen reicher. Karl-Heinz und meine Mutter holten mich vormittags aus dem Krankenhaus ab. Die behandelnden Ärzte hatten meiner Mutter und mir vor meiner Entlassung mitgeteilt, dass ich bei entsprechender Nachbehandlung keine bleibenden Narben behalten würde. Die Wunden müssten lediglich zweimal täglich versorgt und eingecremt werden.

In meinem neuen Zuhause angekommen, nahm mich Peter freudig in Empfang. Dieser versprach mir voll kindlicher Zuversicht, nun gut auf mich aufzupassen. Von Sabine keine Spur.

Wie meine Mutter die Ärzteschaft in der Klinik überzeugen konnte, über meine mysteriös zugezogenen schweren Verletzungen keine Meldung zu erstatten, blieb ihr Geheimnis.

Meiner Mutter war nach Sabines Aktion klar, dass wir zu meiner Sicherheit nicht bei Karl-Heinz bleiben konnten. Der Traum, ihr Traum, war ausgeträumt. Meine Mutter glaubte den Hilferuf Sabines zu verstehen. Sie wollte dieser auf ihre eigene Art und Weise helfen.

Wie ein Brummkreisel verfolgte meine Mutter nun eine verdeckte Mission. Für kurze Zeit war sie eine Undercoveragentin. Meine Mutter wollte das seit geraumer Zeit getrennt und bereits in Scheidung lebende Ehepaar unter der Berücksichtigung aller widrigen Umstände wieder zueinanderführen. Zur Umsetzung ihrer Mission *Partnerzusammenführung* ließ sich meine Mutter die Adresse von Sabine mitteilen und nahm verdeckt zu Karl-Heinz' Ex Kontakt auf. Traf sich mit seiner ehemaligen Gefährtin zum Kaffee in einem Café und arrangierte in diesem ein Treffen der beiden Expartner. Ferner war meine Mutter für uns wieder auf der Suche nach einem neuen Zuhause. Natürlich, wie bei den zurückliegenden Fluchten, per Zeitungsannonce.

Mutters selbst erteilter Auftrag glückte. Das Zusammentreffen des Exgespanns verlief positiv. Beide waren sich einig, es nochmals miteinander zu versuchen. Schon der Kinder, der guten Zeiten wegen. Die Eheleute blieben vorerst räumlich getrennt voneinander wohnen. Jeder in seinem derzeitigen Domizil. Trafen sich dann und wann zu einem vertraulichen Plausch. Der jetzige Beziehungsstatus musste Stück für Stück abgebaut werden. Der neue, der angestrebte Status musste desgleichen Stück für Stück langsam aufgebaut werden.

Rund fünf Wochen später hatte ich mich physisch nahezu erholt. Zum Glück hatte und habe ich gutes Heilfleisch. Die seelischen Narben, die ich aufs Neue davongetragen hatte, sah niemand. Meine Mutter war der Ansicht, dass es mir gut ging. Sie nahm einzig meinen körperlichen Heilungsprozess wahr. Meinen schlimmen psychischen Zustand bemerkte sie nicht. Sie ignorierte alle Anzeichen, die auf ein Trauma hinwiesen. Meine Albträume, meine Stimmungsschwankungen, meine Angstzustände, meine Panikattacken überging meine Mutter.

Karl-Heinz war hin- und hergerissen. Auf der einen Seite war er froh darüber, dass meine Mutter ihn wieder mit seiner Frau zusammengeführt hatte, auf der anderen Seite war er nicht annähernd davon überzeugt, dass diese neue Route für ihn und seine beiden Kinder die richtige Marschrichtung war. Immerhin hatte es für die zurückliegende Trennung, das Einreichen der Scheidung seinerzeit gute Gründe gegeben. Doch die Würfel des Lebens waren gefallen.

Zigeunerleben

Mit der erneuten Weiterreise sollte unser Schicksal herausgefordert werden …

Es ging weiter in einen der vier Regierungsbezirke Baden-Württembergs. Diesmal verschlug es uns in ein kleines Kaff, das in der Nähe von Lörrach gelegen war. Als wir auf dem kleinen dreckigen Bahnhof ankamen, regnete es. Wir wurden nicht abgeholt. Wir hatten jedoch eine Adresse in einem Mehrfamilienhaus genannt bekommen, zu der wir mit einem Taxi, das wir am Bahnhofsausgang an einem Taxistand aufgabelten, fuhren.

Am Fahrziel angekommen, erblickten wir einen weißen Betonwohnklotz mit zwölf Wohneinheiten, gänzlich ohne Atmosphäre. Als meine Mutter an der Haustür der genannten Adresse klingelte, wurde uns die Haustür über einen Summer geöffnet. Was für ein Komfort! Wir gingen in das Mehrfamilienhaus. Im zweiten Stock des Hauses öffnete sich die linke der drei Eingangstüren auf der Etage. Der Mann, der offensichtlich zuvor den Türöffner betätigt hatte, begrüßte uns freundlich. Ich erschrak. Es war ein Roma. Ein Sinti? Ein Gipsy? In der Wohnung mit unserem Gepäck angekommen, bat er uns mit gebrochenem Deutsch, ihm ins Wohnzimmer zu folgen. In dem Zimmer hatten sich zu unserer Begrüßung ein Haufen Nerds beziehungsweise skurriler Vögel eingefunden.

Seine kuriose Familie war beachtlich groß. Ich kam mir vor wie auf einem Rundgang in einem Panoptikum. Viele der Anwesenden waren nicht, wie von mir vermutet, zu Gast, sondern lebten, wie ich später herausfand, mit in der Wohnung.

Alter Verwalter, ging es mir durch den Kopf. Erschrocken schaute ich meine Mutter an. *DAS* konnte nicht ihr Ernst sein. In dieser Wohnung konnten wir doch nicht tatsächlich bleiben.

Was zu viel war, war zu viel! Zu der großen Menschenansammlung und der Unordnung in dem Zimmer kamen noch gut verteilter Unrat und Müll. Essensreste lagen kreuz und quer in der Höhle des Grauens verteilt. In dieser Räuberhöhle bekam der Begriff Mülldeponie ein Gesicht! Nach der Vorstellungsrunde wurde uns die ganze, verwahrloste Behausung gezeigt. Mir wurde während des Rundgangs der Vierzimmerwohnung ein winziges Quartier zugewiesen. In diesem sollte ich mich häuslich niederlassen.

Das mir von dem Zigeuner zugewiesene Kabuff war klein und schmal. Es stand ein kleiner Küchentisch mit einem kaputten Stuhl in der rechten Raumecke. Der Stuhl diente offensichtlich als Accessoire. Sitzen konnte man, so wie er aussah, auf diesem Stuhl nicht. Es fehlte ein Stuhlbein. Als Highlight, als Farbklecks lag ein großer blauer Müllsack in der linken Ecke des Lochs direkt unter dem Eckfenster. Der Plastiksack erfüllte in diesem Unterschlupf des Schreckens die Funktion eines Mülleimers. Die Außenjalousie des Zimmers war halb herabgelassen, was die Zelle verdunkelte. Sollte das Herablassen den erbärmlichen Zustand dieser Klause verdecken? An der rechten Zimmerwand stand eine Etagenpritsche aus Metall. Das obere Nachtlager war bestückt mit einem schmutzigen Inlett ohne Bettbezug. Die untere Notunterkunft war nackt. Dort lag nur eine schmutzige, versiffte Matratze. Der Zigeuner nahm das speckige, dreckige Inlett ohne Bettbezug von der oberen Koje herunter und legte es auf die untere, mir zugewiesene Schlafstätte. Freundlich sagte er in gebrochenem Deutsch zu mir:

„So, fertig. In diesem Bett kannst du prima nächtigen. Mach es dir gemütlich."

Gemütlich machen? Daran war nicht eine Minute zu denken! In diesem Dreckstall sollten wir wohnen? Das konnte nicht der Ernst meiner Mutter sein! Ich war verzweifelt. Tränen liefen mir über meine Wangen. In diesem Drecksloch sollte ich tatsächlich schlafen? Alternativen gab es offensichtlich keine. Der Boden war mit PVC ausgelegt und klebte an vielen Stellen von den Flüssigkeitsresten, die sich über ihn ergossen hatten. Beim besten Willen, ich konnte in diesem Loch nicht nächtigen. An Schlaf war in diesem Verlies definitiv nicht zu denken. An Eindösen vor Erschöpfung eher. In dem stinkenden, dreckigen mir zugewiesenen Verlies döste ich alleine. Wo meine Mutter sich in den Nächten aufhielt, wusste ich nicht. Die gesamte Situation war für mich grausam.

Die anderen Zimmer der Wohnung waren nicht minder dreckig. Zentimeterdick lag der Staub auf den Schränken. Auf der Tischplatte im Wohnraum waren – für jedermann gut sichtbar – klebrige Abdrücke von Gläsern und Flaschen. Die weiteren sich in der Wohnung befindlichen Tischplatten klebten bei Kontakt ebenso. Die braunen, mit Velours gepolsterten Sitzgelegenheiten im mutmaßlichen Wohnzimmer waren ausnahmslos durchgesessen. An vielen Stellen durchgescheuert. Dasselbe galt für die sich in den weiteren Räumen befindlichen Stühle und Sitzgelegenheiten. Auch auf diesen waren die Sitzflächen dreckig, fleckig und durchgesessen. Die in den verwahrlosten Zimmern befindlichen Teppiche beziehungsweise die in den Räumen des unglaublichen Domizils befindliche Auslegeware war ausnahmslos speckig. So eine Wohnung hatte ich in meinem gesamten Leben noch nicht zu sehen bekommen. Inständig hoffte ich, nie wieder in eine solche Situation gebracht zu werden.

Das Badezimmer stank unsauber nach alten Fäkalien.

Die Toilettenbrille musste, groben Schätzungen nach zu urteilen, ehemals weiß gewesen sein. Nunmehr war sie dunkelbraun. Komplett versifft. Diese lud mich definitiv nicht zum Verweilen ein. Der Toilettendeckel stand zum visuellen Augenschmaus ständig offen. Offensichtlich pinkelten die in dieser Wohnung lebenden Männer und Jungen und auch die, die zu Besuch kamen, nach Machomanier ausschließlich im Stehen. Zur Freude aller dann auch noch daneben. Überall klebten gelbe Pinkelspritzer. Diese waren auch für das getrübte Auge klar erkennbar. Zum Pullern und zur Verrichtung meiner großen Geschäfte mochte ich mich nicht auf diese Toilette setzen.

Die Wanne und das Waschbecken hatten meiner groben Schätzung nach seit Monaten kein sauberes Wasser mehr zu ihrer Reinigung gesehen. Dicke Speckränder umsäumten das Becken und die Badewanne. In dieser Bleibe duschte ich selbstverständlich nicht. Badete auch nicht in der vorhandenen Wanne. Zum Abschrubben diverser Körperteile ließ ich das Wasser laufen und nahm meine Hände, um mich zu waschen.

Die Küche war ebenso übel zugerichtet. Der Müll quoll aus den Plastiksäcken, die neben der Spüle standen. Der Restmüll, der nicht mehr in die vorhandenen Säcke passte, wurde neben die Säcke drapiert. Wahrscheinlich in der Hoffnung, dass sich zu gegebener Zeit jemand finden möge, der diesen Dreck beseitigen würde. Vielleicht hoffte man auch, dass, wenn der Müll lange genug stand, er von allein das Laufen lernte.

Der Herd klebte von altem Fett und verbrannten Essensresten. Die Kacheln hinter dem Herd waren von altem ranzigen Öl zugeklebt. Die Originalfarbe musste man raten. Verköstigungen, die in dieser Kochspelunke angerichtet wurden, wollte man nicht freiwillig schnabulieren müssen. In meinem gesamten Leben hatte ich nicht kärglicher gegessen als in der Zeit meines Aufenthaltes bei den Roma.

Angeblich sollte meine Mutter in dem Zigeunerhaushalt gegen gute Bezahlung helfen, eine Konfirmation auszurichten. Hm, wer's glaubt … Das hätte konsequenterweise im Umkehrschluss bedeutet, dass die Zigeuner (?), Sintis (?) Roma (?) christlich waren und der lutherischen Glaubensgemeinschaft angehörten. Ergo Protestanten waren. Dass eines der Kinder konfirmiert werden sollte. Ich war neun Jahre alt und würde in einigen Monaten zehn Jahre alt werden. Sollte ich die Aussage meiner Mutter infrage stellen?

Wie ich registrierte, wurde meine Mutter wie eine Sklavin gehalten. Waschen, kochen, sonstige Dienstleistungen. Von der Mithilfe meiner Mutter bei der Ausrichtung der anstehenden Konfirmation war schon am nächsten Tag unserer Anreise keine Rede mehr. Diese Menschen suchten eine Dumme zur Erledigung ihrer Drecksarbeit und wollten unsere Situation schamlos ausnutzen. Dass meine Mutter sich nicht wohlfühlte, merkte ich daran, dass ich dieses Mal nicht umgehend in der Schule des Ortes angemeldet wurde. Meine Mutter war aufs Neue auf dem Sprung.

Während unseres siebentägigen Aufenthalts in meiner Hölle blieb mir keine andere Wahl, als mit den Nachkommen der Brut, die die Schule nicht oder nicht regelmäßig besuchten, abzuhängen. Meine im Stundentakt ausgestoßenen Gebete hatten tatsächlich Gehör gefunden. Am achten Tag verließen wir in einer Nacht-und-Nebel-Aktion fluchtartig das Absteigequartier. Dieses Mal führte uns unsere Odyssee zurück in heimisches Gewässer. Es ging in Richtung meiner Geburtsstätte. Nach Hagen.

Alles kriminelle Elemente

In Hagen hatte meine Mutter eine Anstellung als Küchenhilfe in einem Wirtshaus gefunden. Über der Schenke bewohnten wir eine kleine Einliegerwohnung. Erneut wurde ich in der Schule des Ortskerns angemeldet. Weitere Fehlzeiten sollten, mussten vermieden werden, damit ich nicht weiterhin Unmengen des an mich zu vermittelnden Unterrichtsstoffs verpasste. Die unterrichtenden Lehrer an der Grundschule in Hagen hatten mir nach drei Tagen Teilnahme an ihrem Unterricht klar und unmissverständlich zu verstehen gegeben, dass es extrem schwierig würde, mich am Schuljahresende fair zu beurteilen. Aufgrund der vielen verschiedenen Schulen, die ich durch unsere Irrwege in vielen verschiedenen Bundesländern besucht hatte, war eine gerechte Beurteilung für den in Hagen unterrichtenden Lehrkörper extrem schwierig. Den fliegenden Wechsel der unterschiedlichen Lehrpläne in den verschiedensten Provinzen hatte ich nicht verarbeiten können. Jedes Bundesland hatte seine eigenen, ortsbezogenen Unterrichtsschwerpunkte. Es gab keine einheitlichen Lehrpläne. Doch es kam für mich noch dicker. Wie es nicht anders zu erwarten war, war dieser Broterwerb meiner Mutter erneut nicht von langer Dauer. Während der Beschäftigung meiner Mutter in der Küche des netten Lokals hatten wir freie Kost und Logis.

Die Welt war und ist korrupt. Die Kriminalität machte frevelhafterweise auch in diesem Haus vor mutterseelenallein reisenden eineinhalb Frauen nicht halt.

In diesem Gastronomiebetrieb wurden zu unserem Leidwesen kriminelle, korrupte Individuen beschäftigt, die sich unserer wenigen Habseligkeiten arglistig annahmen. Sprich, wir wurden von einem Kollegen meiner Mutter ausgeraubt. Mein bisschen Spielzeug und alles, was sonst noch von Wert war, wurden an einem Abend, während wir schliefen, aus unserer gemeinsamen Wohnung gestohlen.

Dieser Raub war der Stein des Anstoßes. Erneut wurde ich nach kurzer Aufenthaltsdauer aus meiner jetzigen Bildungsstätte herausgenommen. Umtriebig, wie meine Mutter war, sollte die Reise durch die Bundesrepublik Deutschland erneut weitergehen.

Als meine Mutter nun zwecks meiner Schulabmeldung den Direktor der Bildungsstätte in Hagen kontaktierte, gab es ein winziges, ein klitzekleines Problem. Dieses Mal wollte der gesamte Lehrkörper mich für meine Teilnahme an deren Unterricht nicht beurteilen. Diese boten meiner Mutter, unsinnigerweise auf meine Kosten, Paroli. Die gesamten Lehrkräfte verweigerten mir die Benotung meiner schulischen Leistungen. Diese Maßnahme wurde aufgrund der Kürze meiner Verweildauer an ihrer Lehranstalt innerhalb des Kollegiums getroffen. Der Leiter der Schule bot großzügig an, in meinem Zeugnis einen Hinweis über meinen erbrachten Schulbesuch aufzunehmen.

Indes hatte mein Klassenlehrer zusätzlichen Gesprächsbedarf. Meine Mutter wurde von dem Schulleiter am Ende des Entlassungsgesuchs nett gebeten, diesen in meinem Klassenraum aufzusuchen. Der motivierte Pauker war mittleren Alters. Typ ewiger großer Junge. Schlaksig, Nickelbrille, dunkelblonde, lockige kurze Haare. Mit Leib und Seele Pädagoge. Er wartete gespannt, angespannt im Klassenraum auf meine Mutter. Als sie den Raum betrat, stand er auf und schüttelte ihr freundlich ihre ihm entgegengestreckte rechte Hand.

„Sie müssen Ivonnes Mama sein. Bitte setzen Sie sich. Ich möchte ohne Umschweife gleich zur Sache kommen. Ich denke, dass dies ebenfalls in Ihrem Interesse ist. Ich habe bestürzt zur

Kenntnis genommen, dass Sie weiterziehen oder umziehen. Ich möchte Sie dringend darauf hinweisen, dass es meiner Meinung nach unverantwortlich ist, Ivonne ständig aus dem laufenden Schulunterricht zu nehmen. Ihre Tochter ist kaum in der Lage, die laufenden Lehrpläne aus den verschiedenen Bundesländern zu verarbeiten." Mit Engelszungen sprach mein Klassenlehrer auf meine Mutter ein.

„Frau Nielsen, bitte sorgen Sie im Hinblick auf Ivonnes Seelenfrieden, auf ihre Gesundheit und auf ihren angeschlagenen Gemütszustand für eine Konstante. Das Mädchen muss endlich zur Ruhe kommen."

Der Pädagoge appellierte ferner an ihre Mutterinstinkte.

„Bitte nehmen Sie Ihre rosarote Brille ab. Schauen Sie objektiv hin. Ist Ihnen schon aufgefallen, wie verzweifelt Ihre Tochter ist? Sie hat keine Freunde. Das Mädchen wird gehänselt. Kommt im Unterricht, bedingt durch die vielen Umschulungen, nicht mehr richtig mit und kann diesem aufgrund der großen Defizite nicht mehr folgen. Ihre Tochter ist hochintelligent. Es wäre schade, wenn sie nicht die Möglichkeit bekommt, ihre Hochbegabung einzusetzen. Sie ist ferner aufgrund der kurzen Verweildauer nicht in der Lage gewesen, sich in den Klassenverbund einzufügen. Dies führt zu sozialen Defiziten. Ihrer Tochter wird es, wenn Sie nicht endlich sesshaft werden, nicht möglich sein, Freundschaften zu schließen. Das arme Mädchen wird über kurz oder lang eine Bindungsunfähigkeit erleiden, um überlebensfähig zu bleiben."

Als der Schulmeister mit seinem Appell geendet hatte, stand meine Mutter auf. Bedankte sich bei diesem für das gute Gespräch. Das Gespräch, das tatsächlich eher ein Monolog als ein Dialog gewesen war.

Nachdem meine Mutter mich über das Ergebnis der Lehrerkonferenz in Kenntnis gesetzt hatte, brach für mich meine kleine Welt zusammen. Für mich fühlte sich diese kollektive

Ablehnung der Zensierung meiner schulischen Leistungen wie der Untergang der Titanic an. Angesichts meines riesengroßen Kummers über die getroffene Entscheidung meiner Lehrer ging ich total unter.

Ohne Rücksicht auf Verluste ging es für uns *back to the roots.*

Zurück zu meinen Großeltern nach Wuppertal-Langerfeld. Meine Mutter hatte mir ihre Absicht, zu unseren Ahnen zurückzukehren, einen Tag vor unserer Abreise ganz nebenbei mitgeteilt.

Großmutter, bitte, bitte nicht!

Meine Großeltern waren bereits vor unserem Überfallkommando von meiner Mutter auf den verlängerten Besuch vorgewarnt worden. Aus unserem Domizil in Hagen hatte meine Mutter Kontakt zu unseren Anverwandten aufgenommen. Sie war Tage zuvor ins vierundzwanzig Kilometer entfernte Wuppertal gereist und hatte direkt vor Ort ihre Fühler zu meinen Großeltern ausgestreckt. Erneut bat sie diese um Unterschlupf für uns. Für eine kurze bis mittelfristige, überschaubare Zeit. Ein paar Wochen vielleicht.

Da meine Mutter verzweifelt, verheult, gar fahrig vor ihnen auf der Couch in ihrem Wohnzimmer gesessen hatte, hatte sich meine im Allgemeinen eher herzlose Oma erweichen lassen und hatte sich bereit erklärt, uns beide aufs Neue bei sich aufzunehmen. So bekam ich innerhalb kurzer Zeit zum zweiten Mal das zweifelhafte Vergnügen, bei meinen Großeltern hausen zu dürfen.

Ich ginge meiner Großmutter und meinem Großvater mal wieder auf den Geist, so sprach meine Oma Wuppertal gern über meine Besuche.

Von meiner Mutter wusste ich, dass meine Großmutter meinen Opa in ganz jungen Jahren geheiratet hatte. Schon mit sechzehn Jahren wurde meine Oma das erste Mal, wahrscheinlich von ihm, schwanger. Ein Mädchen, meine Tante, wurde geboren. Um die Schande der vorehelichen Geburt möglichst gering zu halten, heirateten meine Ahnen vor der Geburt meiner Tante. Auch hatte meine Mutter mir in einem Vieraugengespräch erzählt, dass sie dem Wunsch ihrer Eltern nach ein Junge hätte werden sollen. Was wurde trotz der hohen Erwartungshaltung an ihr Geschlecht tatsächlich geboren? Ein weiteres Mädchen. Die Enttäuschung meiner Großeltern war groß. Da meine Großeltern mit meiner Mutter zum zweiten Mal einen nach eigener Aussage bezeichneten *Fehlwurf* hingelegt hatten, forderten sie die nicht willige Natur ein weiteres Mal heraus. Nach einer kurzen Schonfrist galt es augenblicklich, täglich der eigenwilligen Natur ein Schnippchen zu schlagen. Ihre unzähligen Versuche mussten unweigerlich früher oder später, lieber früher als später, von dem ersehnten Erfolg gekrönt sein. Siehe da, nach zwei weiteren nervenzerreißenden Jahren wurde der regelmäßige Sex belohnt. Ein Junge, der Thronfolger der Familie, wurde gezeugt und zur großen Freude meiner Stammesältesten neun Monate später gesund geboren. Meine Großeltern hatten tatsächlich erst aufgehört, Kinder zu produzieren, nachdem mein Onkel geboren war.

Meine Mutter glaubte nicht daran, die leibliche Tochter meines Opas Wuppertal zu sein. Diese Gedanken teilte meine Mutter mir vor einiger Zeit im Verlaufe eines Frauengespräches als Resümee ihrer Nachforschungen bezüglich ihrer Herkunft mit. Meine Oma soll den Überlieferungen nach in ihrer Jugend und als Jungmutter ein heißer Feger gewesen sein. Es wird ihr nachgesagt, dass sie nichts anbrennen ließ, und sie war, den Erzählungen nach, gerne für die eine oder andere Extrawurst zu einem Stelldichein mit jedem Mann bereit. Auch hatte meine Mutter mir dutzendfach von meiner grausamen Großmutter berichtet. Aufgrund der ausführlichen Berichterstattung meiner Mutter hatte ich zu Recht großen Respekt vor meiner Großmutter. Den Berichten meiner Mutter nach war meine Oma abgrundtief grausam zu meiner Mutter. Meine Oma hätte sich zum Beispiel zur Strafe vielmals auf ihre langen Zöpfe gestellt. Oft sei sie von ihr geschlagen worden. Ständig mit der flachen Hand. Oft so lange, bis sie blutete. Ich zog viele Parallelen zu meinen Erfahrungen mit meiner Mutter. Ich fand mich, bis auf wenige Ausnahmen, durchgängig in den grausamen Geschehnissen der Berichterstattung aus der Vergangenheit meiner Mutter wieder.

Bei unserem ersten Unterschlupf war meiner Mutter klar, dass es sich nur um wenige Tage handeln würde. Jetzt war die Lage ein wenig anders. Meine Mutter hoffte, dass es sich um ein paar Wochen handeln würde. Maximal ein bis eineinhalb Monate. Wissen tat sie es jedoch nicht.

Sie hatte ihre Taktik, ihre Strategie aufgrund der negativ gesammelten Erfahrungen und der unangenehmen Vorfälle der vergangenen Zeit während ihrer häufigen Arbeitsplatzsuche bei den von ihr ausgeführten Beschäftigungen und Tätigkeiten geändert. Jetzt wollte sie einen neuen Vater für mich finden. Suchte keine Tätigkeit, keinen Broterwerb mehr, sondern einen Mann fürs verbleibende Restleben. Einen ganzen Kerl für sich und einen Vaterersatz für mich. Das letzte Anstellungsverhältnis bei dem Sinti und der Verlust unserer wenigen Habseligkeiten in Hagen hatten erkennbare Spuren in ihrem Verhaltensmuster hinterlassen. Beide „Abenteuer" hatten ihr Fass zum Überlaufen gebracht. Somit der Sinneswandel. Meine Mutter kaufte konsequenterweise andere Revolverblätter ein. Solche, in denen Mannsbilder und Weibsbilder Kontakt- und Heiratsanzeigen inserierten.

Desgleichen gab meine Mutter Suchanzeigen in diversen einschlägigen Schmierblättern auf. Sie ging nach dem Erscheinen ihrer Annoncen in regelmäßigen Abständen zu den Blätterwäldern, in denen sie ihre Inserate unter Chiffre geschaltet hatte. Aus den heiligen Mauern der unseriösen Redaktionen holte sie die vielen schleimigen, total egozentrischen, komplett überschätzten Selbstdarstellungen der Männer, die ihr geschrieben hatten, zweimal wöchentlich ab. Immer wenn meine Mutter erneut einen großen Schwung verschiedenster Zuschriften eingesackt hatte, ging es in der Wohnung meiner

Großeltern rund. Sodann musste ich mich mit meiner Mutter an den großen Schreibtisch meines Großvaters setzen, und zu zweit sichteten und zensierten wir die vielen Bilder und Briefe der Interessenten. Es gab interessante und weniger interessante Männer zu bestaunen. Meine Mutter hatte ausschließlich um Bildzuschriften gebeten. Da galt es für uns, eine Menge Bildmaterial zu sichten.

„Schau mal, Ivonne, ist dieser Mann nichts für uns?", fragte meine Mutter mich an einem „Besichtigungstag" und zeigte mir strahlend einen Schönling.

„Nein, Mama", antwortete ich ihr.

„Der ist zu hübsch. Schau dir Papa an. Der ist ebenfalls hübsch. Schöne Männer hast du nicht für dich alleine", gab ich meiner Mutter altklug zu bedenken.

Einige der Bewerber sahen freundlich aus. Immerhin suchte ich einen künftigen Ersatzpapa für mich. Gerne einen, der Kinder hatte. Am liebsten einen mit Kindern und einem Hund. Gezielt sichtete ich die Anwärter entsprechend. Bei den vielen Zuschriften kamen fünf Kandidaten in die engere Wahl.

Ein einziger, unglaublich heißer Favorit war am Start. Der Schnappschuss, den er dem Brief an meine Mutter beigelegt hatte, sah vielversprechend aus. Geradezu einladend. Das Foto zeigte einen dunkelhaarigen Mann mit einer gepflegten Kurzhaarfrisur. Er könnte eine Mogelpackung sein. Dennoch, er hatte das gewisse Etwas. Eine ausgesprochen positive Aura umgab ihn. Konnte dieses Foto lügen? Ich hoffte sehr, dass es das nicht tat.

Vor ihm tobten zwei Kinder. Ein kleiner Junge und ein um ein paar Jahre älteres Mädchen in meinem Alter. Aufgenommen wurde diese Aufnahme vor einem roten Reihenhaus. Bei schönstem Sonnenschein und blauem Himmel auf einer grünen Blumenwiese. Es lag zur Abrundung seines Profils ein kleiner, moppeliger roter Langhaardackel auf der Wiese. Wie idyllisch. Einfach perfekt!

„Mama, schau mal. Der Mann, der sieht total lieb aus und er hat zwei Kinder! Einen Jungen und ein Mädchen. Endlich Geschwister für mich. Hurra! Hör mal, das Beste kommt zum Schluss: Sogar einen Hund hat er. Den solltest du kennenlernen. Schreib ihm. Besser: telefoniere mit ihm. Dann wirst du sehen, ob er eine Spur zu viel, zu wenig oder haargenau richtig für uns ist."

Der sympathisch aussehende Mann hieß Jacob Kugelblitz. War Witwer. Seine Kinder hießen Marc und Anuschka. Marc war fünf Jahre jünger als ich. Gerade erst vier. Anuschka war neun. Wir waren gleich alt, na ja, fast, Anuschka war gut drei Monate älter als ich. Den Hund hatte die Familie Waldi getauft. Was für ein toller Name für einen Langhaardackel! Der nett aussehende Mann mit seinen beiden Kindern und dem dazugehörigen Dackel war mit Sicherheit eine gute Partie, wie meine Mutter gerne zu sagen pflegte. Der einzige Wermutstropfen war, dass diese kleine Sippe weit oben im Norden Deutschlands, kurz vor der dänischen Grenze, wohnte. An der Ostsee. In Schilksee. Das war von uns eine überdimensionale Entfernung von schlappen fünfhundert Kilometern. Also nicht mal kurz ums Eck.

„Ivonne, die wohnen in einem Dorf in Schleswig-Holstein. Das ist über fünfhundert Kilometer von uns entfernt. Ob er tatsächlich Interesse an uns hat?"

„Mama, wenn er kein Interesse gehabt hätte, hätte er nicht auf deine Anzeige geantwortet. Also, papperlapapp!", gab ich meiner Mutter kess zur Antwort.

Meine Mutter beantwortete die Zuschrift von Jacob Kugelblitz umgehend nach unserer Einigung. So kam es, dass ich mit meiner Männerauswahl unser beider Schicksale besiegelte.

Jacob und meine Mutter verabredeten sich für das übernächste Wochenende.

Zu einem Candle-Light-Dinner in Wuppertal-Barmen.

Jacob wollte dafür seine beiden Kinder zu ihrer Oma verfrachten und einen Sitter für seinen Hund organisieren. Sodann würde er sich vorstellen kommen. Ich erwartete das „Meet & Greet"-Wochenende aufgeregt. Wie mochte er im wirklichen Leben aussehen? War er tatsächlich so nett, wie er auf dem Hochglanzfoto mit seinen Kindern und dem Hund rüberkam? Vielleicht brachte er seine Kinder ja doch mit? Hoffentlich fand er keine „Parkmöglichkeit" für die beiden! Was mochte er zu mir, der Tochter meiner Mutter, sagen? Fand er mich nett? Wie fand er meine Mutter? Fand er sie nett? Verliebte er sich in sie? Alles Fragen über Fragen, mit denen ich mich bis zu dem Marktwert-Test-Wochenende herumschlug. Bis dahin war noch Zeit.

Diese galt es, zu überbrücken. Meine Mutter wollte sich bis dahin noch auf dem einen oder anderen weiteren Parkett tummeln. Nach dem Prinzip: festhalten und weitersuchen. Zweimal in der Woche ging sie offiziell tanzen. Wenn meine Mutter das Nest meiner Ahnen verließ, durfte ich mein Zimmer nicht verlassen. Meine Großeltern, explizit meine Oma, wollten nicht, dass ich in ihrer Behausung frei herumlief. Noch schlimmer, sie hatte Panik. Sie hatte Angst, dass ich das Gefühl nach Zuwendung und Dreisamkeit in mir verspüren könnte. Gar zu diesem Bestreben Kontakt zu ihr aufnehmen würde. Somit blieb ich, sobald meine Mutter das Minenfeld geräumt hatte, mutterseelenallein in der Residenz meiner Großeltern zurück. Mir wurde von meiner Großmutter einzig und ausschließlich zum Erledigen meiner Notdurft gestattet, mein Zimmer zu verlassen.

An dem Tagesende eines so besagten Tages war alles anders. Ich war aufgewühlt, spürte eine große innere Unruhe. Ich fühlte mich grundsätzlich flau, entwurzelt, schutzlos in dem Bunker meiner Großeltern. Ich bat meine Mutter unter Tränen inständig, mich nicht alleine zu lassen. An diesem Abend nicht tanzen zu gehen. Vergebens. Rums!, machte es. Meine Mutter war abgerauscht. Sekunden später hörte ich ihre Schritte in Richtung Hauseingang verhallen. An diesem Abend hatte ich die Rechnung ohne meine Großmutter gemacht. Diese musste sich über ihre ungebetenen, unerwünschten Mitbewohner zuvor fürchterlich geärgert haben. Kaum war die Wohnungstür hinter meiner Mutter ins Schloss gefallen, kam meine Oma wie ein angestochenes Stachelschwein aus ihrem Wohnzimmer gerannt. Wutentbrannt, direkt auf mich zu. Ich stand wie angewurzelt weinend und schluchzend im Flur direkt hinter der Wohnungstür und hoffte inständig, dass meine Mutter sich durch mein Jammern doch noch erweichen lassen würde. Sie eine Kehrtwendung machte und zu mir zurückkäme.

Plötzlich brüllte meine Großmutter, die nunmehr direkt vor mir stand, mich lauthals an: „Wenn du nicht augenblicklich aufhörst zu heulen und zu jammern, wirst du was erleben! Also hör lieber auf, sonst gnade dir Gott. Sieh zu, dass du dich in euer Zimmer begibst. Du weißt, du hast, wenn deine Mutter nicht in der Wohnung ist, außerhalb eures Zimmers in meiner Wohnung nichts zu suchen. Ich verbiete dir, in meiner Wohnung alleine herumzuspazieren!"

Ich konnte nicht aufhören zu weinen. Ich versuchte es, doch es wollte nicht klappen. Bisher hatte ich mich nicht weiter als ein paar Zentimeter von der Wohnungseingangstür fortbewegt. Meine Füße machten nicht das, was ich ihnen befahl. Ich fühlte mich nicht gut. Es ging mir schlecht. Verstand das meine Großmutter nicht? Statt mich in ihre Arme zu nehmen, mich zu trösten, schrie sie mich weiterhin lautstark an.

„Du Rotzgöre, du hörst nicht auf zu heulen? Du gehst jetzt in das Badezimmer und legst dich in die Wanne. Ich mache, wenn du in der Badewanne liegst, das Licht aus. Wenn du nicht augenblicklich still bist, kommt der Buschemann und holt dich ab!“, fauchte sie mich wutentbrannt an. Ihre Stimmlage duldete nicht den geringsten Widerspruch, ihre Gestik, ihre Mimik nicht den mindesten Widerstand.

Schon zerrte meine Oma mich in ihr Badezimmer. In ihre Badestube, die kein Fenster, stattdessen eine Lüftung hatte. Diese sprang laut an, wenn man den Lichtschalter, der an der Außenwand rechts neben dem Türeingang angebracht war, anknipste. Die, nachdem man sie ausgestellt hatte, Sekunden nachlief, um am Ende leise auszulaufen. Meine Oma machte, nachdem sie mich in ihren Baderaum verfrachtet hatte, tatsächlich das Licht aus. Erinnerte mich hinter der abgeschlossenen Badezimmertür daran, dass, wenn ich nicht auf der Stelle ruhig werden würde, der Buschemann käme. Dieser würde mich holen und bei lebendigem Leibe auffressen.

Bei meinem unfreiwilligen Besuch, der Unterbringung und Verwahrung meiner Person in dem Bad meiner Großeltern, hatte ich ein Déjà-vu-Erlebnis. Prompt fing ich laut an zu schreien. Ohne ein Anzeichen einer Vorankündigung. Durch die harten Worte, das Gebrüll und die Taten meiner Oma war ich in eine Panik verfallen. Ich hatte eine Heidenangst und war wie von Sinnen. Schrie und schrie. Mit dem Tränenmeer, das ich vergoss, hätte man gefühlt einen Fünfliterwassereimer füllen können. Selbst der von meiner Oma herbeigerufene Opa, der die Badezimmertür zu meinem großen Bedauern nicht aufschloss, um mir beizustehen, mich nicht aus meinem dunklen Gefängnis befreien kam, konnte mich nicht durch die verschlossene Badezimmertür beruhigen.

„Ivonne, bitte sei ruhig. Leg dich hin. Wenn die Mama kommt, kannst du sofort rauskommen. Aber bitte, bitte sei jetzt ruhig. Mach die Oma nicht wütender. Reize sie nicht weiter“, versuchte mein Opa mit einer Stimm- und Tonlage, einer Engelsstimme gleich, wieder Oberwasser zu gewinnen. In seiner Stimme hörte ich die Sorge um mich.

Laut Aussage meiner Mutter schlug meine Großmutter meinen Großvater. Er war ebenso ein Opfer wie ich. Für mich gab es verständlicherweise ausschließlich ein Ziel: Raus aus meinem dunklen, kalten Loch. Raus aus der kalten Badewanne. Raus aus dem kalten dunklen Badezimmer. Raus aus der tiefen Dunkelheit. Ich sah nicht einmal die Hand vor meinen Augen.

Kein Lichtstrahl lugte unter dem Türschlitz durch. Nichts! Ich hatte große Angst und Panik vor dem Buschemann. Eine unfassbare Panik, von diesem lebendig gefressen zu werden. Wollte in meinem gesamten Leben nie wieder in einer Badewanne übernachten müssen.

Mein Geschrei war bis auf die Straße zu hören. Meine Mutter stand nach gefühlten Stunden vor meiner verschlossenen Badezimmertür. Objektiv gemessen waren nicht mehr als fünfzehn Minuten vergangen. Meine Mutter wies umgehend nach dem Eintritt in die Wohnung meiner Großeltern meine Oma an, die abgeschlossene Badezimmertür aufzuschließen. Befreite mich aus meinem dunklen, kalten Gefängnis. Wortlos ging sie mit mir an ihrer rechten Hand in unser gemeinsames Zimmer und legte sich mit mir aufs Bett. Wir kuschelten.

„Ivonne, ich verspreche dir, dass das, was dir heute widerfahren ist, sich zu keinem Zeitpunkt unseres Aufenthaltes wiederholen wird. Ich lasse dich nicht mehr mit Oma und Opa alleine. Sie werden dir nichts mehr tun können. Versprochen."

Ich war von meiner langen Schreierei müde und erschöpft. Unter den tröstenden warmen Worten meiner Mutter schlief ich zufrieden und sanft ein.

Das große Treffen kam. Jacob Kugelblitz wurde an dem besagten Samstag erwartungsvoll von meiner Mutter und mir herbeigesehnt. Es klingelte pünktlich zum vereinbarten Besichtigungstermin um vierzehn Uhr. Der von mir ausgewählte Traumprinz, Jacob Kugelblitz, klingelte stürmisch. Meine Mutter öffnete - aufgeregt wie eine Jungfrau vor ihrer anstehenden Entjungferung - die Wohnungstür meiner Großeltern. Sie hatte sich zur Auffrischung ihrer äußeren Schale einige Stunden Zeit genommen. Beide Verabredeten waren auf das Antlitz des anderen gespannt wie ein Flitzebogen vor dem Abschuss seines Pfeils. Da stand er nun. Ihre Traumgestalt. Geschniegelt an der Eingangstür zur Wohnung meiner Großeltern. Zu meinem außerordentlichen Bedauern allein.

In der Wohnungstür stand ein nett aussehender, bis über beide Ohren strahlender Mann. Ende dreißig, mittelgroß. Eher kräftig. Dunkelhaarig, mit vollem Deckhaar. Eine wie von mir befürchtete Mogelpackung war er für mich nicht. Die letzte Kontrolle konnte zu guter Letzt ausschließlich von meiner Mutter vorgenommen werden. Der Traumprinz brachte für meine Mutter und meine Großmutter einen Blumenstrauß mit. Mir überreichte er einen kleinen Nippes. Aber das war in Ordnung. Er hatte auf jeden Fall an mich gedacht. Nach dem förmlichen Kaffeetrinken mit und bei seinen Schwiegereltern in spe wollten Jacob Kugelblitz und meine Mutter sich in aller Ruhe beschnuppern. Für dieses Vorhaben galt es, die Flucht nach vorne anzutreten, sprich, die heiligen Hallen zu verlassen. Meine Mutter fragte ihre Eltern, ob sie sich während ihrer Abwesenheit gut um mich kümmern würden. Der Unterton, den diese Frage mit sich führte, war trotz aller Ignoranz- und Verdrängungskünste meiner Großeltern nicht zu überhören. Artig bejahten diese gehorsam kopfnickend die von meiner Mutter an sie gerichtete Frage. Mich überkam in diesem Moment ein ungutes Gefühl. Ich fühlte mich rettungslos ausgeliefert. Hatte mir meine Mutter nicht hoch und heilig versprochen, mich nicht mehr mit meinen Großeltern in der Wohnung alleine zu lassen? *Versprechen und nicht halten passiert bei Jungen und*

Alten, dachte ich ängstlich und enttäuscht. Ich war auf das Schlimmste vorbereitet.

In der Tat hatte ich an diesem Tag jedoch nichts zu befürchten. Zu meiner großen Überraschung durfte ich meines Großvaters spärliche Haarpracht mit der harten Drahtbürste kämmen. Durfte meiner Großmutter, die Schneiderin von Beruf war, beim Nähen zusehen. Durfte meiner Oma dann und wann beim Ankurbeln der alten Nähmaschine und zu guter Letzt beim Einfädeln der Nähmaschinennadeln helfen. Die Zeit der Abwesenheit meiner Mutter verging wie im Fluge. Sie kam bestens gelaunt und leicht beschwipst in die Residenz meiner Großeltern zurück. Meine Mutter erzählte uns annähernd alles über das Treffen. Sie war merklich Feuer und Flamme für ihren Bräutigam in spe. Hatte sie einer von Cupidos Pfeilen tatsächlich getroffen? Oder war ihr dringlicher Wunsch der Vater ihrer Gedanken? Erlag meine Mutter, wie nicht zum ersten Mal in ihrem Leben, einem entfachten Strohfeuer?

Jacob und meine Mutter waren sich auf Anhieb sympathisch. Die beiden konnten sich eine gemeinsame Zukunft gut vorstellen. Er war nicht ihr Märchenprinz aus ihren Kleinmädchenträumen. Doch er versprach eine Erwachsenenliebe. Kleines eigenes Schlösschen zur Abrundung des gut situierten Gesamteindrucks inklusive. Zur Kompatibilitätsprüfung sollten meine Mutter und ich in naher Zukunft zu ihm an die Ostsee reisen. Zur Feier ihrer gemeinsam angedachten Zukunft schnabulierten die beiden frisch Verliebten das eine oder andere Sektchen. Irrsinnigerweise führte das Schicksal uns explizit zu dem Ort, an dem mein Vater seine jetzige Spielgefährtin kennengelernt hatte. Nach Schleswig-Holstein. Nur wenige Kilometer von Kiel, dem letzten Aufenthaltsort der Ehebrecherin Brunhilde, entfernt.

Zu unserem Testlauf ging es an die Ostsee. An die Kieler Förde. In das kleine Dorf Schilksee. In Schilksee wollte man versuchen, die Patchworkfamilie zu einer Einheit zu vereinen. Aus zwei kleinen Familien wollte man im günstigsten Fall eine große zusammenschweißen.

Endstation Hoffnung

Meine Mutter agierte frei nach dem Motto: Wo Geld ist, kann wahrhaftig Liebe sein. Beziehungsweise: Kann er ein Kunststück oder hat er ein Grundstück?

Unter dieser Prämisse fand die Liebe meiner Mutter den Weg zu Jacob Kugelblitz.

Wir wurden neun Tage nach dem ersten Zusammentreffen Jacobs und meiner Mutter von Jacob Kugelblitz aus Wuppertal abgeholt. Er fuhr und besaß einen blitzeblanken, ultrahochglanzpolierten gelben Renault. Viel hatten wir nicht in seinem Gefährt zu verstauen. Durch unsere ständigen Fluchten und vielen negativen Gegebenheiten waren wir mittellos.

Nach einer Spritztour von mehr als sechs Stunden landeten wir erwartungsvoll in dem Ort unseres neuen Wohnsitzes. Jacob fuhr in eine ruhige Seitenstraße und hielt vor einem Block mit roten Reihenhäusern das Auto an. An diesem idyllischen Ort war jetzt demzufolge unser neues Heim. In meinem Bauch fing es an zu kribbeln. Wo waren Jacobs Kinder? Anuschka und Marc? Wo war der Langhaardackel Waldi?

Jacobs Kinder warteten hibbelig und gespannt in dem Haus – wie ich vor dem Haus. Als Jacob die Haustür des roten Reihenhauses aufschloss, kamen die beiden aufgeregt aus dem Haus gelaufen. Hinter den beiden erschien eine ältere Dame.

„Ich bin die Schwiegermutter, die Mutter von Jacobs verstorbener Frau und die Oma der beiden Racker“, stellte sich uns eine ältere, stämmige, komplett ergraute Lady mit einer Wasserwellenfrisur in einem bunten Kittelkleid vor. Die alte Dame reichte sowohl meiner Mutter als auch mir höflich und reserviert ihre rechte Hand zum Gruß. Der Hund Waldi tobte im Garten hinter dem Haus. Er kam sofort angelaufen, als man ihn rief. Er war komplett aus dem Häuschen. Piescherte vor Freude über den für ihn unerwarteten Besuch in der zum Glück gefliesten Diele.

Wer wohl den Schweinkram wegmachen wird?, ging mir bei dem Anblick der gelben Pfütze durch meinen Kopf.

„Kommt, ich zeige euch mein Haus. Danach können wir uns ich gehe davon aus, dass ihr mögt – in den Garten auf die Terrasse setzen und einen kleinen Snack zu uns nehmen", sagte Jacob und löste die kleine Meute im Flur auf. Er zeigte meiner Mutter und mir stolz sein spießiges, neunzig Quadratmeter kleines, zweckmäßiges Domizil zuzüglich Nutzräumen. Seine drei Sippenmitglieder verzogen sich derweil auf die kleine Terrasse. Das Erdgeschoss bestand aus einem großen Wohnraum mit einer Durchreiche zur Küche. Fasziniert war ich von einem riesigen Süßwasseraquarium mit einer Füllmenge von 400 Litern. Wunderschön bepflanzt und mit einem ordentlichen Fischbestand gefüllt. Das Becken nahm gut ein Viertel des Raumes ein. Es stand an der hinteren Wohnzimmerwand. Auffällig war auch der für das Zimmer ebenfalls zu groß geratene Wohnzimmerschrank, der an der gegenüberliegenden Wandseite seinen Platz gefunden hatte. Um jedwedem Klischee gerecht zu werden, war dieser aus deutscher Eiche getischlert und rustikal gebeizt. Von dem Wohnzimmer aus führte eine Terrassentür auf das kleine Grundstück. Da es sich um ein Reihenmittelhaus handelte, waren bei unserer Ankunft rechts und links von Jacobs Haus weitere Eigentümer auf ihrer Terrasse versammelt.

„Bloß nichts von dem fremden Damenbesuch entgehen lassen" war wohl deren Devise.

Die Küche war klein. Platz zum Sitzen hatte man nicht. Möbliert war sie einzig mit einer grünen Küchenzeile. Kein Tisch, keine Stühle. Gegessen wurde an einem Tisch in der guten Stube. Im Erdgeschoss befand sich noch ein winziges Gäste-WC. Die

Toilette war viel zu groß für den kleinen Raum. Eine schmale, leicht gewendelte Treppe mit bedenklich schmalen Stufen führte in die erste Etage. Vom Treppenaufgang aus gesehen links lag Anuschkas Zimmer. Ihr Zimmer war mädchengerecht eingerichtet. Poster einer beharrlich gegen ihre vielen Mitbewerber resistenten großen deutschen Jugendzeitschrift hingen an den Wänden. The T-Rex, The Sweet, The Slate, The Deep Purple.

Gar nicht schlecht, guter Musikgeschmack, dachte ich mir bei dem Anblick der Poster. Es war alles da, was ein Mädchen in meinem Alter glücklich machte. Anuschka war ein paar Tage zuvor zehn Jahre alt geworden. Aus diesem Grund stand noch das eine oder andere Geschenk in ihrem Zimmer herum. Ansonsten war es ausgesprochen aufgeräumt.

Links, neben Anuschkas Zimmer, befand sich Jacobs Schlafgemach. Gegenüber dem Treppenaufgang, rechts neben dem Schlafzimmer, war die Jungenbude, das Zimmer des kleinen Marc untergebracht. Dieses Zimmer war ein Klein-Männer-Traum. Zwar war der Raum deutlich kleiner als Anuschkas Gelass, reichte jedoch absolut aus.

Eine Autorennbahn war vor Marcs Bett aufgebaut. Diese wurde dem visuellen Anschein nach viel befahren. Die Bahn wies, gut sichtbar, erhebliche Gebrauchsspuren auf. Drei Joysticks und acht, zum Teil geschrottete Autos lagen neben der viel befahrenen Autorennbahn.

Neben Marcs Zimmer lag das Badezimmer. Dunkelgrün gefliest. Bestückt war es mit einem großen weißen Waschbecken. Über diesem hing ein ebenso riesiger weißer Spiegelschrank aus Plastik. Die zusätzliche Einrichtung bestand aus einer weißen Toilette und einer ebenfalls weißen Badewanne. Diese lud zum Verweilen, zur totalen Entspannung ein. Das Bad war klein, spartanisch, zweckmäßig.

„Wo sollen wir schlafen?“, fragte ich Jacob irritiert. Wenn ich richtig zählen konnte, hatte ich insgesamt genau vier Zimmer errechnen können. Diese waren an die in dem Haus dauerhaft befindlichen und einquartierten Bewohner vergeben. Jacob, mein unter Umständen eventueller Stiefvater, antwortete wie aus der Pistole geschossen:

„Ich habe mir gedacht, dass ich euch in Anuschkas guter Stube unterbringe. Anuschka und Marc nächtigen zusammen in meinem Schlafzimmer, und ich gehe in Marcs Zimmer. Das Ganze ist zwar ein Kuddelmuddel, doch ich denke, dass es unter den gegebenen Umständen für den Anfang das Beste ist. Dann, in ein paar Tagen, sehen wir weiter. Aber lasst uns noch in den Keller gehen. Dieses Haus ist komplett unterkellert“, klärte Jacob meine Mutter und mich stolz auf.

Also setzte sich unser kleiner Konvoi erneut in Bewegung. Wir gingen in den Keller. Es gab im Haus tatsächlich drei Kellerräume. Einen Wäsche-, einen Vorrats- und einen Heizungsraum. Mit der Führung des Kellers war die Sightseeingtour durch sein Haus abgeschlossen. Die zusammengewürfelte Nachkommenschaft konnte sich in Ruhe beschnuppern. Doch nicht nur wir, die Kurzen, hatten Zeit, uns intensiver kennenzulernen. Jacobs Schwiegermutter war ausgesprochen neugierig. Platzte vor Wissbegierde wie eine Bockwurst, die in einem Kochtopf mit heißem Wasser vergessen worden war. Sie wollte meiner Mutter auf jeden Fall auf den Zahn fühlen. Immerhin sollte oder wollte diese fremde Frau den Platz an der Seite des Mannes ihrer verstorbenen Tochter und ihren beiden Enkelkindern einnehmen. Die Erwachsenen setzten sich auf die Terrasse, um den angekündigten Snack einzunehmen. Eigens für die Gäste gab es selbst gebackenen Kuchen. Dieser konnte mit einer Menge frisch gebrühtem Kaffee hinuntergespült werden.

Platz genommen wurde auf den hochglanzpolierten blauen Gartenstühlen, die extra zum Empfang der neuen Mischpoke auf die kleine Terrasse gestellt worden waren. Scheu beantwortete meine Mutter die an sie gerichteten Fragen von Jacobs

Schwiegermutter. Diese Frau wurde nicht müde, meine Mutter zu interviewen. Meine Mutter stillte deren Neugierde ungerne. Sie stellte keinerlei Recherchen an. Sie war der Meinung, dass ihre offenen Fragen sich ohnehin im Laufe der Zeit von selbst beantworten würden. Wir drei Rangen beschnupperten uns und mochten uns auf Anhieb. Zumindest von unserer Seite war die bestmögliche Voraussetzung für ein glückliches Happy End gegeben …

Eine Woche nachdem wir das kleine Reihenhaus belegt hatten, musste ich den nächsten großen Schritt machen. Mir stand erneut eine Umschulung bevor. Die Schule befand sich in dem Zentrum des Ortskerns. Diesmal war das gesamte Prozedere nicht schlimm. Anuschka und ich nahmen an, dass ich in dieselbe Klasse wie sie eingestuft würde und wir somit künftig unseren Schulweg gemeinsam bestreiten könnten. An dem besagten Montag ging ich nunmehr hoffentlich der letzten Umschulung in meinem kurzen Leben entgegen. Freudig ging ich mit Anuschka und meiner Mutter zum Direktor der Schule. Dieser nahm die Umschulung vor. Tatsächlich wurde ich, wie erhofft, mit Anuschka in eine Klasse gesetzt. Meine neue Verwandte machte darüber hinaus den Platz neben sich frei. Unsere gemeinsame Freude hielt zu unserem Bedauern nur drei Wochen an. Das Defizit, das ich durch meine ständigen Umschulungen aufwies, war zu groß. Die weisen Pädagogen beriefen einzig anlässlich meiner Wissenslücken eine Sonderkonferenz ein. Sie waren sich nach der Lage der Dinge im Klaren, dass ich es einfacher hätte, wenn ich eine Klassenstufe zurückgesetzt würde. So kam es, wie es kommen musste, und ich musste die Klassenstufe wiederholen. Mir sollte somit der Glücksfall zuteilwerden, die Lücken, die ich aufwies, schließen zu können. Man wollte mich nicht unverantwortlicherweise in eine Klassenstufe höher setzen, um mir nicht die Chancen auf gutes Beweismaterial meiner künftigen, vermutlich hervorragenden Noten und Leistungen zu verwehren. Für mich ging die Erde auf. Ich versank metertief in den Erdboden. Der Traum eines gemeinsamen Schulweges war mit dem getroffenen Votum der Lehrkräfte ausgeträumt. Unsere gemeinsame Traumblase war geplatzt! Für Tage war ich nicht mehr ansprechbar. Für diesen *Glücksfall* der Klassenwiederholung gab ich mir die Schuld. War ich geistig zu beschränkt für diese Welt? War ich in der Vergangenheit zu faul zum Lernen gewesen? War ich zu phlegmatisch mit dem Geschenk des vermittelten Wissens durch die unterschiedlichsten Lehrkörper umgegangen? Hätte ich an den neun besuchten Schulen – inklusive der Schulbesuche in meiner Heimat – Verschiedenes besser oder gar anders machen können?

Warum? Warum konnte ich nicht mit meiner hoffentlich zukünftigen Schwester in eine Klasse gehen?

Warum taten mir die Lehrer diese Schande an?

Hättest du Dummbratze in den Schulen besser aufpassen müssen!, schalt ich mich. Einzig Anuschka versuchte, mich zu trösten. Nichtsdestotrotz fand sie nicht die richtigen Worte und konnte nicht zu mir vordringen. Was wusste Anuschka schon von der Zeit vor der Zeit? Ich schämte mich fürchterlich für die Zeit vor der Zeit. Behielt aus diesem Grund alles Gewesene, alles bisher Erlebte für mich. Wie viele Male zuvor war ich in meinem kurzen Leben erneut auf mich allein gestellt.

Nach einer vierwöchigen Familienintegrationsphase wollten es Jacob und meine Mutter wissen. Trotz der Reibereien innerhalb der Equipe, trotz der negativen Tendenzen, trotz besseren Wissens bezogen die beiden Jacobs Schlafzimmer. Fortan schlief ich mit Anuschka in deren Zimmer. Die Ärmste musste Platz schaffen, um ihre neue Familienangehörige in ihrem Gemach zu beherbergen. Der kleine Marc durfte zu seinem großen Glück allein in seinem Zimmer residieren.

Es war nunmehr der 25. Mai 1971. Mein zehnter Geburtstag. Nach der kurzen Verweildauer in meinem neuen Loft hatte ich keine Zeit gehabt, Mädchen aus dem Dorf, aus meiner neuen Schule, meiner Klasse zum *Freundschaftschließen* zu finden. Meine Mutter und ich waren seit fünf Wochen in unserem neuen Zuhause. Um meinen Geburtstag nicht nur im Familienkreis feiern zu müssen, lud ich zwei Mädchen aus meiner neuen Klasse zu meiner Geburtstagsfeier ein. Hanna und Dagmar. Trotz meiner negativen Erwartungen, die ich an meine Geburtstagsfeier hatte, wurde es eine richtig nette Feier. Für einen Tag war ich selig. Mein genetischer Vater hatte mir eine Karte geschickt und Geld geschenkt. Leider rief er nicht an, um mir zu gratulieren. *Gewiss hat er einen wichtigen Termin*, sinnierte ich.

Das Zusammenleben erwies sich im Laufe der Zeit schwieriger, als zunächst von Jacob und meiner Mutter angenommen. Beide waren mit der Enge der Wohnsituation, dem begrenzten Equipment und mit der großen Verantwortung einer Patchworkfamilie hoffnungslos überfordert. Ihr Nervenkostüm war oftmals dünner als eine filtrierte Sashimi-Scheibe. Ständig gab es Reibereien.

Zum Beispiel konnte ich mich mit Jacobs Regelwerk gar nicht anfreunden. Hatte ich Hunger und ging an den Kühlschrank, um mir Essbares herauszunehmen, war das ohne Erlaubnis ein großer Fehler! Ich musste zunächst Jacob um Erlaubnis bitten. Hatte ich Durst und wollte meinen Durst durch das Entnehmen einer alkoholfreien Flüssigkeit stillen … ging nicht! Ich musste erst um Erlaubnis zur Entnahme bitten. Obst ohne Jacobs Erlaubnis aus der Obstschale nehmen? Verboten, erst fragen! Süßigkeiten aus dem Schrank nehmen? Verboten, erst fragen! Wenn ich die unterschiedlichen Aufbewahrungsorte der jeweiligen Lebensmittel, ohne vorher einen im Haus lebenden Erwachsenen um Erlaubnis gebeten zu haben, aufsuchte, um mich zu bedienen, war das ein klarer Regelverstoß. Dass dies dem Stillen meines Hungers, eventuell meines Appetits galt, war einzig mein Problem. War bei Regelverstoß definitiv ein Schuss ins Abseits. Jacob schaute mich jedes Mal, so er diesen Regelverstoß mitbekam, bitterböse mit Funkeln und Blitzen in seinen Augen an. Wiederholter Regelverstoß führte zu einer Disziplinarstrafe. Diesbezüglich suchte Jacob den Kontakt zu meiner Mutter und forderte sie zickig auf, gegen mich einen Platzverweis auszusprechen.

„Renate, sprich bitte mit deiner Tochter. Sag ihr, dass es in diesem Haus Regeln gibt. Ich möchte, dass sie fragt, bevor sie sich ihren Mund mit Proviant aus *meinem* Kühlschrank vollstopft. Diese Regel gilt auch für die unerlaubte Entnahme aus meinen anderen Schränken und ebenso für Essbares aus dem Vorratskeller. Sie kann von mir aus getrost dich um Erlaubnis bitten, wenn sie bei mir eine Hemmschwelle hat.

Fragen kostet sogar deine Tochter nichts. Ich möchte dich bitten, sie bei Nichtbeachtung entsprechend zu bestrafen."

Ein anderes Mal hörte ich Jacob an meine Mutter appellieren:

„Sag deiner Tochter bitte, sie möchte fragen, bevor sie sich Brot aus *meinem* Brotkasten nimmt."

Unfassbarerweise hatte Jacob mir gegenüber zu keiner Zeit unseres Zusammenlebens eine Disziplinarstrafe ausgesprochen. Meine Mutter sprach mich wenige Tage später, der Bitte Jacobs folgend, an:

„Ivonne, Jacob möchte nicht, dass du, ohne ihn oder mich gefragt zu haben, an seine Schränke gehst. Dies betrifft den Kühlschrank, die Vorratsschränke und den Vorratskeller. Frag bitte künftig, bevor du dir etwas zu essen aus einem der

Schränke oder aus dem Keller nimmst. Befolge diese Bitte und dann haben wir künftig unsere Ruhe vor Jacobs Entrüstungsstürmen."

Die vielen Verbote zur Beschaffung der Wegzehrungen und die damit verbundenen permanenten Gesuche zur Freischaltung der Fressalien brauchte ich so dringend wie ein drittes Bein oder ein zweites Arschloch.

„Warum sagt er mir das nicht selbst?", fragte ich meine Mutter genervt.

Meine Mutter sah mich verwundert an. Erwiderte auf meine Frage nichts. Sie drehte sich kommentarlos auf ihrem Hausschuhabsatz um und blieb mir eine Antwort schuldig.

Meine Eltern wurden am 8. Juni 1971, vierzehn Tage nach meinem zehnten Geburtstag, auf dem Amtsgericht in Hagen geschieden. Ihre legitimierte Partnerschaft wurde sinnbildlich nach elf Jahren Lebensdauer zu Grabe getragen. Die Anwesenheit der beiden Streithähne war inklusive meiner Person erforderlich. Meine Mutter und ich wurden ins Gericht bestellt. Der Ladung des Gerichts folgend, mussten wir eine Reise nach Hagen antreten. In der Sache ging es um das Sorgerecht für mich. Mein Aufenthaltsbestimmungsrecht war bisher noch nicht geklärt. Am Tag des offiziellen Beziehungsendes meiner Eltern musste ich auf dem Amtsgericht Hagen in der Abteilung für Familiensachen vor einer Richterin festlegen, bei welchem meiner beiden Elternteile ich künftig den Rest meiner Kindertage, ferner meine künftige Jugend verbringen wollte. Ich wurde gezwungen, zwischen meinen beiden Elternteilen zu wählen. Zu wählen, bei wem ich künftig leben und wem ich in regelmäßigen Abständen meine Aufwartung machen wollte. Ich stand unter Druck wie ein kurz vor der Explosion stehender Schnellkochtopf. Zudem hatte ich tatsächlich keine Ahnung, für wen ich mich entscheiden sollte. Der Kopf sagte

Mutter, das Herz sagte Vater. Was war richtig, was war falsch? Meine Mutter unterzog mich Wochen vor dem Gerichtstermin nahezu täglich einer *Gehirnwäsche.*

Meine Mutter suggerierte mir, dass mein Vater mit mir als Dauereinrichtung in seiner Wohnung nichts anzufangen wüsste. Unablässig redete sie mir ein:

„Dein Vater möchte dich nicht tagaus, tagein um sich haben. Brunhilde und er möchten eigene Kinder bekommen, dann wärst du ihnen definitiv im Weg. Vielleicht stecken sie dich, wenn sie nicht mit dir klarkommen, in ein Heim. Zur Stippvisite kannst du gern bei ihnen aufschlagen. Das ist für sie in Ordnung. Doch sind die beiden froh, wahrscheinlich sogar erleichtert, wenn du abreist. Überlege dir gut, wo du leben möchtest. Bei mir weißt du, was du hast. Was du bei ihm vorfindest, weißt du nicht."

Ich hatte eine Heidenangst, dass, wenn ich zu meinem Vater ging, dieser mich bei *Nichtgefallen* in ein Heim stecken würde. Für mich war das schlechteste Zuhause in jedem Fall besser als das beste Kinderheim. Ferner hatte ich mit meinem derzeitigen Domizil einen großen Treffer gelandet. In diesem fand ich meine beiden Geschwister vor. Endlich hatte ich jemanden gefunden, mit dem ich alles, na ja, zumindest eine Menge besprechen konnte.

Auf dem Korridor vor dem Gerichtssaal hatte mein biologischer Vater, den ich regelmäßig unregelmäßig kontaktierte, vor der Verhandlung keinerlei Notiz von mir genommen. Dieser hatte zu seiner mentalen Unterstützung seine künftige Frau Brunhilde im Gepäck. Von seinem ablehnenden, kalten Verhalten mir gegenüber war ich schwer enttäuscht. Womöglich hatte meine Mutter mit ihrer Dauerbeschallung doch recht. Ich entschied mich in dem Moment der Klärung, der Weichenstellung zur Weiterfahrt meines kurzen Lebens seitens der fürsorglichen

Richterin für meine Mutter. Ich war viel zu jung, um die Tragweite meiner Entscheidung zu realisieren. Ich wurde meiner Mutter zugesprochen. Wie eine Sache. Mein Vater bekam das Besuchsrecht. Meine Eltern hatten das gemeinsame Sorgerecht.

Meine Mutter und ich besuchten nach dem Richterspruch, da wir schon mal in der Nähe waren, unsere ehemalige Nachbarin aus unserer Straße in Schwelm. Meine Mutter und unsere ehemalige Nachbarin hatten sich viel zu erzählen. Mir war langweilig und ich machte mich auf den Weg, um meine Freundin Annika zu besuchen. Inständig hoffte ich, dass meine beste Freundin zu Hause war. Sie war zu Hause. Was war das für eine Wiedersehensfreude! Ich musste mit jemandem über meine derzeitige Gefühlslage sprechen. Annika war eine ausgezeichnete Zuhörerin.

„Ich fühle mich beschissen. Wie eine Verräterin. Ich wusste im Gerichtssaal nicht, was ich sagen sollte. Für wen ich mich entscheiden sollte. Was hättest du gemacht?“, fragte ich Annika.

„Weiß nicht. Deine Mutter ist in der Tat schräg. Aber dein Vater ist nicht besser. Ich denke, ich hätte ebenso wie du das kleinere Übel gewählt. Ich denke, du hast die richtige Wahl getroffen. Mach dich jetzt nicht verrückt. Alles ist gut“, beantwortete Annika meine Frage. Am Abend verabschiedete ich mich weinend von meiner besten Freundin und ging zurück zur Wohnung unserer ehemaligen Nachbarin. Wir übernachteten bei dieser und fuhren am nächsten Morgen mit der Bahn zurück in unsere neue Heimat.

Auf dem Kieler Bahnhof wurden wir mit einem lauten Hallo und Helau von unserer neuen Mischpoke erwartet. Anuschka und Marc freuten sich sehr, mich wiederzusehen. Ebenso der Dackel Waldi. Bei meinem künftigen Stiefvater würde ich diese positive Gefühlsregung nicht ohne Zweifel unterschreiben.

Bereits am 13. September 1971, nur ein Vierteljahr später, heiratete meine Mutter Jacob Kugelblitz. Die Frischvermählten feierten ihre Hochzeit im kleinen Kreis. Der zusammengewürfelte Kinderhaufen und die miteinander verheirateten Trauzeugen Stefan und Heidelinde Geibler. Diese elitäre Gesellschaft feierte den Grund der freudigen Zusammenkunft. Feierten die Brautleute. Sonst war kein weiterer trink- und feierfreudiger Gast anwesend.

Mein biologischer Vater heiratete am 15. Oktober 1971 den Grund der Scheidung, die Ehebrecherin Brunhilde, in Bad Oldesloe. Erwartungsgemäß, ganz wie meine Mutter es am Tag der Scheidung vorhergesagt hatte, wurde ich nicht zu dem freudigen Ereignis eingeladen.

Von dem erneuten Einlauf meines Vaters in den Ehehafen erfuhr ich erst Tage später. In einem mit ihm geführten Telefongespräch.

„Ivonne, ich habe dir eine wichtige Veränderung in meinem Leben unterschlagen. Ich muss dir etwas beichten“, stotterte mein Vater kurz vor dem Ende unseres Gesprächs in den Telefonhörer. „Brunhilde und ich haben geheiratet.“

Dies sollte zu niemandes Überraschung nicht seine letzte Liaison mit dem anderen Geschlecht gewesen sein. Nein, nein, weit gefehlt. Mein Vater traute sich weitere drei Mal. Um sodann, in der Ehe Nummer fünf, endlich seine Zufriedenheit und seinen inneren Frieden zu finden. Jedoch blieb er bei der Auswahl seiner künftigen Frauen seinem Beuteschema treu. Alle waren von Beruf Krankenschwester.

Die Vorstände der Patchworkfamilie Kugelblitz/Nielsen stießen bei dem Versuch, ihre burschikosen Erziehungsmethoden umzusetzen und ihre anfänglich guten Vorsätze auszuleben, schnell an ihre psychischen Belastungsgrenzen. Auf der einen Seite Anuschka und Marc. Immer wenn meine Mutter ihnen etwas verbot, liefen die beiden Kinder direkt zu Jacob. Jacob war bei der Bundeswehr beschäftigt. Er war bei der Streitmacht der Bundesrepublik Deutschland in der Verwaltung tätig. Sollte dieser bei der Verrichtung seiner Arbeit sein, fuhren die beiden alternativ zu ihrer Oma. Oma Schilksee. Die Oma meiner Stiefgeschwister nahm die Beschwerden ihrer Enkelkinder sehr ernst. Gerne nahm diese umgehend telefonischen Kontakt zu Jacob auf, um ihn über die Beschwerden ihrer Enkel, die sich in der Regel gegen meine Mutter richteten, zu unterrichten. Die Oma meiner Stiefgeschwister war es, die die Erinnerungen an die tote Mutter viele Jahre lebendig hielt. Wahrscheinlich auch in Jacob. Dieses Wachhalten der Erinnerungen an die verstorbene Mutter und Ehefrau war es unter anderem, das zu vielen Querelen innerhalb unseres zusammengewürfelten Klans führte.

Auf der anderen Seite war ich. Mit Jacobs Art, mit mir zu sprechen oder haargenau dieses nicht zu tun, mit seiner ignoranten Art mir gegenüber kam ich so gar nicht klar.

Mein Stiefvater unternahm zu keiner Zeit nicht mal ansatzweise den kümmerlichen, den spärlichen Versuch, sich mit mir anzufreunden. Gar mein Vertrauen für sich zu gewinnen. In seinem Universum war ich der kleinste Planet. War in seinem Radius extrem begrenzt sichtbar. Lief derweil am äußeren Rande seiner Umlaufbahn beziehungsweise seines Orbits in seinem Sonnensystem. Aufgrund dieser Konstellation sehnte ich mich nach meinem biologischen Vater. Ich verzehrte mich buchstäblich nach ihm. Einmal in der Woche durfte ich diesen nach Absprache mit meiner Mutter telefonisch kontaktieren. Jacob besaß ein Telefon mit Wählscheibe. Dieses wurde zur Sicherstellung überschaubarer Telefonkosten mit einem winzigen abschließbaren Schloss versehen. Den Schlüssel für das Entsperren der Wählscheibe hatten einzig meine Mutter und Jacob. Wir Kinder durften zu keinem Zeitpunkt unbeaufsichtigt telefonieren. Meine Mutter war gegen meine wöchentlichen Anrufe mit meinem leiblichen Vater, da ich ihn idealisierte. Durch die Trennung meiner Eltern und den ständigen Männerwechsel meiner Mutter in der Zeit vor der Zeit und nunmehr durch die völlige Missachtung meiner Person seitens Jacobs fing ich an, meinen leiblichen Vater zu vergöttern. Ich blendete seine Taten, seine Handlungen, seine Fehler komplett aus. Mein Vater war für mich perfekt. Anuschka und Marc hatten ihre Oma, die die Erinnerungen an ihre tote Mutter wachhielt. Ich hatte niemanden. Im Gegenteil. In der Anwesenheit meiner Mutter durfte ich zu keinem Zeitpunkt über meinen genetischen Vater sprechen. Sollte ich unser Abkommen der Schweigepflichterklärung, zu der mich meine Mutter gezwungen hatte, brechen, konnte das zu dem von mir extrem verhassten Hausarrest führen. Fotos, die ich von meinem Vater hatte, hatte meine Mutter mir abgenommen. Bis auf eines. Das hatte meine Mutter nicht konfiszieren können, da ich es tagaus, tagein bei mir hatte. Folglich hatte meine Mutter es bei ihrer übertriebenen Suche nach Schnappschüssen nicht finden können.

Das Vagabundieren hatte endlich ein Ende gefunden. Ich kam zur wohlverdienten Ruhe. Durfte sesshaft werden. Meine Mutter mutierte mit ihrem zweiten Versuch, den Bund des Lebens bis ans Ende ihrer Tage zu schließen, zur biederen ADO-Gardine. Die mit der Goldkante. Jacob Kugelblitz war nunmehr der einzige Mann, mit dem meine Mutter der Geräuschkulisse nach täglich kopulierte. Dieses wahrzunehmen fiel mir unter den akustischen Beschallungen aus dem Schlafgemach meiner Mutter und Jacobs nicht schwer. Das Stöhnen, Quietschen und Knattern der beiden Kugelblitze wurde unverblümt, ohne Anstalten von Anstand und Moral, kontinuierlich fortgesetzt. Die beiden Blitzgeschosse erwiesen sich als ausdauernde Spitzensportler und bewiesen enorme Kondition und Leistungsstärke.

Drei Pfund schwer und mit einhundert Millionen Nervenzellen ausgestattet, steuerte das Gehirn meiner Mutter ihre Erregung, ihre Emotionen, ihre Lust sowie ihre erotischen Fantasien. Ihre sexuelle Steuerzentrale regulierte beachtlich gut wahrnehmbar die Hormonproduktion und deren Ausschüttung. Ich freute mich, dass es meiner Mutter hörbar gut ging.

Seit langer, langer Zeit war ich zufrieden. Meine Mutter nicht. Statt das Familienleben zu genießen, reagierte meine Mutter ihrerseits mit verstärkter Eifersucht auf die wachsende Freundschaft zwischen Anuschka und mir. Sie entwickelte eine Paranoia, die ihresgleichen suchte. Sie spielte uns bei jeder sich ergebenden Gelegenheit gegeneinander aus. Sie ließ nichts unversucht, uns auseinanderzubringen. Lockte für das Denunzieren, das gegenseitige Verpetzen mit Aufmerksamkeiten und kleinen Zugeständnissen. Bestenfalls mit kleinen Geschenken. Statt sich zu freuen, dass wir uns anfreundeten. Statt sich zu freuen, dass wir einander akzeptierten, trieb sie einen Keil in die beginnende, wachsende Freundschaft. Anuschka und ich hatten uns gesucht und gefunden. Klebten wie Pech und Schwefel aneinander. Hatten überwiegend gemeinsame Interessen. Bestritten fortan die meisten Freizeitaktivitäten gemeinsam. Doch meine Mutter fing an, den Bogen unserer Sympathie gegeneinander zu spannen.

Wir kamen in die Pubertät. Wir entwickelten uns und fühlten uns erwachsen.

Meine Mutter entwickelte im Laufe der Zeit eine wachsende Aversion gegen Marc. Er war mittlerweile fünf Jahre alt. Redete viel und nahezu unaufhörlich von seiner toten Mutter. Leider war meine Mutter keine Diplomatin. Sie ging nicht im

Entferntesten auf Marc ein. Dieser hätte ihre Unterstützung benötigt. Er suchte eine Mutter, die er nicht fand. Gefühle zeigen, Gefühle leben war nicht die Stärke meiner Mutter. All die ganzen Gemeinheiten, die ich in den zurückliegenden Jahren ertragen musste, kamen jetzt im vollen Umfang ihm zu. Marc suchte ein Ventil. Er verordnete sich eigenständig ein Antiaggressionstraining und fand einen adäquaten Trainingspartner: den Dackel Waldi. Mindestens zwei, drei Mal saß der Dackel mit Lockenwicklern im Fell unter irgendeinem Gebüsch in Schilksee oder hatte die eine oder andere Verletzung in einem ungleichen Zweikampf mit Marc davongetragen.

Dass meine Mutter ein weiteres Opfer auf ihrem Opferaltar aufgebahrt hatte, hieß nicht, dass sie mich komplett aus ihrem Fokus entweichen ließ. Den Groll, den sie gegen meinen Vater aufgebaut hatte, projizierte sie in vollem Umfang auf mich. Manchmal gab es zur Erinnerung an die guten alten Zeiten für mich eine Ohrfeige.

Sollten Marc, Anuschka und ich dann und wann *das Fass zum Überlaufen gebracht haben,* verkündete meine Mutter uns mehrmals täglich mit wachsendem Vergnügen und einer aus ihrer großen Vorfreude resultierenden Begeisterung: „Wartet, bis euer Vater nach Hause kommt, dann setzt es was."

Tatsächlich wurde unsere Bestrafung im Hause Kugelblitz folgendermaßen gehandhabt:

Wenn mein Stiefvater von seiner Arbeit nach Hause kam und eine der von meiner Mutter zuvor angekündigten Bestrafungen anstand, konnte es für meinen Stiefbruder Marc und mich im höchsten Maße unangenehm und extrem ungemütlich werden. Wir beide mussten der Reihe nach in dem Keller des kleinen Reihenhauses antanzen. Dort zückte Jacob einen Holzkochlöffel und schlug mit diesem auf unseren Allerwertesten ein. Mir ist dieses eher zweifelhafte Vergnügen viele Male zuteilgeworden. Wie viele Kochlöffel während beziehungsweise nach dem

Tanz auf meinem Hintern zerbrachen, weiß ich nicht mehr zu sagen, aber es waren viele. Anuschka hatte Glück, sie wurde nie auf diese Weise bestraft.

Meine neu formierte Führungsriege vertrat die Denkweise, dass Züchtigung niemandem schadet. Generell war ich mehr oder weniger gegen die körperliche Gewalt abgestumpft. Was mich viel mehr verletzte, war die neue Form der Gewalt gegen mich. Meine Mutter hatte sich diesbezüglich weiterentwickelt. Die psychische Gewalt, die vielen Gemeinheiten, die sie mir nun antat, waren deutlich schlimmer als die Ohrfeigen, der tanzende Kochlöffel oder sonstige physische Bestrafungen. Meine Mutter hatte sich eine neue Strafe für mich einfallen lassen: sie verhöhnte mich künftig. Sie sprach mich nicht mehr mit meinem Vornamen an, nein, nein. Sie fand den Namen Nielsenschwein für mich als Anrede viel passender. Ich war also fortan das Nielsenschwein in der Familie. Immer wenn meine Mutter wütend auf mich war oder sich selbst belustigen wollte, rief sie mit *Nielsenschwein* nach mir. Die weiteren Familienmitglieder schwiegen zu diesem Lockruf. Ergötzten sich nicht an meinem Leid. Mein Stiefvater agierte, wie hätte es anders sein können, nicht zu meinen Gunsten.

Meine physischen Bestrafungen fielen künftig spärlich aus. Diese Form der Bestrafung wurde durch die psychische Gewalt abgelöst. Wie viele unzählige Male bat ich meine Mutter aufzuhören, mich ständig zu demütigen! Vergebens. Es war, als hätte ich mit meiner Bitte Wasser ins brennende Öl gegossen. Es wurde schlimmer und schlimmer. Dutzendfach, auch später, fragte ich mich, wie es wohl gewesen wäre, wenn ich zu meinem Vater gegangen wäre. Fragte mich, ob ich tatsächlich die richtige Wahl getroffen hatte. Hätte mich mein Vater, wenn ich ihm zur Last gefallen wäre, tatsächlich in ein Heim gegeben?

Onkels Obsession

An Silvester des Jahres 1971 fing die komische Tour des Arbeitskollegen meines Stiefvaters für mich an. Anuschka und ich waren sturzbetrunken. Wir waren nicht mehr Herr über unsere Motorik, Gestik und Mimik. Für uns erwies sich außerdem die verbale Kommunikation mit unserer Umwelt durch den starken Einfluss einer großen Menge Alkohol in unserem Blutkreislauf als über alle Maßen schwierig. Unsere seit unserer Geburt ständig weiterentwickelten Fähigkeiten der Fortbewegung und der Wortfindung hatten sich ab einer ausreichenden Promillezahl auf die Entwicklungsstufe eines Kleinkindes zurückgesetzt. Aus diesem Grund hatten wir einzig ein Ziel: unsere Betten. Die gesamte Familie Kugelblitz feierte dieses Silvester bei dem Nachbarn Nitschka. Diese Familie wohnte lediglich eine Seitenstraße vom Stammsitz der Kugelblitze entfernt. Nach meinem Totalabsturz wollte ich vor Anuschka in meine Koje gehen. Deren Alkoholpegel schlug wundersamerweise nicht annähernd so weit aus wie der meine. Ich wollte schnellstens nach Hause. Merkwürdigerweise wollte mich der Kollege meines Stiefvaters, Stefan, der der feuchtfröhlichen Feier mit seiner Gemahlin ebenfalls beiwohnte, persönlich in mein Bett geleiten. Was generell nett gemeint, aber dessen ungeachtet komplett sonderbar war.

Besagter Kollege Stefan wollte angeblich darauf achten, dass ich gut in das Kugelblitz-Haus und in diesem unversehrt in mein Gemach fand. Ich wurde von ihm ohne weitere Vorkommnisse direkt vor meiner Zimmertür mit einem feuchten Gutenachtküsschen auf meine rechte Wange verabschiedet.

Eine Woche später kam dieser, als er meine Eltern mit seiner Gattin besuchte, erneut auf einen kleinen Abstecher in mein Refugium. Anuschka war wer weiß wo unterwegs. Wahrscheinlich übernachtete sie, wie in der letzten Zeit in gewissen Intervallen auftretend, bei ihrer Oma. Somit war ich alleine in unserem gemeinsamen Mädchendomizil.

Ich lag in meinem Bett und las zum Erreichen der nötigen Bettschwere ein Buch. Da klopfte es zaghaft an meine Zimmertür. Nach einer kurzen Wartezeit öffnete sich die Tür unseres Zimmers. Es war der aufdringliche Kollege meines Stiefvaters, der sowohl Trauzeuge als auch Spiel-, Weg- und Saufgefährte meiner Eltern war. Stefan kam, nachdem er angeklopft hatte, in unsere Mädelbude. Setzte sich unaufgefordert auf meine Bettkante. Es dauerte nicht lange, da fing er unverblümt an, an mir herumzutätscheln. Seine linke Hand fuhr über meinen Rücken, meine Schultern. Dann strich der Strolch mir tatsächlich unverfroren über meine wachsenden Brüste, bevor er endlich mit seiner Tuchfühlung aufhörte. Leise fragte er mich, wie es mir ginge. Wie sollte es mir in dieser beschissenen Situation gehen? Schlecht! Wie in der Zeit vor der Zeit wusste ich nicht, wie ich mit der prekären Situation umgehen sollte.

„Du bist eine Tochter, wie ich sie mir immerfort gewünscht habe", raunte er mir in mein rechtes Ohr. „Setz dich schnell auf meinen Schoß", bat er mich flüsternd, lüsternd.

„Nein, mache ich nicht. Warum? Was soll das?", fragte ich ihn, aufs Extremste angewidert.

„Ich möchte, dass du aufhörst, mich zu streicheln, aufhörst, mich anzugrabbeln, und aus meinem Zimmer verschwindest. SOFORT! Ich möchte mein Buch weiterlesen. Hau ab, du störst!", blökte ich ihn bärbeißig an.

„Ich weiß nicht, was du hast", erwiderte Stefan beleidigt. Stand jedoch umgehend von meiner Bettkante auf und verließ wortlos, mit laut knallender Tür, Anuschkas und mein Zimmer.

Es vergingen etliche Wochen. Dann stand er an einem gemeinsamen Spiele- und Saufabend erneut mitten in unserem

Mädchentraum. An diesem Tag ging der alte Knabe in die Offensive. Nachdem er, als er angeklopft hatte, nach einer kurzen Wartezeit keine Antwort von mir bekommen hatte, betrat er dessen ungeachtet ungebeten, uneingeladen, nicht erwünscht als Persona non grata unser Zimmer. Der Schuft! Bei seinem Eintritt in unser Reich bemerkte er zu seiner ausgesprochen großen Freude bei seinem Rundumblick, dass ich aufs Neue alleine war. Frech kam er erneut auf mich zu. Da es schon spät war, es war gegen zweiundzwanzig Uhr dreißig, lag ich auf meinem Nachtlager. Wollte schlafen. Stefan setzte sich wieder auf meine Bettkante. Fing erneut an, mich zu streicheln. Dabei streichelte er lüstern meine Oberschenkel und führte seine linke Hand zwischen diese. Ich war steif vor Angst. Versuchte aber, mir nichts anmerken zu lassen, und brüllte den notgeilen Kollegen meines Stiefvaters harsch an:

„Wenn du nicht umgehend aufhörst, mich anzufassen, rufe ich meine Mutter!"

Dabei schlug ich seine Hand wütend und angewidert von mir.

„Ich möchte nicht, dass du es noch einmal wagst, unser Zimmer erneut zu betreten. Geh jetzt und bleib mir von der Wäsche!", schnauzte ich ihn laut und immer lauter werdend an. Völlig verwirrt von der Gegenwehr meinerseits stand Stefan auf. Mit einem derartig hitzigen Temperament hatte er nicht gerechnet. Schockiert verließ er wortlos und dieses Mal leise unser Mädchenzimmer. Ich nahm am nächsten Tag allen Mut zusammen und berichtete meiner Mutter, die in der Küche des Anwesens Kugelblitz das Abendessen für die Familie zubereitete, von den Vorfällen der vergangenen Zeit mit deren Freund Stefan. Sie entgegnete mir:

„Stefan hat zwei Jungen und hätte gerne ein Mädchen gehabt. Das hat er uns wiederholt gesagt. Bestimmt hast du seine Gesten in den verkehrten Hals bekommen. Du hast seine

Zärtlichkeit dir gegenüber komplett falsch verstanden. Du interpretierst in seine lieb gemeinten Streicheleinheiten Dinge hinein, die dort nicht hingehören. Du übertreibst. Er ist ein absolut liebenswerter, netter Kerl. Ich denke nicht, dass du seine Berührungen überbewerten solltest. Er mag dich. Das hat er mir gesagt. Bestimmt sieht er in dir einen Tochterersatz. Eine Tochter, die er in diesem Leben zu seinem riesengroßen Bedauern nicht haben wird", beschönigte meine Mutter die zurückliegenden Situationen.

„Das ist typisch für dich. Ich habe ein Problem. Diesmal mit eurem Freund. Ich erzähle es dir. Erzähle dir, dass er mich anfasst, und du verharmlost alles. Dann muss ich halt sehen, wie ich das Problem für mich löse", schimpfte ich. Stampfte wütend mit dem rechten Fuß auf den Küchenboden und verließ wutschnaubend die Küche.

Stefan besuchte mich gerne manchmal an dem einen oder anderen Anuschka-freien Tag in unserem Zimmer. Sowohl meine Temperamentsausbrüche als auch mein ablehnendes Verhalten gegenüber seinen aufdringlichen Annäherungsversuchen beeindruckten ihn mächtig. Mein aggressives Auftreten erhöhte den Reiz für ihn um ein Vielfaches. Er konnte nicht anders.

Ich hatte nach zwei Jahren sporadischer „Onkelbesuche" die Nase gestrichen voll. Als er mich an diesem Tag erneut in unserem Zimmer *besuchte* und wieder an mir herumfummelte, nahm ich allen Mut zusammen und zischte ihm gefährlich leise zu:

„Ich sage es dir jetzt zum letzten Mal. Lass mich endlich in Ruhe! Ich will nicht, dass du ständig zu einer *Stippvisite* in mein Zimmer kommst. Ich mag dich nicht und ich will auch nicht, dass du mich anfasst. Solltest du in deinem Leben, egal wann, noch einmal auf die Idee kommen, mich zu begrapschen, gehe ich zu deiner Frau. Ich werde sie fragen, was sie davon hält, dass du mich permanent anfasst und ständig in mein Zimmer schlüpfst, wenn ihr bei meinen Eltern zu Besuch seid.

Das saß. Ohne ein Wort zu sagen, verließ Stefan wie Speedy Gonzales mit hochrotem Kopf fluchtartig unser Zimmer.

Sein nach außen aufgebautes Heileweltimperium sollte, konnte, durfte unter keinen Umständen sein Fundament verlieren. Eine Scheidung, der geringste Zweifel, der kleinste Hauch einer Skepsis an seiner Integrität als Ehemann, als guter, fürsorglicher Familienvater, als der nette, harmlose Onkel von nebenan hätten seine ganze Scheinwelt, hätten alles ins Wanken gebracht.

Stefan machte ab dem Zeitpunkt meiner ausgestoßenen letzten Drohung einen großen Bogen um mich. Zu groß war seine Angst, dass seine Vorliebe für kleine Mädchen durch mich das Tageslicht der Welt erblickte. Er ist mir in all den Jahren, die ich weiterhin in dem Haushalt der Familie Kugelblitz lebte, nie mehr zu nahe gekommen. Er schaute mich gerne das eine oder andere Mal verschämt, verträumt an, hat jedoch meine Intimsphäre zu keiner Zeit erneut verletzt.

Ihr Kinderlein kommet …

Die Zeit verging. Wir Kinder wurden älter. Die Probleme nicht kleiner.

Die Patchworkfamilie wuchs mehr schlecht als recht zusammen. Mein Stiefvater sprach nach wie vor nur mit mir, wenn er dies für absolut unabdingbar erachtete. Wenn er sich genötigt sah, mir unter allen Umständen eine Rüge oder einen Tadel auszusprechen. Wenn er einem direkten verbalen Kontakt mit mir nicht mehr ausweichen konnte, ein Spurwechsel unmöglich schien oder sein Sprachrohr, meine Mutter, nicht in seiner verfügbaren Reichweite war. Er nahm mich niemals in seine Arme. Mein Stiefvater schenkte mir zu keiner Zeit seine Aufmerksamkeit und erst recht nicht die Liebe eines Vaters. Innerhalb dieser Familie lief ich nebenbei. Seine Nachkommen standen bei ihm an erster Stelle. Er protegierte ausnahmslos seine Blutsverwandtschaft. Es hatten sich in dem Hause Kugelblitz mittlerweile seitens der Kommandozentrale die Formulierungen: „Deine Tochter, meine Tochter, mein Sohn" entwickelt. So sprachen meine Mutter und Jacob untereinander über ihre Kinder. Jacobs Verhalten mir gegenüber mag einer der Gründe gewesen sein, dass ich mich nach wie vor nach meinem leiblichen Vater verzehrte. Der Kontakt zu meinem leiblichen Vater brach zu meinem großen Leidwesen step by step ab.

Am Anfang durfte ich ihn noch an zwei abgesprochenen Tagen im Monat besuchen. Dafür wurde ich entweder von meinem Vater abgeholt oder am Hauptbahnhof in Kiel in den Zug nach Schwelm gesetzt. Allerdings litt ich unter der Zweisamkeit zwischen meinem Vater und seiner neuen Frau Brunhilde wie ein angeschossenes Rotwild. Brunhilde wollte tatsächlich Mutter eines Nielsenkindes werden. Dieses hatte sie mir in einem Frauengespräch, ganz im Vertrauen, während eines Gastauftritts in deren Bleibe erzählt. Nachdem ich von dem einen oder anderen Wochenendbesuch bei meinem Vater die Rückreise in mein jetziges Quartier angetreten hatte, war ich arg aufgewühlt. Die *warmen Worte*, die Brunhilde ständig, wenn mein Vater nicht im Raum war, an mich richtete, waren verbale Ohrfeigen. Diese Frau suggerierte mir auf ihre eigene unmissverständliche Art und Weise, dass in dem Leben meines Vaters kein Platz mehr für mich war. Seine neue Angetraute nutzte jedes Mal die Gunst der Stunde, um mir zu signalisieren, dass sie mich als Eindringling empfand. Als lästiges Insekt, das man totquetschte, um es loszuwerden. Ich litt Höllenqualen. Meine Mutter bemerkte gravierende Veränderungen in meinem Verhalten. Ich entwickelte ein soziales Verhalten, das ihr unter keinen Umständen behagte. Sie verbot mir aus diesem gewichtigen Grund, meinen Vater weiterhin in seinem Revier zu besuchen. Mein Vater legte umgehend ein Veto ein – zur Unterstreichung seiner Forderung vor Gericht. Per Gerichtsbeschluss ging er gegen das Besuchsverbot seitens seiner Ex vor.

Ein Hin- und Hergezerre um meine Gunst begann. Dieser psychischen Belastung war ich nicht gewachsen. Ich fing an, mein ohnehin geringes Gewicht zu dezimieren. Magerte auf ein absolut bedenkliches Mindestgewicht ab. Ob mein Vater und meine Mutter ehrlich an meinem Wohl interessiert waren oder ob es in dem Kampf der Geschlechter einzig um Prestige und Machtgerangel ging, blieb mir ein Rätsel.

Die beiden Streithähne trugen ihren Kampf in jedem Fall zu meinen Lasten aus. Völlig skurrile Spielchen begannen, bei denen ich die Leidtragende war. Die Besuche, die mein Vater gerne erneut mit mir aufgenommen hätte, fanden unter fadenscheinigen Pseudoausreden seitens meiner Mutter nicht statt und wurden von dieser gecancelt. Die Handlungen meiner Mutter waren natürlich über jeden Zweifel erhaben. Dienten einzig meinem psychischen und physischen Wohle. Mein biologischer Vater indes stand das eine oder andere Mal überraschend, ohne den leisesten Hauch einer Vorankündigung vor mir und wollte mich prompt mit zu sich nach Nordrhein-Westfalen nehmen. Mitten in der Woche, aus dem laufenden Schulunterricht heraus. Nach einer gewissen Zeit des Zurrens und Zerrens sah ich aus wie ein wandelndes Skelett. Der psychische Druck, den meine getrennt lebenden Eltern auf mich ausübten, der Machtkampf, der zwischen den beiden um meine Protektion entfacht war, waren mir zu groß. Ich war dieser Situation nicht gewachsen. Freunde und Bekannte, ebenso Nachbarn meiner Mutter sprachen diese an, ob ich ernsthaft erkrankt sei.

„Frau Kugelblitz, Ihre Deern sieht nicht gut aus. Ist die Lütte krank? Hat sie Probleme? Sie ist ständig leichenblass, hat tiefe, dunkle Ränder unter ihren Augen und scheint regelrecht abwesend zu sein. Sie wird – abgemagert, wie sie ist – ohne Zweifel nicht annähernd mehr das Mindestgewicht ihrer Altersklasse auf die Waage bringen. Geben Sie ihr genug zu essen? Das arme Mädchen kann einem leidtun. Nicht dass sie Ihnen noch unter Ihren Händen wegstirbt“, hörte ich eine Nachbarin zu meiner Mutter sagen. Diese kritische Aussage und die vielen Fragen seitens der direkten Anwohnerin waren zu guter Letzt der sogenannte Tropfen auf den heißen Stein. Nachdem die Nachbarin aus unserer heimeligen Siedlung meine Mutter auf offener Straße am helllichten Tag vor der gesamten Nachbarschaft diffamiert hatte, ging meine Mutter schnurstracks am selben Tag mit mir zu einem Arzt. Der Heilkundige sollte mich unverzüglich auf Herz und Nieren prüfen. Der behandelnde Medikus konnte zum großen Bedauern meiner Mutter keine physischen Mängel diagnostizieren. Stattdessen stellte er psychische Probleme fest. Der Mediziner schlug aus diesem Grund eine Aufbaukur für mich vor.

Ich wurde wenige Tage, haargenau zwölf an der Zahl, nach meinem Blitzbesuch in der Praxis des kundigen Medizinmannes in einem Eilverfahren zu einer Mastkur in den Harz geschickt. In dieser Heilstätte sollte ich günstigstenfalls eine Menge zunehmen. Auf der Mastkur gab es in dem Gourmettempel Unmengen für Essgestörte zu essen. Im Lager der Magersüchtigen wurde unser Gaumen achtmal am Tag von den Zauberkünsten eines Kochmagiers beglückt. Schon morgens, beim Frühstück, fing der Tag gut an. Der Zauberkünstler zauberte in seiner gut ausgestatteten Küche hochwertige, kalorienreiche Gerichte für die ausgemergelten Kurgäste. Lauter leckeres Essen. Acht vollwertige Mahlzeiten. Kohlehydrate satt für alle! „Nicht kleckern, sondern klotzen" war in seiner Küche die Devise. Doch seine Mühen, mich durch seine Gaumenreize zu mästen, waren vergebens. Mein Gusto war unterirdisch. Trotz aller Gaumenfreuden, trotz aller explosionsartigen Glückseligkeiten nahm ich weiterhin ab und nicht zu. Zu stark litt ich unter der Trennung, unter den ständigen Streitigkeiten, dem Gezerre um meine Person zwischen meinen biologischen Eltern. Die Heimleitung sah sich nach der halben Aufenthaltszeit gezwungen, meine Mutter anzurufen und diese zu bitten, mich aus dem Lager für Essgestörte abzuholen, da das Direktorium der Einrichtung sich große Sorgen um meinen Gemütszustand machte. So wurde ich bereits nach drei Wochen Kuraufenthalt aus dem Harz zum Rücktransport in mein Domizil abgeholt. Dennoch war es mir seitens meiner Mutter ohne Rücksicht auf meine Gefühlswelt bei Höchststrafe weiterhin verboten, über meinen leiblichen Vater zu sprechen, ihn anzurufen oder zu ihm zu fahren.

Der Leitsatz meiner Mutter war: „Lieber ein Ende mit Schmerzen als ein Schmerz ohne Ende." Wir lebten seit zwei Jahren in dem Haus von Jacob Kugelblitz. Rückblickend verging die Zeit wie im Fluge. In der Zwischenzeit war ich schon zwölf Jahre alt.

An einem Tag im Februar des Jahres 1973 unterhielt ich mich mit Anuschka über die Todesursache ihrer Mutter. Anuschka erzählte mir die Geschichte. Sie war bei dem Tode ihrer Mutter noch klein. Nicht älter als sechs. Sie kannte daher ausschließlich die Überlieferungen seitens ihres Vaters und ihrer Oma. Anuschkas Mutter war an Karzinomen qualvoll gestorben. Sprich, sie hatte Darmkrebs. Ihre Mutter blutete, wenn sie auf die Toilette ging, aus ihren Gedärmen. Erst durch diese Tatsache fiel ihrer Mutter auf, dass ihr Körper krank sein musste. Sie bekam umgehend, nachdem sie einen Facharzt konsultiert hatte, die grausame Wahrheit in Form einer noch erbarmungsloseren endgültigen Diagnose übermittelt. Anuschkas Mutter nahm, ungeachtet dieser Diagnose, den ungleichen Kampf gegen diese schlimme Erkrankung auf. Sie kämpfte um ihr Leben. Sie verlor.

Am Abend desselben Tages, an dem meine Stiefschwester mir das Martyrium ihrer toten Mutter erzählte, ging ich zur Verrichtung eines dringenden Geschäftes auf die Toilette. Kaum hatte ich meine Unterhose hinuntergezogen, fing ich lauthals an zu schreien. Wobei schreien bei der objektiven Betrachtung der akustischen Beschallung deutlich untertrieben war. Ich brüllte!

Ich blutete. Aus dem Darm? Ich hatte keine Ahnung. Ich blutete. Viel. Das Blut lief mir an meinen Beinen hinunter. Eine kleine rote Pfütze bildete sich vor meinen nackten Füßen. Ich konnte und wollte mich nicht mehr beruhigen. War ich auch krebskrank? Musste ich bald sterben? War das Blut ein Zeichen für meinen eintretenden nahen, kurz bevorstehenden Tod?

Anuschka und meine Mutter kamen durch meine ausgestoßenen Rufe des puren Entsetzens angelaufen. Beide sahen das Unglück. Auf dem Badezimmerboden vor der Toilette hatte sich eine kleine Blutpfütze gebildet.

Ich jammerte. Mit heruntergelassenem Slip stand ich vor dem Toilettenbecken und schrie, dass ich auf keinen Fall sterben wolle.

„Mama, ich will leben. Ich will nicht sterben!“, brüllte ich lauthals und wiederholte mich vielmals. Meine Festplatte hatte einen Sprung.

„Ivonne, beruhige dich. Du wirst nicht sterben, du bist heute eine Frau geworden.“

„Was soll das heißen? Ich verstehe gerade nicht, was du mir sagen willst. War ich vorher ein Mann?“

„Nein, du warst ein Mädchen und bist jetzt zu einer Frau geworden. Ab heute kannst du Kinder bekommen“, antwortete mir meine Mutter barsch.

Ich hatte keine Ahnung, was gerade in dem Badezimmer mit meinem Körper passiert war. Ich hatte auf jeden Fall zur Kenntnis genommen und ebenso verstanden, dass ich nicht, auch in naher Zukunft nicht, an meiner Blutung sterben musste. Dass ich nunmehr, von jetzt auf gleich, fruchtbar geworden war. Ich hatte meine erste Menstruation bekommen.

„Ab heute musst du im Umgang mit den Jungs aufpassen“, teilte meine Mutter mir mit ernster Miene mit. Meine Neugier war geweckt.

„Was willst du mir damit sagen?“, fragte ich wissbegierig.

Meine Mutter gab mir keine Antwort. Sie war, wie so oft, mit ihren Gedanken ganz woanders. Sie ging schnellen Schrittes aus dem Badezimmer, um nur wenige Minuten später mit einer dicken Damenbinde, die sie flugs aus ihrem Schlafzimmerschrank geholt hatte, zurückzukommen.

„Diese Monatsbinde legst du dir jetzt in deine Unterhose. Du wechselst sie regelmäßig. Du wirst merken, wann dies der Fall ist. Gleich morgen kaufen wir dir eigene Vorlagen. Diese wirst du jetzt monatlich benötigen. Das Ganze dauert circa fünf bis sechs Tage. Dann hört es auf. Wasch dich und benutze die Binde.“

Das war alles.

Dann ließ sie mich mit all meinen Fragen, Sorgen und Nöten alleine.

In der zurückliegenden Zeit unseres Aufenthaltes hatte meine Mutter eine wundersame Wandlung vollzogen. War vom Saulus zum Paulus, von einer Bardame zur Nonne mutiert. War nunmehr zugeknöpft bis zur Atemlosigkeit. Sie hatte es nicht für nötig gehalten uns aufzuklären. Anuschka und ich waren regelrecht unbedarft. Bis zu diesem ereignisreichen Tag. Allerdings sah sich meine Mutter trotzdem weiterhin nicht gefordert, ihre beiden heranwachsenden Mädchen endlich ins rechte Bild zu setzen. Als ich Monate später statt Binden lieber Tampons benutzen wollte, waren diese gepressten Wattebäuschchen in den Augen meiner Mutter viel mehr Teufelswerkzeug als ein Hygieneartikel.

Jetzt, da ich in der glücklichen Lage war, leibhaftig Babys auszutragen, hatten sich meine Mutter und mein Stiefvater eine besondere Freizeitbeschäftigung für Anuschka und mich einfallen lassen. An dem einen oder anderen Wochenende, selbst bei Wind und Wetter, fuhr die vollzählige Familie mit dem Auto, einem kleinen Renault fünf, zusammengequetscht wie Sardinen in der Sardinenbüchse, über die Dörfer des wunderschönen Landes Schleswig-Holstein.

Die Dorfrundfahrten, die 5-Seen-Fahrten, endeten zu meinem großen Unmut in der kleinen Gemeinde Selent. Man hielt, wie nach jeder Bauernwohnortexkursion, vor der Blomenburg, einer Einrichtung für schwer erziehbare Mädchen. Das Aussteigen zu einer Besichtigungstour, soweit es die hohen Burgmauern duldeten, war seitens der doppelten Führungsspitze erwünscht.

„Wenn einer von euch Mädchen, explizit du, Ivonne, gleichgültig wann, es wagt, mit einem Balg im Bauch nach Hause zu kommen, wenn es eine von euch wagt, in eurem jetzigen Alter zu pimpern, und sich dann in letzter Konsequenz obendrein noch einen Braten in die Röhre schieben lässt, landet die Betreffende in dieser Einrichtung. Schaut euch den Ort ruhig genauer an. In diesen Gemäuern wird man – sollte dieser Worst Case wahrhaftig eintreffen – Sorge tragen, dass ihr das Pimpern schnell vergesst. In diesem Haus bringt man euch auf die richtige Spur. Die Heimleitung wird euer fehlerhaftes Betriebssystem deleten und neu installieren! In diesem Haus versteht man viel von Befehl und Gehorsam. Fühl du, Ivonne, dich gerne angesprochen. Also, merkt euch gut, wenn ihr nicht pariert, landet ihr hier", röhrte mein Stiefvater voller Inbrunst.

Da diese Abstecher in die freie, wunderschöne schleswig-holsteinische Natur an etlichen Wochenenden im Jahr stattfanden, fanden die kontinuierlich zart ausgestoßenen Worte meines Stiefvaters generell Gehör. Anuschka und ich diskutierten in unserem Zimmer oft, ob unsere Eltern uns im Zweifelsfall tatsächlich in dieser grausamen Institution einquartieren würden. Die regelmäßig ausgesprochenen Drohungen schwebten wie ein Damoklesschwert über unseren Köpfen. Erst im Jahr 1992 – inzwischen wohnte ich seit einigen Jahren nicht mehr im Hause Kugelblitz – wurde diese schlimme Einrichtung endlich geschlossen.

Mir war es tatsächlich gelungen, meine Defizite in der neuen Klassenstufe aufzuarbeiten. Ich war eine der besten Schülerinnen. Nun galt es, meine Freizeit auszugestalten. Ein Mitschüler aus meiner Klasse hatte mich im gemeinsamen Sportunterricht turnen sehen. Dieser sprach mich nach dem Unterricht auf dem Pausenhof interessiert an und fragte mich, ob ich nicht Lust hätte, in seinem Verein mitzuturnen. Das Training könnte ich mir zwanglos, kostenfrei und unverbindlich ansehen. Wow! Ich war gebauchpinselt. Meine Neugier war geweckt, und ich sah mir den ortsansässigen Klub an. Was soll ich sagen, ich war begeistert! Ich trat dem Verein bei und fand in dem Sportverein ein Betätigungsfeld, in dem ich die Anerkennung, die ich zu Hause nicht bekam, fand. Blühte in meiner Sportriege regelrecht auf. Kunstturnen und Kunstradfahren wurden meine Disziplinen. Mir wurde in diesen eine große Aufmerksamkeit und Lob seitens des Trainers zuteil. Ebenso konnte ich mir seiner Unterstützung und seiner Anerkennung vor, während und nach den Turnieren sicher sein. Wir Sportkameraden hatten untereinander viel Spaß. An vielen Wochenenden kämpfte ich in Sportwettkämpfen, als ginge es um mein Leben. Belohnt wurde mein Einsatz mit diversen Medaillen und dem Betreten des einen oder anderen Siegertreppchens. Im Sport fand ich meine Erfüllung. An mindestens vier Tagen ging ich in der Woche zum Training. Vor großen Turnieren täglich. Ganz nebenbei hatte der Sport einen nicht zu unterschätzenden positiven Nebeneffekt. Ich bekam eine knackige Figur. Es hätte definitiv schlimmer kommen können.

Es lag somit nahe, dass ich in das Sommertrainingslager, einem Zeltlager zum Fördern der Talente aus der Region, mitfuhr. Dieses fand regelmäßig einmal im Jahr über einen Zeitraum von zwei Wochen innerhalb der Sommerferien auf einem ehemaligen Truppenübungsplatz der Bundeswehr statt. Das Zeltlager lag in der Nähe eines Dorfes, was dreißig Kilometer von meinem Wohnort entfernt war. Zu unserer An- und Abfahrt wurden Elternfahrgemeinschaften gebildet. Die Besten aus der Region wurden in dem Lager intensiv betreut. Es gab viele Trainingseinsätze, Konditions- und Kardioübungen.

Bei meiner ersten Fahrt ins Trainingscamp war ich zwölf Jahre alt. In diesem Jahr hatte ich im Trainingslager meine ersten Knutscherfahrungen sammeln dürfen. Freiwillige gab es dafür leider nicht. Ganz im Gegenteil! Bezahlen musste ich. Eine Mark pro Zungenkuss. Ein kleiner dicker Mitsportler, der Bruder eines der leistungsstärksten Mitstreiter, nicht älter als zehn, hatte im Camp ein kleines Refugium zum Erlernen des Knutschens in einem der abgelegenen Zelte eingerichtet. Die Schlange der Mädchen, die sich auf dieses kostenpflichtige Training einlassen wollten, war an manchen Tagen außerordentlich lang. Gelohnt hat sich das Bezahlen des geforderten Honorars allemal. Der kleine Dicke konnte küssen wie ein junger Gott.

Zu meinem Bedauern kam er lediglich ein einziges Mal mit ins Trainingscamp.

Der Knabe war zum Ende des Zeltlagers mit seinem nicht ganz selbstlosen Dienstleistungsangebot aufgeflogen. Er durfte als disziplinarische Maßnahme nicht erneut mitfahren. Schade drum. Zu jeder Zeit wäre ich wieder bereit gewesen, einen Teil meines Taschengeldes in das Sammeln meiner mageren Knutscherfahrungen zu investieren.

Die Strapazen der Torturen im Trainingscamp nahm ich noch weitere drei Jahre auf mich. Das Geld für die vierzehntägigen Aufenthalte in den Camps bezahlten meine Eltern gerne.

Es gab in all den Jahren, die ich an dem Trainingscamp teilnahm, zu keiner Zeit eine Diskussion über die zu entrichtende Teilnahmegebühr.

Eines schönen Frühlingstages des Jahres 1973 riefen mein Stiefvater und meine Mutter uns, ihre drei Indianer, zu einer kuscheligen geselligen Runde zusammen und verkündeten freudig die Ankunft eines weiteren Indianers. So, so, die Familie erwartete nach Meinung der Knirpse unerwünschten Nachwuchs. Der Stamm wurde demzufolge innerhalb der nächsten Monate um eine gemeinsame Miniaturausgabe vergrößert. Das führte zu großen Unruhen innerhalb unserer Mischpoke. Anuschka, Marc und ich waren nach der Ansage unserer Erziehungsberechtigten komplett durch den Wind.

„Was soll jetzt aus uns werden? Wo sollen wir schlafen? Das Haus ist viel zu klein, um noch einen aufzunehmen. Wir müssen künftig an die Haustür schreiben: Wegen Überfüllung geschlossen! Mussten die tatsächlich noch einen Wurf hinterherschieben?", jammerte Anuschka.

„Was du sagst, ist wahr. Die hätten aufpassen können. Gibt doch ausreichend Verhütungsmittel. Haben die alten Herrschaften mit uns nicht schon genug Kinder? Haben die den Anspruch an sich, eine Fußballmannschaft, ein Elfer-Team zu zeugen?", verschaffte ich mir in der Runde mit tiefer Verzweiflung und Empörung Gehör. Marc saß, tief in Gedanken versunken, in einer Ecke des Wohnzimmers und beteiligte sich nicht an unseren Schimpftiraden. Er fand ein anderes Ventil zum Dampfablassen. Er kletterte am späten Nachmittag desselben Tages von dem Dachlukenfenster seines Zimmers aufs Dach und spazierte auf diesem bis zum Ende der Reihenhausreihe hin und her. Was in ihm vorging, erfuhr ich nicht. Er öffnete sich mir nur sporadisch. Meine Mutter bekam angeblich durch die Aufregung über die Turnübungen ihres Stiefsohnes auf den Dächern der Reihenhäuser eine Gürtelrose und bangte um das ungeborene Leben in ihr. Das Verhältnis zu ihrem Stiefsohn wurde durch seine *Karlsson-auf-dem-Dach-Turnaktion* nicht besser.

In der Schwangerschaft meiner Mutter hatte eine Hochspannungsleitung an manchen Tagen tatsächlich weniger Spannung als meine Mutter. Sollte man sie an dem einen oder anderen Tag auf dem falschen Fuß erwischt haben, bekam man von ihr gleich eine gewischt.

Die Mixed-Family Kugelblitz/Nielsen bekam am 12. Dezember 1973 den ersehnten Nachwuchs. Klaus, der Thronfolger des Rudels, erblickte das Licht seiner Welt.

Er hatte durch die Gürtelrose meiner Mutter keinen Schaden davongetragen. Es war das erste gemeinsame Kind der Mixed-Family Kugelblitz.

Wir drei mitgebrachte Kinder hatten im Gegensatz zu der großen, bei unseren Eltern vorherrschenden Freude über den geglückten Familienzuwachs ganz andere Sorgen. Würde sich die Geburt des neuen Mitbewohners kurz vor Weihnachten auf die Anzahl unserer Weihnachtsgeschenke auswirken? Hoffentlich hatten unsere Eltern alle Geschenke eingekauft und jedes Kind ausreichend bedacht! Gab es dieses Jahr einen Tannenbaum? Wie würde das Fest in diesem Jahr ausfallen? War genug für alle da?

Was fortan den Kauf eines echten Tannenbaums betraf, gab es diesbezüglich eine entscheidende Planänderung in unserer Familie. Statt eines echten Tannenbaums mit echten Kerzen gab es bis ans Ende unserer gemeinsamen Weihnachten einen Plastikbaum. Dieser war sicherer. Konnte nicht nadeln. Konnte dem Nachwuchs keinen Schaden zufügen.

Der Knirps sollte gefahrlos die jährlich anstehende Feier zur Geburt Jesu erleben können.

Blöd war, dass meine Mutter in dem neu begrüßten Jahr 1974 keine Lust in sich verspürte, ihren neugeborenen Prinzensprössling in seinem Kinderwagen durch die Straßen Schilksees zu chauffieren. Ihn selbst ausfahren? Warum? Wozu? Wenn sie doch zwei zwölfjährige Mädchen hatte, die sie kostenfrei als Babysitter einsetzen konnte. Wir Mädchen fanden die neue Arbeitsteilung innerhalb der kleinen Kommune nicht witzig. Wir verdienten uns gern ein bisschen Taschengeld für Extras dazu. Wir sammelten für ein paar Mark Steine bei den im Dorf ansässigen Bauern, kellnerten in den Strandcafés und halfen gern in den kleinen Souvenirläden, in den Touriabzockbuden an der Promenade in den Ferien oder nach Erledigung unserer Schularbeiten in den Sommermonaten in den konsumorientierten, ausschließlich in Strandnähe befindlichen Betrieben aus.

Doch nun das! Anuschka und ich sollten unentgeltlich die Spaßbremse ausfahren! Wurden ohne unsere Zustimmung zu ehrenamtlichen Babysittern ernannt! Rebellion war unsererseits angesagt. Wir hatten Pech. Unserer Elternteile duldeten keine Widerrede. Unser Haushalt wurde mit einer diktatorischen Doppelspitze geführt. Widerspruch wurde mit Strafe wie zum Beispiel Hausarrest belegt. Das einzig Gute an dem Umstand, dass wir seit ein paar Monaten einen gemeinsamen Halbbruder hatten, war für Anuschka und mich die Tatsache, dass der Dachboden für eine gemeinsame Residenz aus- und umgebaut wurde. Diese wurde entgegen unserer negativen Erwartung nach einer dreimonatigen Umbauphase richtig schön. Ein Mädchentraum unter dem Dach. Direkt über dem Elternschlafzimmer. Wie traumhaft! Wir hatten künftig tiefe Einblicke in das *Schlafverhalten* unserer Elternteile.

Unser Sexualtrieb wurde durch die nächtlichen Hyperaktivitäten unserer Elternteile geweckt.

Wir konnten jetzt, da wir über dem Elternschlafzimmer residierten, aktiv/passiv an den sexuellen Aktionen unserer Oberhäupter, durch akustische Beschallung untermalt, bis auf wenige Ausnahmen täglich teilnehmen. Die animalischen Stöhn- und Quiekgeräusche, die ausgefeilten Atemtechniken, die während deren Kopulationen angewandt wurden, animierten uns zu allerhand Spekulationen. Unsere Hypothesen bescherten uns an manchen Tagen ein abendfüllendes Programm. Anuschka und ich waren Feuer und Flamme, wenn es darum ging, sich vorzustellen, was unsere Elternteile in ihrem Schlafgemach trieben. Aufgrund der nahezu täglichen akustischen Erlebnisse kamen wir auf den glorreichen Einfall, ein Loch durch unseren Fußboden und durch die Decke des

Elternschlafzimmers zu bohren. In der Hoffnung, in den Genuss eines visuellen Augenschmauses zu kommen. Geglückt ist uns unsere bauliche Veränderung trotz etlicher Versuche zu unserem größten Bedauern nicht. Das ständig größer werdende Loch in unserem Zimmerboden bedeckten wir unter einer pinkfarbenen Teppichbrücke.

Als wir einen Abend alleine in unserer Residenz verweilten, machten wir uns gemeinsam auf einen verbotenen Weg. Auf den Weg in das Schlafgemach unserer Truppenanführer. Wir hofften sehr, auf einen Schatz mit Hardcorespielzeug zu treffen. Wir wurden nicht enttäuscht. Wir fanden eine Spielzeugtruhe für Erwachsene. Unter anderem fanden wir Dildos in verschiedenen Formen, Größen und Farben, Handschellen, Gleitcreme und eine Vakuumpumpe. Unzweideutig diente dies der Vergrößerung von Jacobs Liebesknochen. Die eindrucksvolle Sammlung gehörte zu einer riesigen Erwachsenen-Toy-Grundausstattung unserer Eltern. An diesem historischen Tag eröffnete sich uns eine andere Welt. Der Grande Dame der Sexindustrie als Inspirationsquelle zum Verschönern der Schäferstündchen unserer Eltern sei Dank. Wir waren unseren Eltern für die Stimulanz unserer sexuellen Fantasie mehr als dankbar. Der nunmehr erworbene Wissensvorsprung gegenüber Gleichaltrigen war ein unermesslicher immaterieller Schatz.

Das Einzige, was jetzt, wo sich die Kinderschar im Hause Kugelblitz mehr und mehr mehrte, um ein Vielfaches schlimmer für mich war, war, dass meine Mutter mir das Gefühl gab, an der Trennung meiner leiblichen Eltern schuld zu sein. Auch dass ich meinem biologischen Vater immer ähnlicher wurde. Meine Mutter signalisierte mir, mich zu hassen. Zu hassen für all die Dinge, die in ihrem Leben schiefgelaufen waren. Meine Mutter machte mich fortan für alles verantwortlich, was in ihrem Leben nicht so lief, wie es ihrer Meinung nach hätte laufen müssen. Die Chancen standen bestens, dass ich für die Missetaten meiner Geschwister generell die Schuld bekam. Meine Mutter projizierte ihre eigenen Unzulänglichkeiten auf mich.

Mein einziger Halt waren meine in der Zwischenzeit gewonnenen Schulfreundinnen.

Die Ereignisse in meinem derzeitigen Aufenthaltsort trug ich nicht nach außen. Ganz im Gegenteil. Ich schuf mir meine eigene Realität. In dieser war meine Mutter eine gute Freundin. Sie war in meiner Welt gerecht und lieb. Ich vermied es, Freundinnen mit nach Hause zu nehmen. Mir wäre es unvorstellbar peinlich gewesen, vor meinen Freundinnen die Hosen herunterzulassen. Zugeben zu müssen, dass mein Bild, das ich von meiner Mutter geschaffen hatte, nicht ansatzweise stimmte. Dass die Realität weit von meiner ausgeschmückten Fantasie abwich.

Bisher hatte ich aufgrund der geografischen Lage meiner Wohnorte keine bis wenige Berührungen mit dem Wasser machen können. In den Wohnorten, in denen ich bislang gelebt hatte, gab es ausschließlich Freibäder. Aber jetzt hatte ich die Ostsee direkt vor der Tür. Es gab nur eins! Ich, die Nichtschwimmerin, die panische Angst vor dem Ertrinken hatte, musste schwimmen lernen! Seit knapp zwei Jahren war ich schon in Schilksee. Konnte mich zu meinem eigenen Ärger noch immer nicht im Wasser fortbewegen. Bewegte mich in diesem wie ein Hundewelpe, den man ins Wasser geworfen hatte, und das musste sich meiner Meinung nach schnellstens ändern.

Mit meiner Stiefschwester ging ich in die ortsansässige Schwimmhalle und lernte in dieser das Schwimmen. Knapp drei Monate vor meinem vierzehnten Geburtstag machte ich das Seepferdchen. Doch früher als gedacht, lediglich eine Woche später, brach ich auf, um mich den Fluten des Meeres zu stellen. Ich schwor mir, die Herausforderung mit dem Wasser anzunehmen. Ich wollte den Totenkopf - ein Schwimmabzeichen, das bis zu den Anfängen der Siebziger offiziell erlaubt war - erschwimmen. Der Weg war das Ziel. Durch die harte Schule des Lebens hatte ich früh lernen müssen, dass das Leben nicht leicht war. Ich hatte gelernt, für meine Erfolge zu kämpfen.

Mit dem Bademeister sprang ich nach der getroffenen Vereinbarung des Schwimmabzeichens in das Wasserbecken für Schwimmer. Zunächst schwamm ich eine Stunde. Verlängerte auf eineinhalb Stunden, und unter der stärksten Anstrengung, dem Sammeln aller Kräfte schaffte ich das nahezu Unmögliche: Ein paar Tage nach meinen ersten Schwimmerfolgen errang ich tatsächlich den goldenen Totenkopf. Anuschka hatte mich in meinem Vorhaben bei dem unmöglich Erscheinenden unterstützt. Sie hatte mit mir ebenfalls den Fluten des Wassers getrotzt. Ich begriff, dass alles möglich ist, wenn man etwas aus tiefster Seele will. Als ich das begehrte Schwimmabzeichen errungen hatte, liefen Anuschka und ich freudig nach Hause. Wir wollten unseren Eltern eine ausführliche Berichterstattung über das große Ereignis abliefern. Leider hatten diese trotz des Buhlens meinerseits um deren Aufmerksamkeit kein Interesse an meinem sportlichen Triumph. Meine Eltern sprachen einzig über die Fortschritte ihres gemeinsamen Sohnes. Der kleine Scheißer hatte das Laufen gelernt. Seine ersten Schritte. Ich war stinksauer. An diesem Abend hatte ich keine Lust, große Worte über den kleinen Mann zu hören. Mir schlug die Eiseskälte sprichwörtlich auf meinen Magen. Deprimiert, ohne Abendbrot ging ich die zehn Stufen zu meiner Residenz hinauf.

Es tat verdammt weh, dass die Stimmung zwischen meiner Mutter, meinem Stiefvater und mir den Gefrierpunkt erreicht hatte …

Doch ich hatte vor langer Zeit schon als Baby gezeigt, dass ich eine Amazone, eine Kämpferin war. Somit machte ich aus der Situation, in der ich mich befand, das Beste. Tröstete mich damit, dass ich unter den gegebenen Umständen nicht mehr umherzog. Dass mein leiblicher Vater und meine Mutter sich nicht mehr stritten. Dass ich nunmehr Geschwister hatte. Dass wir eine schöne Unterkunft hatten. Dass ich endlich Freundinnen gefunden hatte. Hanna und Dagmar. Nur eins blieb mir verwehrt. Das fand ich nicht. Die Liebe und die Aufmerksamkeit meiner Mutter.

Zärtliche Begegnungen

In unserer neuen Mädelbude in dem roten Reihenhaus sammelten Anuschka und ich unsere ersten lesbischen Liebeserfahrungen. Wir waren neugierig und bekamen Lust auf körperliche Nähe. Durch meine Angst vor Männern und deren Berührungen lag es nahe, dass ich meine ersten Erfahrungen mit einer Frau oder einem Mädchen machen wollte. Was nicht hieß, dass ich kein Interesse an dem anderen Geschlecht entwickelte. Ich fand seinerzeit einzig deren Fortpflanzungsorgan mitsamt seinem Gehänge gruselig. Ich konnte zu diesem Zeitpunkt nicht viel mit den zum Teil riesigen Geschlechtsteilen des anderen Geschlechts anfangen.

Eines Abends saßen Anuschka und ich auf deren Bett. Mein Bett stand vis-à-vis zu dem von Anuschka. Lustvoll und neugierig ergriff ich die Initiative. Ich fing an, Anuschka zu streicheln. Auf deren Oberschenkeln, zwischen den Oberschenkeln, über ihren Pullover, über ihre Knospen. Wobei Anuschka es beneidenswerterweise trotz des nicht mehr als dreimonatigen Vorsprungs im Leben in der körperlichen Entwicklung um einiges besser getroffen hatte als ich! Alter Schwede. Sie hatte mir Jahre voraus. War brusttechnisch annähernd komplett entwickelt. Aufgrund meines geringen Körpergewichts und des hieraus resultierenden geringen Körperfetts hatte ich eine kleine Brust. Doch ich hatte einen Fruchtbarkeitsvorsprung. Seit einem Jahr hatte ich nunmehr meinen Eisprung. War objektiv und substanziell viel mehr Frau als sie. Immerhin, eine große Spur mehr Eva. Etwas, mit dem ich vor Gleichaltrigen glänzen konnte. Anuschkas Periode ließ weiterhin auf sich warten.

Anuschka schaute mich während meiner Annäherung neugierig mit ihren blauen Augen an. Ließ alle zärtlichen Berührungen meinerseits über sich ergehen. Ich küsste Anuschka. Küsste sie sanft auf ihre Schulter. Auf ihren Hals. Aufs Haar. Und letzten Endes knutschten wir wie alte Profis. Zungenkuss inklusive. Dann zogen wir uns aus und streichelten uns über unsere wachsenden Brüste. Wir fingen an, die andere zu entdecken. Es fühlte sich gut an. Mir wurde heiß und kalt. Mir liefen Schauer über meinen Rücken. Mir gefiel, was wir gerade entdeckt hatten. Meinen ersten Orgasmus bekam ich von meiner Stiefschwester geschenkt.

Ab diesem Zeitpunkt fand diese körperliche Nahkampferfahrung gut und gern an einem x-beliebigen Tag in der Woche statt. Erregend war es für uns, dass wir jederzeit damit rechnen mussten, dass einer unserer Elternteile oder mein Stiefbruder Marc in unser Zimmer kommen konnte. Unsere Zimmer durften nicht abgeschlossen werden. Das Recht, die Zimmer abschließen zu dürfen, behielten sich unsere Eltern vor. Dies führte dazu, dass uns die Vorstellung, bei unseren Liebesspielen entdeckt werden zu können, unglaublich anheizte. Die Angst des Entdecktwerdens erhöhte den Reiz außerordentlich. Unsere Liaison dauerte nur einen Frühling. Genau bis zu den Sommerferien. Bis ich ins Trainingslager des Sportvereins mitfuhr. In diesem verliebte ich mich prompt in einen Jungen.

Meine bis dahin wöchentlichen Balzrituale mit meiner Stiefschwester fanden ein jähes Ende. Anuschka kämpfte lange Zeit mit verletzter Eitelkeit. Vielleicht bedeuteten ihr unsere kleinen Doktorspielchen ungleich mehr als mir.

Wir waren nunmehr vierzehn Jahre alt. Thomas hieß mein Traummann und war der Schwarm aller Mädchen. Er wohnte in einem Nachbarort. In Kiel-Friedrichsort. Gut sah er aus. Groß und durchtrainiert war er. Zudem hatte er ein markantes, hübsches Gesicht, braune, lockige Haare und ein sympathisches Lächeln. Leistungsturner wie ich. Von ihm konnte ich noch eine Menge lernen. Auf der Stelle stand ich, als ich ihn sah, lichterloh in Flammen. Wir wurden im Trainingscamp ein Paar. Kuschelten in so mancher Nacht eng umschlungen in seinem Zelt. Thomas war drei Jahre älter als ich. Zu dem Zeitpunkt unseres Beziehungsanfangs war er siebzehn Jahre alt.

Nach lediglich sechs Wochen Beziehung unternahm Thomas in meinem Elternhaus den ersten Vorstoß zum Beischlaf. Er wollte richtigen, echten Sex. Er wollte mit mir schlafen und hatte keine Lust, weiterhin nur Händchen zu halten, zu knutschen oder zu fummeln. Kuschelsex reichte ihm bald nicht mehr. Er war mit unseren drei- bis viermaligen wöchentlichen Kampfeinsätzen in dem Vorraum meines Zimmers, auf der Klappcouch unter dem Reihenhausdach, nicht mehr zufrieden. Er wollte nichts mehr auf der Welt, als mich endlich zu entjungfern. Thomas war ungeduldig. Ich konnte mir zu diesem Zeitpunkt einen Beischlaf mit ihm nur schwer vorstellen. Zum einen war ich durch den Missbrauch aus der Zeit vor der Zeit und den Tätscheleien des Kollegen meines Stiefvaters extrem vorbelastet, und zum anderen hatte ich vor dem *ersten Mal* unglaubliche Angst. Mir war zu Ohren gekommen, dass das *erste Mal* ohnegleichen wehtun solle. Dass das *erste Mal* blutig war. Dass die meisten Jungs nach dem Akt einschlafen würden. Dass nicht wenige Jungs nach dem *ersten Mal*, wenn sie ihr Ziel erreicht hatten, die entjungferten Mädchen abservieren würden.

Ich war in Thomas bis über beide Ohren verliebt. Ich wollte gerne mit ihm schlafen, jedoch nicht zu diesem Zeitpunkt. Ich benötigte viel mehr Zeit, mich auf den ersten Koitus vorzubereiten. Ich benötigte Verständnis und Einfühlungsvermögen seitens meines Partners. Doch das war nicht Thomas' Baustelle. Er hatte keinen Bock mehr auf den *Kindergarten* mit mir. Die Beziehung hielt zu meinem Bedauern nur wenige

Monate. Thomas hatte mangels Verständnis für meine Situation nach lediglich fünf Monaten trauter Zweisamkeit mit mir Schluss gemacht. Nach der Trennung litt ich unter extremem Liebeskummer.

Wir schreiben das Jahr 1975. Mein Stiefvater hatte bedauerlicherweise dieses *-Deine Tochter tut dieses, deine Tochter macht das-*Getue nach all den Jahren des gemeinsamen Zusammenlebens nicht abgelegt. Wahrscheinlich verspürte er keine Lust, mit einem pubertierenden Teenager zu diskutieren. Es blieb demzufolge bei „meinen Kindern, deine Tochter".

Da nunmehr der ersehnte Familienzuwachs geboren war, wurde jedoch der Tenor ein anderer: „Unser Kind, meine Kinder, deine Tochter".

Ich konnte und wollte meinen Stiefvater durch seine physische und psychische Ablehnung mir gegenüber nicht ernst nehmen und fing an, mich gegen ihn aufzulehnen. Was sicherlich taktisch unklug war. Mehr noch, es war äußerst dumm von mir.

Dann, ein Jahr nach dem ersten Vergrößern des nunmehr mittelgroßen Familienkreises, fingen die Häuptlinge des Stammes Kugelblitz an, sich wiederholt nahezu täglich anzuherrschen.

Am Anfang verstand ich nicht, worum dieser Zwist ging. Obendrein hatte ich große Angst, dass das Vagabundieren erneut losging. Dann platzte die Bombe. Meine Mutter war aufs Neue schwanger. Mein Stiefvater plusterte sich auf. Er gab meiner Mutter die Schuld, bei der Verhütung nicht aufgepasst zu haben. Gut, dass er an der Zeugung nicht beteiligt war. Es war nach seinen Worten davon auszugehen, dass es sich bei der erneuten Schwangerschaft meiner Mutter um eine unbefleckte Empfängnis handelte. Doch es kam noch besser. Es sollten Zwillinge werden. Na, wenn das kein Grund zur Freude war!

Ein Fußballteam benötigt elf Spieler. Unsere Elternteile waren auf dem besten Weg, eine eigene Fußballelf zusammenzuzeugen.

Jetzt wurde das kleine Reihenhaus in Schilksee wirklich zu klein. Selbst unseren Eltern fiel auf, dass das Reihenhaus für eine achtköpfige Familie nicht ausgelegt war. Also sahen sie sich nach einem neuen Haus, einem größeren Auto und was sonst noch an Equipment für eine achtköpfige Familienbande vonnöten war um.

Es gab – wie sollte es anders sein – erneut viele Unstimmigkeiten. An einigen Tagen war die Luft in unserem Haus extrem dick. Man hätte diese leicht mit einem Messer durchschneiden können.

Am 6. Mai 1975, gegen zehn Uhr morgens, wurden in einer großen Klinik der Landeshauptstadt Schleswig-Holsteins die Zwillinge Nathalie und Catarina viele Wochen zu früh, als Siebenmonatskinder, geboren.

Die beiden sahen aus wie zu groß geratene Ratten. Die ohne die Hilfe der vielen Apparate überlebensunfähigen Menschenkinder hatten ein bedenkliches Geburtsgewicht von 1.500 Gramm. Die beiden kleinen Mädchen mussten noch lange Zeit nach ihrer Geburt in der Universitätsklinik bleiben und durften erst nach Hause kommen, als sie alleine lebensfähig waren. Sehr zum Glück der kleinen Kullerkugeln wurden diese in das Tierkreiszeichen des Stiers hineingeboren.

Wochen bevor die kleinen Racker aus dem Krankenhaus ins Elternhaus geholt wurden, hatte mein Stiefvater ein neues Haus im Rohbau diverse Dörfer weiter, grob geschätzt dreißig, fünfunddreißig Fahrradminuten von unserem derzeitigen Wohnort entfernt, erstanden. Dieses musste nun blitzschnell ausgebaut werden. Nach Fertigstellung konnte man sodann mit der Großfamilie in das neue Haus umsiedeln.

Künftig sah mein Stiefvater seine Nachkömmlinge nur sporadisch. Der Ärmste war gut ein halbes Jahr nach dem Häuslekauf mit dem Aus- und Umbau des neuen Bauwerks beschäftigt. Somit blieb die ganze Hausarbeit, das Füttern, das Windelwechseln, das Spazierengehen mit den drei gemeinsamen Nachkömmlingen, dem damaligen Frauenbild entsprechend, an meiner Mutter hängen. Doch meine Mutter sah sich nicht zur Erfüllung dieser Aufgaben berufen. Viel lieber wollte sie über die nicht anwesenden Nachbarn mit den anwesenden Nachbarn tratschen und ratschen, Kaffee trinken und Kuchen essen.

Meine Mutter versuchte uneingeschränkt, die unangenehmen Dinge ihres Lebens weiterhin Anuschka und mir aufzudrücken. Leider verspürten wir nicht die geringste Lust, dem Nachwuchs zu trinken zu geben, ihn zu füttern und, zu guter Letzt, auch noch mit dem Hund Gassi zu gehen.

Anuschka und ich hatten uns nach einer gewissen Findungsphase aus den Klauen der unfreiwilligen Verfügung unserer Doppelspitze über unsere knappe Freizeit, in der wir als kostenfreie Babysitter, Haushälterinnen und Hundesitter agieren durften, befreit. Wir flüchteten uns noch intensiver in den Sport.

Punkt, Satz und Sieg

Im Frühjahr des Jahres 1976 – ich wurde in diesem Jahr fünfzehn Jahre alt – siedelten wir in den neuen Prachtbau um. Es ging in Richtung Nord-Ostsee-Kanal.

Von unserer neuen Herberge konnte man mit Fug und Recht behaupten, dass es sich um ein stattliches Anwesen handelte. Mein Stiefvater hatte ein schickes weißes Einfamilienhaus am Ende eines Wendehammers in einer *Besseren-Leute-Wohngegend* standesgemäß erworben. Es ging uns ausgezeichnet. Man stellte etwas dar! Man war uneingeschränkt wer! Dies galt es zu zeigen.

„Nicht kleckern, sondern klotzen" war von jetzt an die Devise meiner Eltern. Mit einer gesamten Wohnfläche von zweihundert Quadratmetern. Voll unterkellert, auf über eintausend Quadratmetern Grundstück gebaut. Große Garage inklusive. Mit einer Inneneinrichtung vom Feinsten galt es die Nachbarn und ebenso die Besucher zu beeindrucken.

Jeder, bis auf die Zwillinge, bekam sein eigenes Reich zugesprochen. Wir, die drei Großen, meine Kinder und dein Kind, kamen in der ersten Etage des Anwesens unter. Zu unserer Glückseligkeit fanden wir drei in den neuen Räumlichkeiten ein eigenes Badezimmer vor. Die drei Kleinen aus dem gemeinsamen Geblüt blieben im Erdgeschoss, in dem Machtbereich des Elternschlafzimmers. Es hätte alles ausgesprochen schön werden können, wenn da nicht dummerweise das eine oder andere Verständigungsproblem zwischen meiner Mutter, meinem Stiefvater und mir aufgetaucht wäre …

Am 4. April 1976 wurden Anuschka und ich gemeinsam in der Dietrich-Bonhoeffer-Kirche in Kiel-Schilksee konfirmiert.

Eineinhalb Monate später wurde ich fünfzehn Jahre alt. Das eingenommene Geld, das mir anlässlich meiner Konfirmation von Verwandten und Bekannten zugesteckt wurde, hatte sich meine Mutter bei mir ausgeliehen.

Wiederbekommen habe ich die geliehene Summe in Höhe von 1800 Mark nie. Auch nicht zu einer Zeit, als ich mein Barvermögen dringend und gut hätte gebrauchen können.

Anuschka konnte sich von ihrem Konfirmationsgeld ein Mofa kaufen. Die Glückliche!

Das Verhältnis zwischen Anuschka und mir kühlte weiter und weiter ab. Meine Mutter verstand es ausgezeichnet, uns wie ein gewieftes Pokerface gegeneinander auszuspielen. Im Laufe der zurückliegenden Jahre waren aus anfangs richtig guten Freundinnen Rivalinnen geworden. Wir waren uns viele Male spinnefeind. Gingen mehr und mehr getrennte Wege. Ich wusste ohnehin seit geraumer Zeit nicht mehr, was Anuschka den ganzen Tag über trieb. Wir grenzten einander aus. Das negative Sozialverhalten unserer Elternteile innerhalb unseres Familienverbunds vergiftete unser ganzes Familienleben.

Anuschka war in ihrem letzten Pflichtschuljahr angekommen und wusste nicht, was sie nach Beendigung ihrer Schulzeit lernen wollte. Zur Berufsfindung besuchte sie ein Jahr lang ein Jugendaufbauwerk. Anuschka lebte dort und war somit für 365 Tage aus meinem Fokus entschwunden. Der große Graben, der zwischen uns gegraben wurde, wurde zu meinem außerordentlichen Bedauern nicht mehr geschlossen.

In meinem externen Umfeld hatte ich riesige Probleme mit meinem Nachnamen. Ich hieß Nielsen, meine Mutter, meine Geschwister, alle außer mir hießen Kugelblitz. Somit kam es verhältnismäßig regelmäßig zu unangenehmen Nachfragen seitens meiner Schulkameraden, Bekannten, Freunde und Sportkollegen.

„Apropos, warum heißt du Nielsen? Der Rest deiner Sippschaft heißt doch Kugelblitz. Woran liegt das?“ Aufgrund der Neugierde meiner Umwelt sah ich mich gezwungen, mich zu rechtfertigen. Häufig genug legte ich die aktuelle Familiensituation offen. Dessen war ich jedoch ab einem gewissen Zeitpunkt überdrüssig. Somit bat ich eines Tages meine Mutter und meinen Stiefvater um ein Gespräch.

„Ich habe regelmäßig Erklärungsnot mit meinem Nachnamen. Viele fragen mich, warum ihr alle Kugelblitz heißt und ich Nielsen. Gäbe es nicht die Möglichkeit, mich zu adoptieren?“ Fragend sah ich meine beiden Elternteile an.

„Das wäre toll. Ich hätte es dann viel leichter und würde mich dann nicht mehr wie eine Aussätzige fühlen. Es fühlt sich nicht gut an, einen anderen Nachnamen als der Rest der Familie zu tragen. Bitte!“, flehte ich meine Eltern an.

Ohne lange über meine Frage nachzudenken, schossen beide wie aus einer Pistole ein *Nein* als Statement ab. Mein Stiefvater stand nach seinem Wortgeschoss auf. Für ihn war unsere Unterhaltung beendet. Er hatte alles gesagt, was es seiner Meinung nach zu diesem Thema zu sagen gab. Er wollte sich nicht länger mit mir auseinandersetzen.

Adoptieren? Diese arrogante Pute hat nicht alle Tassen im Schrank. Was bildet sich diese Göre eigentlich ein? Auf Ideen kommt die!, dachte er sich. Kopfschüttelnd verließ er den Raum. Meine Mutter gab mir zu bedenken, dass man im Falle einer Adoption auf den monatlichen Unterhalt meines biologischen Vaters verzichten müsste. Dies war meine Mutter definitiv nicht gewillt zu tun!

„Ivonne, du bist keine Kugelblitz. Du wirst es auch niemals werden. Wir wollen nicht auf den monatlichen Unterhalt deines Vaters verzichten. Es kann doch nicht so schwer sein, zu seinem

Nachnamen zu stehen. Dramatisiere bitte nicht dauernd alles. Ich glaube nicht, dass deine Probleme bezüglich deines Nachnamens so schlimm sind, wie du es uns weismachen willst.“ Nachdem meine Mutter mir ihre Anschauung bezüglich meiner Anfrage kundgetan hatte, stand sie kerzengerade von dem Stuhl, auf dem sie gerade gesessen hatte, auf und schlenderte in Richtung Türausgang. Ihr Blick, ihre angespannte Körperhaltung duldeten keinen Widerspruch. Ich verstand, dass ich bei meiner Mutter und meinem Stiefvater erneut kein Verständnis für meine prekäre Situation erhalten würde. Trotzig stand ich auf und entgegnete:

„Dann halt nicht. Ich hatte im Grunde nichts anderes von euch erwartet. Ihr seht einzig das Geld. Ihr liebt mich eben nicht! Euer jetziges Verhalten bestätigt mein Bauchgefühl.“

Das Thema Adoption rührte ich zu keiner Zeit erneut an. Die gemeinsamen Kinder der Familie Kugelblitz hatten es besser als wir Kinder aus den vorherigen Beziehungen. Ohne Frage. Doch richtig gut hatte es sein Leben lang ausschließlich der gemeinsam gezeugte Sohn Klaus.

Im Sommer 1976 war ich dank zweier Brüder aus unserer Nachbarschaft in unserer neuen, imposanten Bleibe der *Besseren-Leute-Wohngegend* das erste Mal mit weichen und harten Drogen in Berührung gekommen. Eine handverlesene Bagage von Nachbarsjungen und Mädchen, explizit zwei Brüder aus einer erlesenen Dynastie, waren ständig bekifft und mehr. Sie chillten mit ihrer Rotte, der auch ich zeitweise angehörte, ausschließlich bis auf wenige Ausnahmen in deren Elternhaus. Die Brüder aßen mit unserem Klan liebend gerne Glückskekse. Doch nach einer gewissen Zeit brachte diese leckere Schleckerei ihnen nicht mehr den gewünschten Hochgenuss ein. Es lag in deren Behausung, egal zu welcher Jahreszeit, permanent eine weiße Schneespur. So kam es in deren Zimmer, unabhängig von der Außentemperatur, zum Wintereinbruch.

Vor diesen Wunderwaffen der geistigen Betäubung hatte ich viel zu viel Respekt, als dass ich sie ausprobiert hätte. Visuell als auch akustisch bekam ich durch die Liveauftritte meiner Klubangehörigen mit, welchen negativen Einfluss Drogen auf ein Leben nehmen können. Aus lauter Angst vor solchen radikalen Veränderungen meiner Persönlichkeit hab ich diese nie ausprobiert. Ich sah, wie sich die Jungs und nicht wenige weibliche Mitglieder meiner Clique unter dem Einfluss des Rauschgiftes veränderten.

Leider nicht zu ihrem Vorteil. Immer öfter lagen meine Klubmitglieder stoned in einer Ecke des Klubpartyzimmers herum.

Drogen waren nicht meins. Nicht mal mit dem Rauchen hatte ich zu meinem gesundheitlichen Vorteil angefangen. Probiert habe ich das Zigarettenrauchen gewiss. Geschmeckt hat es mir nicht. Ich gab mein Geld lieber für andere, für mich relevantere Dinge aus.

Einige Schnarchnasen aus meiner ehemaligen Sippschaft blieben ihrem Drogenkonsum zu meinem großen Bedauern treu. Waren nicht bereit, Verantwortung für ihr Leben zu übernehmen. Lebten nach dem Motto: „Das Leben ist eine ewige Party!“ Zwei von ihnen verstarben vier Jahre nach meinem Auszug aus meiner elterlichen Bleibe an einer Überdosis Heroin.

Nach meinem ersten schweren Liebeskummer, der zu den heranreifenden Jahren dazugehörte wie das unbedingte Erlangen des Führerscheines mit der Vollendung des achtzehnten Lebensjahres, bemerkte ich mehr und mehr, dass das andere, das männliche Geschlecht seine nicht unerheblichen Reize aufs Stärkste auf mich ausübte. Mit dem in mir erweckten Interesse an den Dreibeinern setzte parallel mein Marktwerttesten an den von mir auserkorenen, ausschließlich männlichen Probanden ein.

Das Gezeter meiner Mutter mir gegenüber wurde trotz aller Beteuerungen, sich zu ändern, schlimmer. Somit war ich über Tag kaum noch zu Hause anzutreffen. Dem Sport frönte ich weiterhin. Mein Sportverein war nach unserem Umzug gute zehn Kilometer entfernt. Einige Dörfer weiter, in Richtung Ostsee. Viermal in der Woche absolvierte ich weiterhin ein hartes, diszipliniertes Training. An meinen Trainingstagen hatte ich eine mindestens dreißigminütige Fahrradtour je Fahrtrichtung bei Wind und Wetter vor mir. Ich nahm diese Herausforderung sportlich.

Freundinnen, die ich mit nach Hause brachte, verscheuchte meine Mutter schnell.

An dem Tag im Juni, ich hatte mein Zimmer voller Gäste, musste meiner Mutter zur Erquickung aller an diesem Tag eine riesengroße Laus über ihre Leber gelaufen sein. Gerade hatte das letzte Mädchen in meinem Reich Einlass gefunden, schlug meine Mutter in meinem Zimmer auf. Natürlich kam sie herein, ohne anzuklopfen. Laut wie eine große Büffelherde, ohne meine Intimsphäre zu respektieren. Eigensinnig wie ein schnaufendes Nashorn in Aktion, ohne ein Anzeichen von Gewalt. Doch meine Mutter blieb sich treu. Sie war unberechenbar. Ohne Vorankündigung riss sie meinen Kleiderschrank auf und wühlte wie ein Maulwurf in meinem Schrank herum, um sodann alle Kleidung herauszureißen. Erst als mein Kleiderschrank komplett geleert war, klang der ungeheure Grimm meiner Mutter langsam ab.

„Du scheinst eine Menge Langeweile gehabt zu haben. Daher diese große Menschenansammlung in deinem Zimmer. Deine

Freunde sollen sehen, was für ein Schwein du bist, wie unordentlich du bist. Du hast nunmehr genug damit zu tun, deinen Kleiderschrank vernünftig und ordentlich einzuräumen. Deine Anhänger dürfen jetzt nach Hause gehen. Ich löse diese Versammlung in meinem Haus, in meinem Zimmer, das ich dir nur für die Zeit deiner Verweildauer bei mir überlasse, auf." Ich hätte vor Scham tief im Boden versinken können.

Meine Mutter blieb launig. Sie nannte mich weiterhin auch in Gegenwart meiner Freundinnen Nielsenschwein. Im Vergleich der Hetze meiner Mutter gegen mich waren die ausgesprochenen Flüche der alten Pharaonen in und an deren Grabstätten gegen Eindringlinge gar nichts. All die vielen Kränkungen, die Demütigungen gegen mich nahmen kein Ende. Im Gegenteil. Mit der steigenden Unzufriedenheit in ihrer neuen Beziehung wurde es für mich schlimmer. Täglich wuchsen ihre Impertinenz, ihre Boshaftigkeit und ihre permanenten Grenzüberschreitungen mir gegenüber.

Ein wenig Spaß muss sein …

Seit einem halben Jahr war ich fünfzehn. Nun stand es seitens meiner Schule an, ein Berufspraktikum zu absolvieren. Wir Schüler sollten uns nach für uns interessanten Berufen, umsehen – Berufe, in denen wir uns wiederfanden, in denen wir uns vorstellen konnten zu arbeiten.

Ich fand den Beruf der Dekorateurin interessant. Zu meinem großen Glück wurde ich auf meiner Suche nach einem Praktikumsplatz in einem riesigen Kaufhaus in Kiel, der Landeshauptstadt Schleswig-Holsteins, fündig. Den Beruf der Dekorateurin erlernen, wollte ich jedoch nicht. Mein Berufswunsch war es, Kriminalbeamtin bei der Sitte zu werden. In diesem Beruf sah ich mich, und in diesem wollte ich für den Rest meines Lebens arbeiten. Zur Umsetzung meines Berufswunsches hatte ich mich einige Wochen vor meinem Praktikumsantritt, während unserer Berufsvorbereitungsinformationstage in Kiel bei der Agentur für Arbeit, über meine Ausbildungschancen informiert. Inspiriert durch die Kriminalbeamtin aus der Zeit vor der Zeit, die mich nach dem sexuellen Missbrauch bis zur Gerichtsverhandlung meines Peinigers begleitet hatte, war in mir dieser Berufswunsch entsprungen. Auch ich wollte anderen Menschen helfen. An dem Berufsvorbereitungsinformationstag saß ich nun vor einer Arbeitsvermittlerin und ließ mich bezüglich meines Berufsausbildungswunsches aufklären.

„Fräulein Nielsen, alles zu seiner Zeit. Diese Ausbildung", erklärte mir die Beraterin der Agentur für Arbeit, „können Sie erst mit achtzehn Jahren absolvieren. Sie sind erst fünfzehneinhalb Jahre alt. Somit gilt es, die Zeit bis zu dem von Ihnen gewünschten Bildungsgang zur Kriminalbeamtin mit einer Lehre, besser noch mit einem höheren Schulabschluss, zu überbrücken."

Ich bekam eine Menge Informationsmaterial über den von mir angestrebten Beruf mit auf meinen Weg. Was meinen Berufswunsch betraf, war ich nach dem Gespräch mit der Berufsberaterin extrem gestärkt und wollte nach der Beendigung meiner Realschulzeit mein Abitur nachholen. Somit kam für mich eine Ausbildung nach der Schulzeit nicht infrage. Aus diesem Grund blieb mir bei der Praktikumsauswahl nur das für mich kleinste Übel zu wählen. Ich war handwerklich geschickt, so kam ich auf den Trichter, in den Beruf der Dekorateure hineinzuschnuppern. Die Praktikumswahl bereute ich nicht. Aufgeschlossen und nett wurde ich in das bestehende Deko-Team aufgenommen.

Eine weitere Praktikantin, die gemeinsam mit mir in dem Konsumtempel zur freudigen Geldausgabe ein Praktikum zur Dekorateurin absolvierte und mit der ich mich gleich vom ersten Tag an ausgesprochen gut verstand, setzte mir an meinem vierten Arbeitstag einen Floh ins Ohr. Carola wollte mit mir gemeinsam in die angesagteste Diskothek, die die Landeshauptstadt Schleswig-Holsteins im Jahr 1976 zu bieten hatte, zum Tanzen gehen. Am kommenden Wochenende sollte es losgehen. Ich hatte keine Ahnung, wie ich es anstellen sollte. Wusste jedoch, dass ich mit Carola in diese Disco gehen wollte. Gefühlt war ich ohnehin mehr sechzehn als fünfzehneinhalb. Auch wenn der offizielle Einlass erst mit konkreten sechzehn Jahren erlaubt war. Für solche Fälle hatte man als Jugendlicher im Jahr 1976 gefälschte Schülerausweise für eventuelle Kontrollen der grün-weißen Hüter des Rechts- und Ordnungsstaates in petto, die ausreichten, den gewünschten Einlass in die angesagten Diskotheken der Stadt zu bekommen.

Freitagabend. Endlich war es so weit. Gleich nach Feierabend fuhr ich mit zu Carola. Carolas Eltern besaßen ein schickes gelbes Einfamilienhaus in einem Kieler Randbezirk. Mit meiner Mutter und meinem Stiefvater veranstaltete ich ein Ablenkungsmanöver für Debile. Meiner Mutter teilte ich mit, dass ich mich nach Feierabend mit einer Freundin, die ich im Praktikum kennengelernt hatte, treffen würde. Von meiner Mutter holte ich mir die Erlaubnis, erst gegen dreiundzwanzig Uhr dreißig zu Hause sein zu müssen. Ich hatte für die Umsetzung meines Plans nicht mal ansatzweise gelogen. Ich hatte einzig ein wichtiges Detail nicht erwähnt. Nur durch dieses Hakenschlagen war gewährleistet, dass ich ebenfalls in die Superhippdisco gehen konnte. Hätte ich meiner Mutter die Wahrheit gesagt, hätte sie mir meinen heiß ersehnten Discobesuch mit Sicherheit verboten.

Wir brezelten uns für unseren großen Auftritt ordentlich auf. Carolas Vater hatte sich angeboten, uns in die Disco zu fahren und uns gegen dreiundzwanzig Uhr zwanzig an einem vereinbarten Treffpunkt wieder einzusammeln. Selbstverständlich war auch für mich der Chauffeurvollservice inklusive des wohlbehüteten Ablieferns vor meiner Haustür in dem angebotenen Rundum-sorglos-Paket ihres Vaters enthalten.

In der revolutionären Diskothek, in der rund eintausend Jugendliche einen Platz fanden, Einlass zu finden, stellte sich für uns entgegen aller Erwartungen dank unserer Schülerausweise als kein Problem dar. Die Türsteher ließen sich täuschen. Wir schlugen gegen einundzwanzig Uhr auf. Zu dieser christlichen Zeit war der Musik- und Tanztempel verhältnismäßig leer. Das sollte sich rund eine halbe Stunde später ändern. Die Disco füllte sich. Dann, urplötzlich, traf mich ein Blitzschlag. Mitten durch meinen Körper. Ich sah ihn. *Den Einen*. Mit meinem rechten Zeigefinger zeigte ich Carola die Richtung des Objekts meines Begehrens an. Carola reagierte nicht sofort auf meine Richtungsweisung. Zur Untermalung meiner Aufforderung kniff ich sie in ihren linken Oberarm.

„Aua, was soll das?“, fauchte Carola mich an. Doch dann verstand sie meinen Wink und schaute in die von mir angezeigte Richtung.

Groß war er. Schulterlange, lockige Haare hatte er. Gebräunte Haut. Er sah umwerfend aus. Sofort war ich Feuer und Flamme. Brannte lichterloh. Aber zu meinem außerordentlichen Bedauern war der E.T. nicht alleine. Er war mit einer Gruppe Halberwachsener aufgeschlagen. Er mochte gut und gern eine Handvoll Jahre älter sein als ich. Doch sein Alter war mir egal. Auf der Stelle hatte ich mich in ihn verliebt. Es war von meiner Seite Liebe auf den ersten Blick! Es hatte bei mir sofort „Zoom“gemacht!

„Ich möchte, nein, ich muss diese Zuckerschnute unter allen Umständen sofort kennenlernen“, säuselte ich Carola verträumt zu.

„Wie stelle ich es jetzt an? Was soll ich ihm sagen? Was soll ich ihn fragen?“

Ich schaute Carola erwartungsvoll an. Meine Freundin sollte mir ad hoc Tipps für eine erfolgreiche Anmache geben.

„Ich muss ihn umgehend auf mich aufmerksam machen“, drängte ich Carola.

„Los, nimm die Füße in die Hand und geh rüber. Bitte ihn um Feuer für deine Zigarette.“

„Feuer wofür? Ich rauche doch gar nicht.“

„Macht nichts. Dann tust du halt so als ob. Warte, ich gebe dir eine Zigarette von mir. Nichts wie ran an den Speck. Viel Erfolg!“ Carola kramte in ihrer Handtasche, nahm eine Packung Zigaretten heraus und steckte mir eine Zigarette, die laut Aufdruck auf der Zigarettenpackung nach Menthol schmecken sollte, lachend hinter mein rechtes Ohr. Dann stieß sie mich an. Ich sollte in Richtung des gut aussehenden Typen gehen. Doch ich hatte Scheu. Da ich zuvor meinen Mund aber weit aufgerissen hatte, wollte ich mir vor Carola keine Blöße geben und setzte mich gefühlte Stunden später langsam in Richtung des Einen in Bewegung. Schnelligkeit war im Moment definitiv nicht meine Geschwindigkeit. Ich bekam Panik.

Was mache ich hier eigentlich? Mich zum Honk?, fragte ich mich. In meinem Kopf summte es wie in einem vollen Bienenstock. *Was, wenn er eine Freundin hat? Dann mache ich mich hier vor allen Leuten zum Vollpfosten,* ging es mir durch meinen Kopf. Unsicher schaute ich mich zu Carola um. Diese bedeutete mir mit einer winkenden Handbewegung, dass ich weitergehen sollte. Eine Befehlsanweisung, die ich mutig umsetzte und befolgte. Als ich endlich vor ihm stand, fehlten mir jedoch die Worte. Die Fähigkeit zu artikulieren hatte sich zwischenzeitlich gründlich von mir verabschiedet. Die einzelnen Buchstaben ließen sich von mir nicht mehr als ganze Wörter zusammenfügen. Ich stammelte in meiner grenzenlosen Aufregung in einem Buchstabensalat aus Angst vor einer Ablehnung des Einen zuerst seinen Bekannten an:

„Hallo, hast du Feuer?" *Mein Gott,* dachte ich. *Die müssen von mir denken, dass ich an mentaler Retardation leide. Wie peinlich!* Ich hielt seinem Bekannten meine geliehene trockene Zigarette, Carolas Zigarette, unter dessen riesige Nase.

Der Kumpel des Einen schaute mich neugierig, bei genauer Beobachtung höchstwahrscheinlich eher ausgesprochen belustigt an. Was mag wohl in diesem Moment durch seinen Kopf gegangen sein? Vermutlich, dass mein Hirn nicht zum Denken angelegt wurde. Der Freund meines Einen lächelte mich an, oder lachte er mich kackfrech aus?

„Nein, ich rauche nicht. Vielleicht Andreas." Als ob Arnold – dies war der Vorname seines Freundes – es nicht ohnehin von vornherein besser gewusst hätte. Dieser ließ mich ohne einen Wimpernschlag eiskalt auflaufen und absaufen. Er ließ mich ohne Vorwarnung zu seiner und ihrer aller Belustigung mental untergehen. Der Kamerad des Einen drehte sich süffisant lächelnd zum besagten Andreas herum. So hieß demzufolge der Eine. Nun wusste ich trotz aller aufgetretenen Widrigkeiten seinen Namen! Sein Freund fragte ihn:

„Andreas, hast du Feuer für die junge Dame? Sie raucht und benötigt von uns Feuer zum Anzünden ihrer Zigarette."

Andreas lachte mich an. *Mein Gott, siehst du gut aus!*, ging mir bei seinem Anblick durch meinen Kopf.

Wie er mich mit seinen riesengroßen dunkelbraunen Augen ansah! Ich schmolz wie ein Gletscher in der Tropensonne dahin.

Andreas antwortete auf die Frage seines Gefährten, an mich gerichtet:

„Du hast Pech. Auch ich rauche nicht. Er lachte mich nicht aus, nahm den ausgespielten Joker nicht an. Auch er schien mich offensichtlich interessant zu finden. Es schien ihm ohne Frage zu gefallen, was er sah.

„Wenn du magst, kann ich dir etwas zu trinken bestellen. Was möchtest du trinken?"

„Eine Cola", raunte ich ihm heiser zu. So deutlich, wie meine Stimmbänder meine kurze Antwort zuließen.

Na, alles gut. Einen irreparablen, unsinnigen hirnrissigen Eindruck kann ich trotz allen Schlamassels nicht hinterlassen haben, dachte ich glücklich.

Wieder mal versagte meine Stimme. Ich wurde rot. Hoffte, dass der Eine meine Röte nicht bemerkte. Stocksteif wie ein Besenstiel blieb ich neben ihm stehen. Aus der Nähe sah er noch viel besser aus als aus der Ferne. Seine Stimme war angenehm weich. Melodisch. Seine Hände waren wunderschön. Schmal. Mit langen Fingern und gepflegten Fingernägeln. Als ob er Klavier spielen würde. Groß war er. Er maß bestimmt mindestens einen Meter fünfundachtzig. Lange, dunkle, lockige Haare hatte er. Korkenzieherlocken! Einen dunklen, ebenmäßigen Teint. Als Goody einen kleinen, knackigen Hintern.

Dieses Wesen kommt mit Sicherheit nicht aus dem Hier und Heute. Er kommt glasklar erkennbar aus einer Zeit, in der es keine Menschen mehr mit Makel gibt. Er ist komplett perfekt!, ging mir durch meinen Kopf, als ich neben ihm stand und ihn verträumt anschmachtete. Ob er etwas bemerkt hatte? Hoffentlich nicht. Verschämt schaute ich zu einer Gruppe Jugendlicher, die laut grölten, um auf sich aufmerksam zu machen. Andreas schien meinen Blick in die Richtung der Jugendlichen bemerkt zu haben.

„Aufmerksamkeitsdefizitsyndrom", sprach Andreas mich an.

Er zeigte zu der Gruppe Jugendlicher, die ungeheuerlich laut lärmten. Grinsend antwortete ich ihm: „Wahrscheinlich."

Unsere Getränke kamen. Das Eis war gebrochen. Wir unterhielten uns den ganzen weiteren Abend angeregt. Carola schlug gefühlt unverschämterweise viel zu früh auf, um mich aus meinem Traumland in die Realität zurückzuholen. Es war mittlerweile dreiundzwanzig Uhr fünfzehn. Carolas Vater wartete auf uns vor der Diskothek, um uns in unsere jeweiligen Heimathäfen zurückzufahren. Andreas fragte, als er mein Zögern bemerkte, ob er mich nach Hause fahren dürfte. Durfte er an diesem Abend nicht. Dafür verabredeten wir uns für den nächsten Abend. Selbe Zeit, selbe Stelle.

Der Samstag kam. Meine Mutter trickste ich zur Umsetzung meines Discobesuchs erneut gekonnt aus. Carola hatte mir zuvor fest versprochen, mich an diesem Abend zu begleiten. Carolas Vater spielte für uns abermals den Chauffeur. Diesmal war es im Gegensatz zum Vortag proppenvoll in dem angesagten Tanzschuppen der Stadt. Wir schoben uns Millimeter um Millimeter durch die Eingangsfläche in den Innenraum der Diskothek. Den Einen sah ich nicht sofort. War augenblicklich enttäuscht. Carola sah ihn zuerst.

„Ivonne, sieh mal. Da hinten steht deine Verabredung. Er spricht mit der dünnen, kleinen Blonden."

Ich dachte, ich hörte nicht richtig und war ohne Weiteres gewillt, kampflos das Feld zu räumen. Ich wollte gerade gehen, da hatte der Eine mich ebenfalls gesichtet. Er ließ seine Gesprächspartnerin an der Tanzfläche, vor der er sich mit ihr unterhalten hatte, stehen. Er kam lachend, lässig auf mich zugeschlendert.

„Da bist du endlich. Ich habe dich überall gesucht. Ich hatte insgeheim befürchtet, dass du unsere Verabredung von gestern vergessen hast oder, schlimmer, sie nicht ernst gemeint hast", flüsterte mir Andreas lasziv in mein linkes Ohr. Ich wurde rot. Mir schoss mein gesamtes Blut, meine gesamten fünf Liter Körperflüssigkeit von null auf hundert in meinen Kopf. Der restliche Körper musste komplett blutleer gewesen sein.

„Nein, nein", war das Einzige, was ich stammeln konnte.

„Möchtest du tanzen?", fragte mich der Eine.

„Ich bin mit meiner Freundin da", antwortete ich dem Einen. Sodann drehte ich mich zur rechten Seite, an der Carola stand, um und fragte diese verantwortungsvoll:

„Ist es für dich in Ordnung, wenn ich mich abseile?"

„Hau schon ab. Ist dieses Zusammentreffen zweier Verliebter nicht der Grund unseres heutigen Aufenthaltes? Wenn ich dich brauche oder wenn wir loswollen, werde ich dich suchen und finden", flüsterte Carola mir kokett in mein linkes Ohr.

Carola ging zurück in Richtung Ausgang. Sie hatte einen unfassbar schnuckeligen Typen erspäht. Der mit Haut und Haaren ihrem Typus, ihrem Beuteschema entsprach. Auch für sie schien es ein guter Abend zu werden.

„Worauf wartest du? Wolltest du nicht mit mir tanzen?", fragte ich unerschrocken den Einen und fasste ihn mutig an seiner rechten Hand. Stolz wie Bolle ging ich mit ihm Hand in Hand auf die Tanzfläche. Diese war bedauerlicherweise überfüllt. Zum Glück fanden wir trotzdem eine freie Stelle, auf der wir uns zur Musik relativ entspannt bewegen konnten. Wir tanzten Foxtrott. Wenn man unsere schrägen Bewegungsabläufe, unsere Muskelzuckungen als Tanz bezeichnen konnte. Die freie, uns zur Verfügung stehende Tanzfläche mag so groß wie die Fläche von zwei nebeneinanderliegenden Badelaken gewesen sein. Beim Tanzen mit meinem Außerirdischen hatte ich gefühlt mehr als hundert Schmetterlinge im Bauch.

Nur gut, dass Carola und ich in ihrem Zimmer den einen oder anderen Tanzschritt einstudiert haben, dachte ich zufrieden, während ich mich mit Andreas zu der Popmusik bewegte. Meine eingeübten Schritte fanden nun stilsicher ihre gekonnte Anwendung. Zu meinem großen Glück konnte ich mich oftmals eng an ihn kuscheln. Es war für mich ein unvergesslicher Abend. Als Andreas mich dann noch fragte: „Wie sieht es heute Abend aus? Darf ich dich nachher nach Hause fahren?“, war der Abend perfekt. Ich schwebte auf einer rosaroten Wolke.

„Jaaaa“, hauchte ich ihm entgegen. Meine Endorphine tanzten Cha-Cha-Cha.

Diesen Abend ließ ich mich nicht von Carolas Vater nach Hause fahren, sondern nahm das Angebot des Einen an. Der, wie ich erfahren hatte, im August desselben Jahres volljährig geworden war und einen Tag nach seiner Volljährigkeit seinen Führerschein ausgehändigt bekommen hatte. Ich war mächtig beeindruckt, als Andreas alias *der Eine* mir erzählte, dass er vor drei Monaten ausgelernt hatte. Er hatte eine Ausbildung zum Kfz-Elektriker absolviert. Ein ganzer Kerl war er demzufolge. Ich liebte ganze Kerle. Macher und keine Warmduscher. Als es Zeit wurde, meine Heimreise anzutreten, begleitete ich Andreas auf einen großen Parkplatz vor der Disco. Der Eine ging zielstrebig auf einen orangefarbenen BMW zu. *WOW!*, dachte ich, als er den Wagen aus der Parklücke fuhr und vor mir stehen blieb.

„Nicht schlecht“, sagte ich beeindruckt, als ich in sein schickes Auto einstieg.

Der Eine fuhr mich, wie mit meiner Mutter vereinbart, gegen dreiundzwanzig Uhr dreißig nach Hause. Wir küssten uns zum Abschied innig. Mein Herz raste. Meinen Pulsschlag spürte ich an meinen Schläfen pochen. Gut, dass ich im Auto saß. Ansonsten wäre ich garantiert umgefallen. Mann, konnte der Eine gut küssen! Seine Küsse gingen mir durch Mark und Bein. Er küsste nicht wie ein Anfänger. Er war ein Könner! Eine Idealgestalt!

Es war definitiv zu schön, um wahr zu sein. Jetzt wusste ich es endgültig:

Er ist ein Zeitreisender. Mein Einer, Andreas, kommt aus der fernen Zukunft. Alternativmöglichkeit: Er kommt von einem anderen Planeten aus einer fernen Galaxie. Dies ging mir durch meinen Kopf, als ich aus seinem Auto stieg. Zum Abschied, als er in Richtung seines Heimathafens fuhr, winkte ich ihm nach. Als ich vor unserer Haustür stand und in meiner Handtasche nach meinem Haustürschlüssel kramte, wurde ich hinter der Tür aufgeregt von meiner Mutter erwartet. Diese hatte an einem Fenster, das zum Wendehammer vor unserem Haus lag, gestanden und neugierig die ganze Verabschiedungszeremonie aus der Ferne beobachtet. Kaum stand ich nun an der Tür und wühlte in meiner Handtasche nach meinem verschwundenen Haustürschlüssel, sprang die Haustür auf. Meine Mutter hüpfte mir wie ein Bambi neugierig entgegen. Löcherte mich.

„Wer war das? Was macht er? Er sieht nicht aus wie ein Deutscher! Ist er Deutscher? Falls nicht, möchte ich nicht, dass du dich wieder mit ihm triffst. Dass das ein für alle Mal klar ist."

„Lass mich bitte erst einmal ins Haus kommen. Muss ich denn tatsächlich deine Fragen vor der Haustür beantworten?" Ich betrat die kleine Diele und schloss die Eingangstür leise hinter mir.

„Lass uns bitte morgen über alles reden. Ich bin müde und möchte gleich ins Bett gehen."

Wie gut, dass meine Mutter keine rassistischen, intoleranten Züge aufwies ...

An diesem Abend hatte ich keine Lust mehr, mich mit meiner Mutter, die gerade zu einem Warm-up anlief und sich in die bequeme Poleposition brachte, zu streiten. Wortlos ging ich die zwölf Stufen, die zu meinem Zimmer führten, nach oben. Offensichtlich hatte meine Mutter vergessen, dass sowohl mein Vater als durch unsere Blutsverwandtschaft auch ich italienischer Abstammung waren.

Am nächsten Morgen hatte ich dann gleich nach meinem Aufstehen, noch vor dem Duschen, das zweifelhafte Vergnügen, die vielen Fragen meiner Mutter beantworten zu dürfen. Zur Befriedigung ihrer Neugierde stürmte sie in mein Zimmer und löcherte mich. Na ja, verhörte mich zum Stillen ihres Wissensdurstes, traf es wohl eher.

Am späten Nachmittag wollte Andreas mich abholen. Wir wollten eine Kleinigkeit essen gehen. Andreas hatte mich eingeladen. Es klingelte gegen siebzehn Uhr an unserer Haustür. Allerdings war meine Mutter deutlich schneller an der Eingangstür als ich. Andreas stand strahlend wie ein Leuchtstern vor dem Portal. Der Außerirdische wollte mich zu der versprochenen Einladung abholen. Doch meine Mutter führte ein Theaterstück, das seinesgleichen suchte, auf.

„Guten Tag. Mein Name ist Kugelblitz, und wie ist Ihrer?“, fragte meine Mutter Andreas herausfordernd.

„Mein Name ist Andreas Mirkowicz“, stellte sich der Eine vor.

„Schön, Herr Mirkowicz. Sind Sie Deutscher? Deutsch hört sich Ihr Name ja nun wirklich nicht an.“

„Ja, ich bin Deutscher. Meine Vorfahren waren Ostpreußen“, erklärte Andreas beschwichtigend.

„Was machen Sie beruflich?“, bohrte meine Mutter ohne jegliche Anwandlung aufkommender Scham weiter.

„Ich bin Kfz-Elektriker von Beruf“, antwortete Andreas geduldig.

„Dann können Sie mir mit Sicherheit sowohl Ihren Ausweis als auch Ihren Gesellenbrief vorlegen. Denn ich möchte glaubhaft von Ihren Aussagen überzeugt werden. Ich möchte schwarz auf weiß sehen, dass Sie mich nicht anlügen“, fuhr meine Mutter ihn barsch an.

„Ich möchte wissen, mit wem meine Tochter sich abgibt und mit wem sie unterwegs ist.“

„Frau Kugelblitz. Meinen Ausweis habe ich bei mir, diesen könnte ich Ihnen ohne Weiteres gerne vorlegen. Meinen Gesellenbrief habe ich natürlich im Moment nicht präsent. Der liegt bei mir zu Hause“, hielt der Eine dem Wortschwall meiner Mutter entgegen.

„Tja, dann macht es Ihnen gewiss nichts aus, diesen zu holen und ihn mir später vorzuzeigen“, konterte sie kämpferisch.

Andreas war in diesem Moment schockiert und verdattert. Er drehte sich tatsächlich auf seinem Absatz um und machte eine Kehrtwendung. Natürlich hatte er für den Auftritt meiner Mutter kein Verständnis. So war zuvor noch niemand mit ihm umgesprungen. So viel Verachtung, so viel Rassenhass seitens eines Menschen waren ihm vorher noch von keinem anderen Menschen entgegengebracht worden. Durch das Auftreten meiner Mutter erhielt der für ihn weit entfernte Nationalsozialismus mit seiner grausamen Realität eine vorstellbare Form. Andreas’ Wohlfühlzone wurde durch das Verhalten meiner Mutter ihm gegenüber bei Weitem überschritten.

Andreas sah mich traurig an. Schockiert stand ich auf einer Stufe des Treppenaufgangs, der zu meinem Zimmer führte. Bisher hatte ich mich nicht getraut, mich einzumischen, um die ohnehin peinliche Situation nicht weiter zu verschlimmern. Ich wollte dem Auftreten meiner Mutter nicht den Stellenwert zukommen lassen, den sie sich sehnlichst, mehr als alles andere, wünschte.

Andreas sagte zu mir: „Ich wollte dich im Übrigen nur zum Essen abholen. Nicht gleich heiraten. Aber um mit dir essen gehen zu dürfen, muss ich mich offensichtlich zuvor vor deiner Mutter als Deutscher mit abgeschlossener Berufsausbildung und Arbeit legitimieren. Ich mach das; jedoch nur, weil mir viel an dir liegt. Ich mache mich dann mal auf den Weg. Ich bin in circa fünfzig Minuten zurück."

Andreas lächelte mich mit einem Siegerlächeln, das seine makellosen weißen Zähne zeigte, an und meinte noch zu mir: „Warte bitte auf mich."

Drehte sich um, ging aufrecht, ohne sich umzudrehen, zu seinem orangefarbenen BMW, den er vor der Auffahrt meines „Elternhauses" am Wendehammer geparkt hatte, stieg mit einem bösen Gesichtsausdruck in sein schickes Auto ein und fuhr los, um die gewünschten Unterlagen aus der Wohnung seiner Eltern, bei denen er ein Zimmer bewohnte, abzuholen. Um diese Unterlagen sodann meiner Mutter vorzulegen. Mir war das Auftreten meiner Mutter extrem peinlich. Ich versank sinnbildlich im Boden.

Wütend schrie ich meine Mutter an: „Du bist so peinlich! Wann hörst du endlich auf, dich wie eine Furie zu benehmen?"

Ich lief, ohne ihre Antwort abzuwarten, auf mein Zimmer. In diesem wartete ich aufgewühlt auf Andreas' Rückkehr. Dieser kam, wie versprochen, tatsächlich innerhalb der angegebenen Zeit zurück und legitimierte sich bei meiner Mutter.

„Ich kann mich nicht genug für das Verhalten meiner Mutter bei dir entschuldigen." Tränen stiegen mir in die Augen. Andreas nahm mich zärtlich in seine starken, muskulöse Arme.

„Alles gut. Mach dir keinen Kopf. Es geht um uns. Nicht um deine Mutter."

Gemeinsam gingen wir zu Andreas' Auto.

Mit Andreas' Legitimation wurde ich für künftige Zweisamkeiten bei meiner Mutter ausgelöst. Fortan durfte ich mich mit ihm treffen, so oft ich wollte. Wir trafen uns von diesem Zeitpunkt an regelmäßig unregelmäßig. Anfangs zwei- bis dreimal in der Woche. Nach einer Zeit von circa drei Monaten jeden Tag. Andreas' Groll gegen meine Mutter verrauchte jedoch nie.

An einem Wochenende – Andreas und ich wollten eine der bekanntesten Szenemeilen Kiels unsicher machen – wurde ich mitten auf der Straße vom Blitz getroffen. Ich stand meiner ersten großen Liebe Thomas gegenüber, direkt vis-à-vis. Bin ihm direkt in die Arme gelaufen. Thomas hatte mich ebenfalls sofort erblickt und erkannt. Er war mit seinem Freund ebenfalls auf der Pirsch. Er ging mir nicht aus dem Weg. Machte keinen Platz. Ganz im Gegenteil.

„Hallo", begrüßte er mich lächelnd, würdigte Andreas keines Blickes.

„Schön, dich nach der langen Zeit einmal wiederzusehen. Hast du unter Umständen einen Augenblick Zeit für mich? Ich möchte dich kurz was fragen."

Ich schaute zu Andreas. Dieser nickte mir aufmunternd zu. *Geht. Klärt eure bisher nicht gelösten Knoten*, schienen seine Gestik und Mimik verbal auszudrücken.

Ich hatte kurz ein aufflackerndes schlechtes Gewissen, Thomas' Aufforderung, ihm zu folgen, nachzukommen. Andreas kannte den Freund, den Thomas im Schlepp hatte, gut. Die beiden standen mittlerweile etwas abseits und unterhielten sich angeregt miteinander.

„Na gut", gab ich Thomas' Bitte nach, als ich sah, dass Andreas sich lebhaft mit Thomas' Begleitung unterhielt. Thomas nahm mich an meinem rechten Arm und zog mich wenige Meter aus Andreas' Radius in eine Hausecke.

„Ich habe damals einen großen Fehler gemacht. Ich kann dich nicht vergessen. Ich denke seit langer Zeit jeden verdammten Tag an dich. Ich kann dich trotz aller Versuche nicht aus meinem Gedächtnis streichen. Du hast mich verzaubert. Ich liebe dich noch immer wahnsinnig. Bitte, bitte, gib uns noch eine Chance! Mach mit diesem Hansel Schluss. Komm zu mir zurück. Euch beide so zu sehen bricht mir das Herz."

„Thomas, du kommst zu spät. Ich habe mich verliebt. Ich bin damals von dir schwer enttäuscht worden. Wer sagt mir denn, dass du es nur im Augenblick nicht ertragen kannst, mich mit einem anderen zu sehen. Nein. Du hast deine Chance gehabt. Du hast mich sehr verletzt. Du hast mir ungeheuer wehgetan. Du hast ja nicht einmal versucht, erneut mit mir in Kontakt zu treten. Nun das! Ich habe lange gebraucht, um über dich hinwegzukommen."

Meiner Aussage hatte ich nichts hinzuzufügen. Warum musste Thomas gerade jetzt, zu diesem ungünstigsten aller Zeitpunkte, erneut in mein Leben treten? Ich stand zwischen zwei Stühlen. Hätte Thomas, der Idiot, nicht drei Monate früher auf meinem Radar erscheinen können? Jetzt war definitiv nicht der richtige Zeitpunkt. Auch wenn ich mich gegen ihn entschieden hatte, eines war sicher: Thomas würde für alle Zeiten meine *erste Liebe* bleiben!

Mein Magen rumorte, ich war aufgewühlt und völlig durch den Wind. Ich musste mich, um nicht meinen Tränen freien Lauf zu lassen, auf dem Absatz umdrehen. Sodann schritt ich erhobenen Hauptes zu Andreas, der das Gespräch knapp zuvor mit Thomas' Freund beendet hatte und nunmehr aufmerksam in unsere Richtung schaute. Schweigend nahm ich seine Hand und schlenderte mit ihm gemeinsam die Straße hinauf. Ich war aufgewühlt. Ich drehte mich nicht mehr nach Thomas um. Meine Gedanken drehten sich wie ein Propeller. Einfühlsam, wie Andreas war, stellte er mir an diesem Abend keine weiteren Fragen. Dieser wunderbare Außerirdische wartete, bis ich ihm die Geschehnisse dieses Abends zu einem für mich richtigen Zeitpunkt erzählen würde.

Wie ich schon erwähnt habe, war ich nach der Beendigung meines Praktikums entschlossen, erst einmal keinen Beruf zu erlernen. Ich wollte weiterhin zur Schule gehen, um so meine Chancen auf eine Ausbildung bei der Kriminalpolizei zu verbessern. Zielsetzung war das Abitur.

Seit einem halben Jahr war ich nun schon mit Andreas zusammen. Jetzt, wo ich ihn besser kannte, war ich um ein Vielfaches mehr in ihn verliebt als beim ersten Kennenlernen. Miteinander geschlafen hatten wir noch nicht. Meine Angst vor dem *ersten Mal* war nach meiner bewegten Vergangenheit zu groß. Obwohl ich Andreas von ganzem Herzen aufrichtig liebte, konnte ich ihn noch nicht so nah an mich heranlassen. Andreas war ebenfalls bis über beide Ohren in mich verliebt. Ich hatte mit ihm über die unvorstellbaren, unangenehmen Geschehnisse aus der Zeit vor der Zeit und auch über das mehrmalige Begrapschen des Familienfreundes meiner Eltern ausgiebig gesprochen. Andreas brachte eine Engelsgeduld mit mir auf. Mein Einer war mit Knutschen und Fummeln zunächst komplett zufrieden.

Klar war das keine Endlösung. Irgendwann, gleichgültig wo, würde es unweigerlich passieren. Doch unter den gegebenen Umständen war alles in Ordnung. Er gab mir das Gefühl, dass nicht alle Männer Schweine waren. Er gab mir auch das Gefühl, einzigartig und wichtig zu sein. Es ging nur um mich, um meine Person. Nicht um meinen Körper, nicht um Andreas' Befindlichkeiten. Andreas stellte sich als mein Yang zu meinem Yin heraus. Er war empathisch.

Lückenlos konnten wir auch ohne jedwede verbale Kommunikation auf einer mentalen Wellenlänge kommunizieren. Er verstand mich. Dafür liebte ich ihn. Ich liebte ihn jeden Tag ein wenig mehr. Andreas gehörte definitiv nicht zu den Weichgespülten. Er war mein Erlöser!

Das *erste Mal* fand ein gutes Dreivierteljahr nach unserem Kennenlernen im August 1977 in Dänemark statt. Andreas hatte gefragt, ob ich in meinen Ferien kurz vor dem Wechsel auf die weiterführende Schule Lust hätte, mit ihm zum Zelten ins angrenzende Dänemark zu fahren. Klar hatte ich Lust! Dieses Vorhaben setzte wegen meiner Minderjährigkeit die Zustimmung meiner Mutter voraus. Die Zustimmung für die Dänemarkreise mit Andreas wurde mir von meiner Mutter, entgegen meiner negativen Erwartungshaltung, sofort und ohne große Überlegung gegeben. Es gab jedoch vor Reiseantritt noch die eine oder andere Formalität zu klären. Ein Reisepass musste beantragt werden. Reiseutensilien mussten gekauft werden. Ich war ungeheuer aufgeregt. Zwei Wochen nach der Zustimmung meiner Mutter ging es endlich los. Wir zwei fuhren mit dem Auto nach Dänemark. Nach Skagen. An die Spitze des Skagerraks. Am Skagerrak prallen über den Öresund die Nord- und Ostsee aufeinander. Was war das für ein Abenteuer!

Stunden nach unserer Abfahrt kamen wir auf dem von Andreas ausgewählten Campingplatz in Dänemark an. Dieser lag wunderschön zwischen den Dünen, direkt am Meer. Einzig die Dünen trennten den Platz von der Ostsee. Was für eine Idylle und was für ein Wetter! Ein Traum. Sonnenschein pur. Heiß. Im Süden hätte es nicht besser, nicht wärmer sein können. Flink bauten wir unser Zelt auf. Ein Viermannzelt. Gesponsert by Andreas' Eltern, auch im Sponsoring enthalten waren die Luftmatratzen, Schlafsäcke und ein Gaskocher.

Nach dem Aufbau waren wir erschöpft und legten uns auf unsere Luftmatratzen. Unsere Körper waren stark verschwitzt. Zum einen durch die heißen, äußeren Temperaturen, es waren 35 Grad im Schatten. Zum anderen durch unsere körperliche Kraftanstrengung. Wir hatten zuvor das Zelt aufgebaut, die Luftmatratzen aufgepustet und unsere Koffer und Reisetaschen mit Proviant für die Zeit unseres Aufenthalts ausgepackt. Zudem musste der Zeltboden ausgelegt werden. Nach getaner Arbeit klappten wir müde, komplett erschöpft, verschwitzt auf unseren Luftmatratzen zusammen. Da fing Andreas zärtlich an, mich zu küssen und wenige Minuten später an meinem Jeansknopf herumzufummeln. Eng presste ich mich gegen Andreas. Sein Phallus presste sich lustvoll durch seine enge Jeans an mich. Dieser wollte aus seiner Buxe. Wollte endlich befreit werden. Unser gegenseitiges Verlangen aufeinander wurde größer. *Jetzt wird es passieren*, spürte ich. Die Zeit war gekommen. Ich war bereit. Nur zu gerne wollte ich die Krönung unserer großen Liebe mit einem finalen Höhepunkt erleben.

Sanft zog Andreas mich aus. Nackt lag ich schweißüberströmt vor ihm. Sanft streichelte er meinen Körper. Küsste meinen Hals. Sodann richtete ich mich auf und fuhr seinen Oberkörper mit meinen Küssen hinunter bis zu seinem erigierten Glied ab. Küsste dieses und nahm es in den Mund. Saugte und bearbeitete seinen erigierten, über der deutschen Norm liegenden Phallus mit meinen Lippen. Mit meinen Zähnen. Ganz sanft. Andreas bäumte sich vor Lust auf und stöhnte. Sanft nahm er mich bei meinen Armen. Griff mich unter meine Achseln und zog mich zu sich hinauf. Andreas kullerte mich auf meinen Rücken und fing an, meinen Körper zu küssen. Küsste meine Brüste. Sodann biss er sanft in meine Brustwarzen. Streichelte parallel sanft meine Vagina. Fuhr mit seinem Kopf, mit seinen sinnlichen Lippen meinen Körper hinab zu meinem Bauchnabel. Küsste diesen und nahm eine Flasche Sekt, die wir vor

Stunden geköpft hatten, um unsere Reise zu begießen. Ließ die verbleibende Sektflüssigkeit über meinen Bauch laufen. Begann sodann, diese prickelnde Blubberbrause von meinem Körper abzuküssen und abzuschlecken. Mit seiner Zunge suchte er voll Verlangen meinen G-Punkt. Er fand ihn. Bearbeitete diesen mit seiner Zunge, bis ich vor Lust laut aufschrie. Wir waren nunmehr beide zu allem bereit. Andreas setzte zur Punktlandung an. Er hörte auf, mich mit seiner Zunge zu liebkosen. Sein harter Phallus fand Sekunden später den Weg in meine Vagina. Tief drang er in mich ein. Es tat mir weh. Es knallte leise. Begrenzt hörbar. Mein Jungfernhäutchen war gerissen. Es wurde ein wenig feucht um meine Beine. Es war egal. Andreas drang tiefer in mich ein. Wir bewegten uns beide lustvoll im Gleichklang. Unsere Umwelt nahmen Andreas und ich nicht mehr wahr. Dann, viele Minuten später, stöhnte er laut auf und ergoss sein ganzes Erbgut in mir.

In Dänemark wurde ich zur Frau. Ich wurde zur Wiederholungstäterin. Andreas und ich fielen nunmehr zu jeder Tages- und Nachtzeit übereinander her. Es gab kein Erbarmen. Unser sexuelles Verlangen aufeinander war zu groß. Man konnte Pech – beziehungsweise Voyeure konnten Glück haben – und uns in den Dünen, im Meer, im Zelt, im Auto, obendrein in der sich auf dem befindlichen Platz dazugehörigen Sauna in allen möglichen und unmöglichen Stellungen antreffen. Wir hatten viel nachzuholen. Wir waren unglaublich experimentierfreudig. Zu meiner anfänglichen Verwunderung, die sich in große Dankbarkeit wandelte, hatte Andreas ausreichend Kondome in seinem Reisegepäck. Er war unglaublich!

Entgegen den gehörten Horrorstorys war das *erste Mal* nicht arg blutig. Nicht so schlimm, wie in den Überlieferungen berichtet. Klar hatte ich geblutet. Jedoch keinen Sturzbach. Mehr eine klitzekleine Pfütze. Schmerzhaft war es am Anfang definitiv. Aber dann, dann kam die Wonne der unbegrenzten

Leidenschaft. Ein Hochgenuss der Sinne. Nichts, kein anderes Gefühl war mit diesem vergleichbar. Es war ein Feuerwerk der Sinnesfreuden!

Nach der Rückkehr aus unserem ersten gemeinsamen Urlaub, unserer Erlebnissinnesreise, unterstützte Andreas mich tatkräftig in der Umsetzung meiner Pläne. Nach meinem Realschulabschluss wollte ich eine weiterführende Schule besuchen, um an dieser mein Abitur zu erlangen. Diesbezüglich hatte ich mich an diversen weiterführenden Schulen in meinem Radius beworben und wurde tatsächlich an zwei renommierten Fachoberschulen angenommen. Ich entschied mich an eine Schule zu gehen, die im Umkreis meines Wohnorts mit dem Bus in circa dreißig Minuten zu erreichen war. Was war ich selig! Die Weichen für meine Zukunft hatte ich gestellt. Inzwischen war ich sechzehn Jahre alt.

Ich machte einen guten Schulabschluss. Mit der Wahl der von mir ausgesuchten Fachoberschule war ich sehr zufrieden. Im Normalfall hatte ich mein Abitur in zwei Jahren in der Tasche. Meine Klasse, ebenso die Lehrer an der Schule, für die ich mich entschieden hatte, waren durch die Bank weg liebenswert. Das Lernen fiel mir leicht. Nach drei Monaten Schuldauer stellte sich für mich ein anderes Problem. Ich bekam kein BAföG. Das Amt lehnte meinen beim Schulamt gestellten Antrag ab. Sprach mir keinen einzigen Pfennig Unterhalt zu.

In meiner großen Not bat ich meine Mutter und meinen Stiefvater um eine kleine finanzielle Unterstützung. Diese versagten mir jedoch jeglichen Unterhalt. Ich fand eine andere Regelung, wie ich das Geld für das geforderte Schulmaterial verdienen konnte.

Ich hatte die Möglichkeit, dem Kind einer Nachbarin am Wochenende Nachhilfeunterricht zu geben.

Letzten Endes ging es nunmehr einzig um die Übernahmekosten des Bustickets. Inständig hoffte ich, dass entweder meine Mutter oder mein Stiefvater oder beide zumindest diese monatliche Belastung übernehmen würden.

Erneut nahm ich einen Anlauf. Meine Mutter legte im Schlafzimmer die Wäsche der Kleinen zusammen, als ich sie dort antraf. Es war nur die Übernahme der Fahrtkosten, um die ich sie bitten wollte. Leider hatte ich – wie etliche Male zuvor – die Rechnung ohne meine Wirtin gemacht. Meine Mutter sagte:

„Ivonne, was fragst du mich? Wir hatten dir seinerzeit bei deiner Entscheidung, weiterhin die Schulbank zu drücken und keine Ausbildung beginnen zu wollen, klar zu verstehen gegeben, dass wir dich nicht bei deinem Größenwahn unterstützen werden. Wir haben dir eine adäquate Schulausbildung ermöglicht. Eine weitere werden wir dir definitiv nicht finanzieren. Wenn du weiterhin zur Schule gehen willst, musst du sehen, wie du dir das finanzierst. Ich habe kein eigenes Geld. Ich bekomme von deinem Stiefvater ausschließlich Haushaltsgeld zugeteilt. Von dem, was er mir gibt, kann ich dir kein Busticket bezahlen. Mein Geld brauche ich selbst“, antwortete meine Mutter mir genervt.

„Was ist mit dem Unterhaltsgeld meines leiblichen Vaters? Er zahlt pünktlich zum Ersten eines Monats zweihundertfünfzig Mark an dich für mich. Davon kannst du mir das Busticket bezahlen!“, gab ich meiner Mutter zu bedenken.

„Was? Du verlangst von mir, dass ich einen Teil deines Unterhaltes an dich abgebe? Du spinnst doch! Das bisschen Geld deines Vaters geht für dein Essen, deine Kleidung und deine Unterkunft in unserem Haus drauf. Da bleibt nicht ein Groschen am Monatsende übrig. Da muss ich jeden Monat noch einiges für dich draufpacken. Du hast tatsächlich nicht alle Tassen im Schrank. Auf was für abstruse Gedanken du kommst! Wie kannst du das von mir guten Gewissens verlangen?“

Meine Mutter platzte vor Wut. Sie dampfte wie ein Schnellkochtopf, kurz bevor er explodiert. So wie sie aussah, musste ihr Blutdruck einen extrem hohen Wert erreicht haben.

Nach der Absage meiner Mutter nahm ich allen Mut zusammen und ging zu meinem Stiefvater, der im Wohnzimmer im Fernsehen aufmerksam einen spannenden Krimi verfolgte. Bisher verweigerte mein Stiefvater mir jegliche Unterstützung. Nunmehr hoffte ich inständig, dass er mir in diesem besonderen Fall helfen würde.

„Hey", fing ich meine Bittstellung an. Mein Stiefvater gab mir durch seine grimmige Mimik zu verstehen, zu stören.

„Hast du kurz einen Augenblick Zeit für mich?", versuchte ich seinen Blick auf mich zu lenken.

„Was ist dein Problem?", fragte er mich genervt.

„Ich benötige in einer speziellen Angelegenheit, meine Zukunft betreffend, deine finanzielle Unterstützung. Du weißt doch, dass ich zur Kripo möchte, und aus diesem Grund besuche ich ja nun seit drei Monaten die Fachoberschule. Ich weiß nicht, ob du es weißt, aber ich habe beim Arbeitsamt und beim Schulamt BAföG beantragt. Dieses wurde nunmehr mit der Begründung abgelehnt, dass ihr vermögend seid. Du verdienst zu viel Geld. Zusätzlich hast du noch Eigentum und Mieteinnahmen. Bei meiner Antragsstellung konnte ich nur ein elternabhängiges BAföG beantragen. Ein elternunabhängiges BAföG war nicht möglich, da ich für dieses die geforderten Voraussetzungen nicht erfülle. Würdest du mir das Busticket zur Schule spendieren? Monatlich im Abo? Dann wäre es im Monat um zehn Mark günstiger. Den Rest, die Bücher, Hefte und alles, was an Kosten anfällt, bekomme ich auf die eine oder andere Weise gewuppt. Künftig werde ich noch neben der Schule Nachhilfeunterricht geben. Aber wenn du mir helfen könntest, wenn du mich unterstützen würdest, hätte ich eine riesengroße Last weniger monatlich zu tragen", bettelte ich ihn an.

„Immer wenn du was willst, kommst du zu mir! Du bist nicht meine Tochter. Wenn du dich zu etwas Höherem berufen fühlst, musst du sehen, wie du klarkommst. Anuschka hat, wie von uns vorgeschlagen, eine Lehre begonnen. Sie liegt uns nicht mehr auf der Tasche. Wie gesagt. Wenn du meinst, du musst nichts lernen, musst dich bilden, sieh zu, wie du dir deine Illusion vom großen Glück der geistigen Bildung finanzierst. Erweitere deinen geistigen Horizont. Stärke deine Weisheit. Nur nicht auf meine Kosten", war das Einzige, was mein Stiefvater mir zu meiner Bitte zu sagen hatte. Er wandte sich theatralisch von mir ab und sah sich seinen Krimi im Zweiten weiter an.

Da ich einem akuten Geldmangel unterlag, musste ich die Fachoberschule nach drei Monaten Teilnahme verlassen.

Mir blieb keine Wahl, meiner finanziellen Misere zu entkommen, ich musste mir einen Ausbildungsplatz suchen, um nicht auf der Straße zu sitzen. Was ich lernen wollte, wusste ich nicht. Von meinem künftigen Ausbildungsplatz hatte ich keine Vorstellung. Stattdessen kannte ich viele Berufe, die ich definitiv nicht erlernen wollte.

Nach einigen Recherchen gefiel mir der Beruf der Zahnarzthelferin ausgesprochen gut. Somit bewarb ich mich in Zahnarztpraxen, von denen ich wusste, dass diese ausbildeten. Zu meinem großen Leidwesen hatte ich das Problem, dass die freien Ausbildungsplätze seit Monaten vergeben waren. Die Lehrstellen waren alle besetzt. Es war mittlerweile November. Alle Zahnärzte hatten ihre Auszubildenden eingestellt. Dennoch hatte ich einen riesengroßen Dusel. Tatsächlich wurde ich in der schleswig-holsteinischen Landeshauptstadt auf der Suche nach einem Ausbildungsplatz zur zahnmedizinischen Fachangestellten fündig. Mein Chef war sich zum Glück in der Frage, ob er ausbilden wollte oder nicht, bis zu dem Eingang meiner Bewerbung nicht schlüssig. Er fand meine Bewerbung ansprechend und lud mich zu einem persönlichen Vorstellungsgespräch ein. Die Vorstellung stand unter einem ausgesprochen guten Stern. Mein künftiger Chef meinte, dass wir es miteinander versuchen sollten. Die Landeszahnärztekammer hatte meinem verspäteten Ausbildungsbeginn bereits zugestimmt. Fortuna war mir hold. Die Erschwernis zum sofortigen Ausbildungsbeginn lag einzig darin, dass die Berufsschule mich noch annehmen musste. Rasch wurde ein Antrag gestellt. Vor dem Antritt meiner Ausbildung musste ich mich einem Aufnahmetest an der Berufsschule unterziehen, um meine Eignung zum verspäteten Ausbildungsbeginn und einer verkürzten Lehrzeit zu bestätigen.

Ich bestand und durfte somit, nachdem meine Mutter mir den Ausbildungsvertrag unterschrieben hatte – diesen musste sie mir aufgrund meiner Minderjährigkeit unterschreiben –, meine Ausbildungsstelle antreten.

Mit dem Beginn meiner Ausbildung setzte ich ein erstes Fanal. Außer mir als Auszubildende wurde eine weitere Frau, eine ausgebildete Helferin, die ebenso wie ich Ivonne hieß, in der Praxis beschäftigt. Die moderne Zahnarztpraxis lag zentral. Direkt in der Innenstadt. Sie war klein und fein. Dies bezog sich im Übrigen ebenso auf meinen Chef. Dieser maß an Körpergröße gerade mal ein Meter fünfundsechzig. Diesbezüglich hatte er Komplexe, die zu manchen Kuriositäten beitrugen und meine Kollegin und mich oft zum Lachen brachten. Aufgrund unserer Namensgleichheit wurden wir seitens unseres Chefs künftig ausschließlich mit unseren Nachnamen angesprochen, um etwaige Irrtümer während seiner Regieanweisungen auf dem heißen Stuhl zu vermeiden.

Mann, was war ich selig! Seit drei Monaten war ich schon in der Ausbildung. Nachdem ich Bärenkräfte bewiesen hatte, hatte ich endlich keine Zukunftsängste mehr. Mein Leben verlief nunmehr in geordneten Bahnen. Meine Eltern hatten mich bei meiner aufreibenden Suche nach einer adäquaten Ausbildungsstätte nicht unterstützt. Mit der Willenskraft einer Löwin hatte ich alle Hebel in Bewegung gesetzt, um noch einen der begehrten Ausbildungsplätze zu ergattern.

Meine Mutter suchte mich eines Abends nach meinem Feierabend in meinem Zimmer auf, um eine für sie wichtige Angelegenheit mit mir zu besprechen.

„Ivonne, ich habe mir was überlegt. Ich möchte deinen Chef, nein, die gesamte Praxis, in der du arbeitest, kennenlernen. Ich würde dich bitten, mir einen Termin bei deinem Herrn Doktor für ein Vieraugengespräch zu organisieren. Der Tag und die Uhrzeit sind mir egal."

Das, was meine Ohren soeben aufgenommen hatten, glaubte ich nicht richtig verstanden zu haben. War alles richtig von meinem Hirnstamm an mein Gehirn weitergeleitet worden?

„Wie jetzt? Du willst meinen Chef persönlich unter vier Augen sprechen? Du willst die Praxis, in der ich lerne, kennenlernen?"

„Ja", antwortete meine Mutter mir kurz und knapp.

Meine Gedanken überschlugen sich. Das durfte jetzt alles nicht wahr sein! Ich musste mich verhört haben. Allerdings verhieß der auf meine Antwort wartende Blick meiner Mutter nichts Gutes. Die Bittstellung seitens meiner Mutter musste ich erst einmal sacken und auf mich wirken lassen. Spontan war ich nicht in der Lage zu antworten. Meine inneren Alarmglocken schlugen laut AAAALLLLLAAAARRRRRMMMM! Wollte meine Mutter nach der Unterzeichnung meines Ausbildungsvertrages, nach der Einbringung meiner aufgegangenen Saat wahrhaftig, unfassbarerweise, tatsächlich meine Ausbildungsstätte kennenlernen? Wollte meine Mutter meine Ernte womöglich zunichtemachen? Ich war entsetzt. Meine Mutter war neugierig. Platzte wie eine Currywurst, die zu lange im heißen Fett gelegen hatte. Wollte kackfrech meinen Boss kennenlernen. Was hatte sie nur vor? Mit Argusaugen beobachtete ich jede Gefühlsregung in dem Gesicht meiner Mutter. Diese Lehrstelle hatte ich mir alleine gesucht und hatte alle Hürden, die sich mir von etlichen Seiten aufgebaut hatten, alleine genommen.

Und jetzt?

Jetzt wollte meine Mutter mir meine Zukunftschance zerstören?

Warum intervenierte sie?

Was hatte sie Negatives ausgebrütet?

Was waren ihre Intentionen?

Definitiv wollte ich nicht, dass meine Mutter mit meinem Chef zusammentraf, und gab ihr nach ein paar Minuten Bedenkzeit meine Ablehnung auch kund.

„Du hast dich nicht, zu keiner Zeit, um mich gekümmert. Euretwegen, wegen dir und deinem Weggefährten, musste ich die Fachoberschule verlassen und konnte das Abitur nicht nachholen. Als ich euch gebeten habe, mir auf meiner Suche nach einem für mich akzeptablen Ausbildungsplatz zur Seite zu stehen, habt ihr mich ausgelacht. Jetzt, wo ich einen Platz gefunden habe, willst du – aus welchem Grund auch immer – meinen Chef, meine Ausbildungsstätte kennenlernen? Das kann doch nicht dein Ernst sein! Nein, ich lasse nicht zu, dass du dich in meine Ausbildung einmischst. Ich kaufe dir dein plötzliches Interesse an meiner Person nicht ab. Wer weiß, was du ausgebrütet hast. Kein Stück!“

Meine Mutter war über meinen vehementen Widerspruch entsetzt.

„Wie sprichst du denn mit mir?“, fragte sie mich beleidigt.

„Jeder so, wie er es verdient“, antwortete ich krötig.

Wutschnaubend lief ich aus meinem Zimmer, um mir eine Wanne zur Entspannung nach einem langen Arbeitstag einlaufen zu lassen.

Meine Mutter blieb bitter enttäuscht, ratlos, wortlos in meinem Zimmer stehen. Sie war sich keiner Schuld bewusst. Wusste nicht, warum ich ihr gegenüber so schlecht drauf war. Was war bloß los mit mir? Meine Mutter hatte sich nichts vorzuwerfen. Ganz im Gegenteil. Sie fühlte ganz anders. Durch ihren Kopf ging:

Jetzt zeige ich außerordentliches Interesse an meinem Kind, indem ich um einen Termin zu einem Vieraugengespräch bei ihrem Chef gebeten habe. Auch Ivonnes Ausbildungsplatz wollte ich mir ansehen. Wollte letztendlich wissen, ob meine Tochter bei dem Herrn Doktor gut aufgehoben ist. Jetzt will Ivonne aus mir nicht erklärbaren Gründen dieses nicht zulassen. Dann eben nicht! Undank ist der Welt Lohn.

Meine Mutter verließ tief gekränkt mein Zimmer. Geknickt ging sie die zwölf Stufen abwärts in ihre Diele und widmete sich mit voller Hingabe ihren noch zu erledigenden Hausarbeiten.

Andreas stand mir während der ganzen schweren Zeit zur Seite. Aber richtig helfen konnte er mir nicht. Er verdiente nicht genug, um mich finanziell ausreichend zu unterstützen. Er wäre gerne, seinem Herzen folgend, mit mir zusammengezogen, um mich aus meinem Elternhaus zu holen. Doch seine Vernunft siegte. Er war Pragmatiker. Ich war erst sechzehn Jahre jung und musste aus diesem gewichtigen Grund noch zwei Jahre, bis zu meiner Volljährigkeit, mit dem von mir ersehnten Auszug und dem angestrebten Zusammenschluss warten. Die Zeit, unsere gemeinsame Zeit war noch nicht gekommen. Leider war ich zwei Jahre zu jung.

Für Andreas kam der Tag des Aufbruchs, der Verabschiedung. Die Bundeswehr hatte ihn für sich entdeckt. Er wurde eingezogen. Doch er schlug dem Kommiss ein Schnippchen. Statt der angedachten Wehrpflicht verpflichtete er sich für mindestens vier Jahre. Die nunmehr schwerste Zeit für mich, meine Kindheit ausgenommen, folgte. Da wir uns seit einem geraumen Zeitraum täglich gesehen hatten, verlor ich durch Andreas' Verpflichtung in dem Zeitabschnitt der Absolvierung seines Grundwehrdienstes meinen engsten Vertrauten. Immerhin galt es für uns eine Zeitspanne von drei Monaten zu überbrücken. Die täglichen Gespräche mit ihm würden mir sehr fehlen. Er würde mir sehr fehlen!

Die ersten drei Monate konnte Andreas nicht mal eben so jedes Wochenende zu mir kommen. Andreas war tief in der bayrischen Pampa stationiert. Ich war verzweifelt. Andreas versprach mir vor seinem Dienstantritt, mir während der Absolvierung des Grunddienstes jeden Tag zu schreiben. Nach drei Monaten Grundwehrdienst sollte er im benachbarten Bundesland Hamburg stationiert werden.

Andreas schrieb mir tatsächlich jeden Tag einen Brief. Die Briefe wurden zu meinem großen Leidwesen jedoch täglich, nach der Zustellung der Postboten, von meiner Mutter abgefangen. Jeden Tag wurden am gedeckten Abendbrottisch Andreas' an mich adressierte Briefe von meiner Mutter vor aller Augen und Ohren geöffnet und verlesen.

Briefgeheimnis? Was war das? Persönlichkeitsrecht? Was war das? Intimsphäre? Was war das?

Mir schien, als hätte meine Mutter ihre helle Freude daran, mich zu kränken und mich vor allen Familienmitgliedern zu demütigen. Täglich, nachdem die an mich gerichteten Briefe vor allen Familienmitgliedern verlesen worden waren, übergab meine Mutter mir den *Brief des Tages*, wie sie Andreas' Post nannte. Meine Mutter spielte ihr Spiel Tag für Tag mit mir. Ich bat sie, aufzuhören. Drohte aus lauter Verzweiflung an einem Tag sogar, mir bei Zuwiderhandlung mein Leben zu nehmen.

„Was? Du möchtest dir das Leben nehmen? Soll ich dir noch Tabletten und ein Glas geben, damit wir es schnellstmöglich hinter uns bringen?", war das Einzige, was mir meine Mutter auf meine hilflose Drohung entgegnete. Enttäuscht und tief verletzt sprang ich nach der Häme meiner Mutter verbittert von meinem Stuhl auf und lief in mein Zimmer. In diesem weinte ich mich auf meinem Bett in den Schlaf. Zum x-ten Mal stellte ich mir beim Einschlafen die Frage: *Womit habe ich diese Frau als Mutter verdient?* In diesen Situationen fragte ich mich, ob ich wohl in der Klinik als Neugeborenes vertauscht worden war. Keine leibliche Mutter quält ihr eigenes Fleisch und Blut so sehr, wie meine Mutter es mit mir seit meiner Geburt praktizierte. Der Gedanke, dass meine Hypothese Realität sein könnte, tröstete mich das eine oder andere Mal über die vielen Grausamkeiten, die vielen Quälereien meiner Mutter hinweg. Manchmal fühlte ich mich wie in einem schlechten Film. Ich war die Protagonistin und meine Mutter die Antagonistin.

Die drei Monate Andreas-Entzug vergingen dann rückblickend rasend schnell.

Dieser wurde zu meiner hellen Freude tatsächlich in einer Kaserne in Hamburg, mitten in einem netten Stadtteil, stationiert. Wir sahen uns von diesem Zeitpunkt an wieder regelmäßig, dreimal in der Woche. Wenn Andreas keinen Wochenenddienst hatte, zusätzlich auch an diesen.

Mein siebzehnter Geburtstag stand an. Zuvor wollten unsere Elternteile mit den drei gemeinsamen Kindern für vierzehn Tage in den wohlverdienten Urlaub fahren. Die anstehende

Reise hatten sie in derselben Geschwaderformation schon zweimal zuvor angetreten. Innerlich machte ich Luftsprünge.

Was ich jedoch naiverweise nicht bedacht hatte, waren die Schikanen seitens meiner Mutter und meines Stiefvaters. Meine Mutter schloss die komplette untere Wohnebene, in der sich unter anderem die Küche und der Vorratskeller befanden, ab. Das Telefon, das sich in der Diele an einer Wand befand, war aus diesem Grund für mich nicht greifbar. Handys, Smartphones gab es 1978 noch nicht.

Anuschka und mein Stiefbruder hatten für die Zeit des Urlaubs meiner Eltern und meiner Halbgeschwister zu ihrem Glück erneut ein Abkommen mit ihrer Oma schließen können.

Die beiden wurden von ihrer Oma beköstigt und durften zusätzlich über den gesamten Zeitraum bei ihr nächtigen. Meine beiden Stiefgeschwister nutzten dieses großzügige Angebot nur zu gern. Freudestrahlend verabschiedeten sich meine beiden Leidensgenossen für die kommenden zwei Wochen von mir.

Während des gesamten Zeitraums musste ich sehen, wo ich blieb. Ich hatte nichts zu essen, nichts zu trinken, außer dem guten Leitungswasser, und war schlimmstenfalls für die kommenden zwei Wochen alleine in dem großen Haus. Zwar war ich es von den vorherigen Reisen gewohnt, dennoch war ich dieses Mal, nach Rücksprache mit meiner Mutter, verzweifelt. Meine Eltern toppten alles zuvor Gewesene. Beide sprachen mir kein Wirtschaftsgeld zu.

Meine Mutter hatte mir vor ihrem mehrwöchigen Reiseantritt zugesäuselt:

„Du kannst im Bedarfsfall sicherlich zu Andreas' Eltern gehen. Das sind nette Menschen. Die werden dich, wenn du nicht alleine sein magst und Angst im Haus hast, bestimmt gerne bei sich aufnehmen. Ich bin zuversichtlich. Sie werden dich auch bestimmt nicht verhungern lassen."

Fünfzig Mark bekam ich bei den zurückliegenden zwei Reisen meiner Eltern mit deren Anhang für jeweils zwei Wochen großzügig zugesprochen. Diesmal nichts. Nicht einen Pfennig! Meine Eltern ließen mir, wie angekündigt, keinen Groschen zurück. Von meinem kärglichen Ausbildungsgeld musste ich sehen, wie ich klarkam. Ich musste gut wirtschaften.

Als Andreas' Eltern von den Umständen, in denen ich für zwei Wochen leben sollte, erfuhren, boten diese sich tatsächlich an, mich während der Abwesenheit meines Klans zu verköstigen. Für die großzügige Zuwendung war ich sehr dankbar. Mein Geld reichte hinten und vorne nicht. Mit zweihundertfünfzig Mark Ausbildungsbeihilfe musste ich mein Busticket, meine Kleidung, meinen Schulbedarf für die Berufsschule und alle weiteren anfallenden Kosten begleichen. Da blieb mir nicht viel Geld für die von mir dringend benötigten Nahrungsgüter übrig. Andreas' Eltern waren lieb und aufmerksam. Sie äußerten sich in meiner Gegenwart nicht, zu keinem Zeitpunkt, zu diesem ungewöhnlichen Vorfall. Am letzten Tag, den ich alleine in meinem großen Elternhaus verbringen musste, schenkte mir Andreas' Mutter als Überraschung eine riesengroße grüne Keramikschüssel, gefüllt mit frischen Erdbeeren.

„Ivonne, mein Kind, lass dir deinen letzten Abend allein ein wenig versüßen. Sahne habe ich dir zusätzlich geschlagen. Lass es dir schmecken", sagte Andreas' Mutter fürsorglich. Sodann packte seine Mutter mir *sicherheitshalber* eine große grüne Kühltasche mit lauter leckeren nötigen und unnötigen Fressalien und Getränken ein. Wahrscheinlich hatte sie Angst, dass ich ohne ihre geschnürte Wegzehrung innerhalb eines Tages verhungern könnte.

In meinem Zuhause, auf meinem Zimmer angekommen, widmete ich mich mit absoluter Hingabe der Schüssel mit den süßen roten Früchten. Trotz aller Versuche schaffte ich es an diesem Abend nicht, den ganzen Inhalt der großen Schüssel mit der süßen Versuchung aufzuessen. Andreas' Mutter hatte es ausgesprochen gut mit mir gemeint und die Schüssel ordentlich mit frisch gepflückten Erdbeeren aus ihrem Garten vollgefüllt. Es war Hochsommer und es war heiß. Die ersten Erdbeeren verdarben ohne Kühlung. Das rote Obst sah nach einem Tag in meinem Zimmer ohne Kühlung nicht mehr gut aus. Kleine Fruchtfliegen machten sich gierig über die süße Versuchung her. Aus hygienischen Gründen schmiss ich die restlichen Beeren, bevor ich morgens zu meiner Ausbildungsstätte fuhr, in unsere Mülltonne vor unserem Haus.

Als ich gegen neunzehn Uhr abends endlich von meiner Arbeit nach Hause kam, warteten meine Mutter und mein Stiefvater – geladen wie eine russische Kalaschnikow, gespannt wie ein Bogen – in der Essdiele auf mich.

„Was hast du dir dabei gedacht, als du die Erdbeeren in den Müll geschmissen hast? Warum bist du nicht auf die Idee gekommen, uns zu fragen, ob wir nicht den Rest, den du weggeworfen hast, gerne gegessen hätten? Was bist du für ein egoistischer Mensch!", schoss meine Mutter als Begrüßung wütend auf mich los.

„Du gönnst uns nicht mal das Schwarze unter dem Fingernagel", trat mein Stiefvater böse nach. Dieser suchte meine Mutter als Schutzwall auf. Verbarrikadierte sich zum Schutz vor meinen etwaigen Übergriffen hinter ihr. Ich sah rot.

„Ihr beschwert euch bei mir? Ihr habt sie doch tatsächlich nicht alle beieinander! Ihr seid beide absolut gestört. Wie krank muss man sein? Ihr seid gerade aus eurem Urlaub zurückgekommen und habt nichts Besseres zu tun, als kurz nach eurer Ankunft die Mülltonne zu durchstöbern? Wonach habt ihr gesucht? Was glaubtet ihr, in der Tonne zu finden? Leichen? Drogen? Leere Alkoholflaschen? Ihr seid komplett infantil!", schrie ich meine Eltern wütend als Antwort auf deren liebreizende Begrüßung entgegen.

„Ihr lasst mich zwei Wochen ohne Essen, ohne Trinken, ohne Geld, ohne eine Telefonnummer, unter der ich euch im Notfall hätte erreichen können, alleine in diesem riesigen Haus zurück. Wenn mir etwas zugestoßen wäre, hätte ich nicht gewusst, an wen ich mich hätte wenden können. Um Anuschkas und Marcs Weiterleben habt ihr euch gekümmert. Wo ich ableibe, war euch egal. Mich hattet ihr, wie war es anders zu erwarten, nicht auf eurem begrenzten Radar. Mich habt ihr im Übrigen nunmehr zum dritten Mal alleine in diesem riesigen Kasten gelassen. Um das Ganze abzurunden, habt ihr vor eurer Abreise alle Türen verrammelt. Warum habt ihr nicht noch Sicherheitsschlösser und Gitter vor den Fenstern angebracht? Fort Knox ist mit Sicherheit nicht besser abgesichert. Die Frage, die sich hier stellt, ist: Wen wolltet ihr vor was schützen?“ Ich holte kurz tief Luft.

„Ich hatte erneut einzig zu meinem Zimmer und zu unserem Badezimmer Zugang, und ihr plustert euch auf, weil ich verdorbene Erdbeeren weggeworfen habe? Die im Übrigen noch nicht mal von euch stammen? Diese Erdbeeren hat mir eine besorgte Mutter, Andreas' Mutter, mit weiteren Lebensmitteln und Getränken mit auf meinen Weg gegeben. Was geht es euch an, was ich mit meinen Lebensmittelresten anstelle? Ihr seid heute, während meiner Abwesenheit, mit den Kleinen aus eurem gemeinsamen Urlaub zurückgekommen. Statt mich in eure Arme zu nehmen, mich zu begrüßen, habt ihr es stattdessen nicht einmal für nötig erachtet, mich zu fragen, wie es mir in der Zeit eurer Abwesenheit ergangen ist. Habt nicht gefragt, ob es besondere Vorkommnisse gab. Habt nicht gefragt, wie es mir geht. Ob mir was Negatives widerfahren ist. Warum habt ihr mich nicht gefragt? Kann ich euch sagen! Weil es euch nicht interessiert. Weil euch meine Gefühle, meine Anliegen am Arsch vorbeigehen. Ihr interessiert euch nicht ansatzweise für irgendetwas, was mich betrifft. Wollt ihr wissen, wer mich die letzten zwei Wochen unterstützt hat? Wer mich mit ernährt hat? Andreas! Ihr beide solltet euch ehrlich schämen! Ihr maßt euch an, über mich zu richten? Prangert mich an? Ihr habt doch nicht alle Latten am Zaun! Euer egoistisches, egozentrisches, kindliches Verhalten kotzt mich an! Ihr seid die Erwachsenen. Ich bin die Jugendliche! Ihr zeigt nicht die Bohne Verantwortungsgefühl! Was hinzu kommt, woher sollte ich wissen, dass ihr heute wiederkommt? Klar, es war geplant. Aber ... es hätte auch etwas dazwischenkommen können? Ups!, ich vergaß, miteinander telefonieren hätten wir, auch wenn ich gewollt hätte, nicht können. Das Telefon befindet sich ja in der Diele und diese wurde aus sicherheitstechnischen Gründen von euch abgeschlossen."

Wutentbrannt, bitter enttäuscht drehte ich mich mit theatralischem Schwung auf dem Absatz um. Knallte wütend beim Hinausgehen aus dem Esszimmer die Tür fest hinter mir ins Schloss. Als die in der Tür befindliche Glasscheibe um Haaresbreite durch mein hartes Zuknallen fast zerbrach, erschrak ich. Der Schreck hinderte mich jedoch nicht daran, die Stufen bis zu meinem Zimmer laut hochzutrampeln.

Das Fass war übergelaufen. Ich hatte keine Lust mehr auf meine Familie. Was wichtiger war, ich hatte keine Kraft mehr, um mit diesen Menschen unter einem Dach zu leben. Tränen der Wut, der Enttäuschung liefen mir meine Wangen hinunter.

Einen Tag später wurde ich siebzehn Jahre alt. Nun wollte ich mir eine eigene Wohnung suchen. Meine Oberhäupter hatten mit Sicherheit keine Einwände. Über diesen, wie ich fand, ausgezeichneten Gedanken wollte ich schnellstmöglich mit Andreas sprechen.

Am nächsten Morgen, meinem beschissenen Geburtstagsmorgen, sah nach einer schlaflosen Nacht nichts besser aus. Meine Mutter hatte nicht ansatzweise die Zeit beziehungsweise die Muße gehabt, mir ein Geschenk zu kaufen. Aus diesem Grund gab es einen weißen Briefumschlag mit Geld. Einhundert Mark.

„Kauf dir was Schönes", sagte mir meine Mutter monoton beim Überreichen des Kuverts am Frühstückstisch. Ein Geburtstagskuchen? Ein gedeckter Geburtstagstisch? Eine nette Geburtstagskarte, eventuell Geburtstagskerzen? Eine Kerze? Wunschdenken! Komplette Fehlanzeige. Was für ein siebzehnter Geburtstag!

Ich freute mich auf Andreas. Der wollte mich an meinem Wiegenfest zu einem leckeren Festschmaus einladen. Immerhin, meine Mutter war netterweise aufgestanden. Das sollte was heißen. Das war nicht alltäglich! An den meisten Wochentagen schlief sie lange. Meine drei Geschwister hinderten sie nicht im Entferntesten daran, bis in die Puppen zu schlafen. Sprich, vor zehn, elf Uhr war es eine Seltenheit, meine Mutter aktiv im Haus anzutreffen. Sie war nachtaktiv. Sie wuselte bis spät in der Nacht im Haus. Schaute bis nach Mitternacht fern. Selten ging meine Mutter vor ein, zwei Uhr morgens ins Bett.

Meine Halbgeschwister waren drei und fünf Jahre jung. Die drei konnten sich nach ihrem Aufwachen eine Zeit lang richtig gut alleine beschäftigen. Waren diesbezüglich erfinderisch und fanden den Anstellknopf auf der Fernbedienung des Fernsehers schnell. Dem Erfinder des Fernsehers, Paul Nipkow, sei Dank. Ihm hatte meine Mutter manch schönen, verlängerten Morgen zu verdanken. Bei Bedarf konnten meine Geschwister in das Schlafzimmer an das Bett unserer Mutter treten.

„Nichts muss, alles kann", war die Devise meiner liebreizenden Mutter. Frühstück? Die drei Kleinen waren schnell gezwungen, ihren Überlebenstrieb zu aktivieren.

Kindergarten? War für die drei nicht vorgesehen. Eine Regelmäßigkeit setzte gut 365 Tage später ein. Klaus wurde in der Vorschule angemeldet. Ab diesem Zeitraum war meine Mutter gezwungen, morgens früh aufzustehen, um ihn an fünf Tagen in der Woche, von montags bis freitags, für die Schule zu rüsten.

Traumzeit

Ich war siebzehneinhalb Jahre, als ich mit Andreas eine Zweizimmerwohnung in einem Stadtteil der schleswig-holsteinischen Landeshauptstadt bezog.

Mit meinem Auszug aus meinem Elternhaus und dem Zusammenschluss mit Andreas setzte ich in meinem Leben ein weiteres Fanal!

Der Weg zu dem ersten eigenen Quartier war steinig. Die Vermieter machten es uns aufgrund der Wohnungsknappheit im Jahr 1979 nicht leicht. Wir mussten uns tatsächlich verloben, um eine adäquate Wohnung zu bekommen. Wir verlobten uns, der Not gehorchend, am 29. Februar 1979. Zu meinem Glück hatte Andreas eine Stange Geld zusammengespart, sodass uns unsere ersten Möbel sicher waren.

Es war ein Traum! Ich lebte nunmehr mit dem Mann meiner Träume zusammen. Machte eine Ausbildung zur Zahnarzthelferin und besuchte seit einiger Zeit nebenher eine Abendschule, um mein Abitur nachzuholen. Ich war selig. Das Verhältnis zu meiner „Familie" entspannte sich ein wenig. Herzlich war es nichtsdestotrotz nicht. Meine Mutter kritisierte mich weiterhin, wo sie konnte. Mein Stiefvater nahm weiterhin keine Notiz von mir. Fast alles wie gehabt.

Doch dessen ungeachtet musste ich erst lernen mich komplett abzunabeln, um selbstständig auf meinen eigenen Füßen zu stehen. Musste lernen, Verantwortung für das eigene, für mein Leben zu übernehmen. Es gab selbstverständlich in der Anfangsphase zwischen Andreas und mir die eine oder andere kontroverse Auseinandersetzung. Mal mehr, mal weniger heftig. Doch wir hielten durch und schafften es, uns zusammenzuraufen.

Im Alter von neunzehn Jahren, im Juli des Jahres 1980, machte ich nach zweieinhalb Jahren Ausbildungszeit einen guten Abschluss. Aufgrund meiner außerordentlichen Leistung innerhalb der Ausbildung und meiner schulischen Leistungen konnte ich die Lehrzeit um ein halbes Jahr verkürzen. Der Abschluss der Abendschule, die ich neben der Ausbildung besuchte, sollte im Jahr 1981 mit der Zielsetzung Abitur stattfinden.

Doch im Jahr der bestandenen Ausbildungsprüfung beendete ich meine weiterführende Schule entgegen meiner Zielsetzung mit der Fachhochschulreife. Ich wollte mich beruflich neu aufstellen. Erste Büroerfahrungen sammelte ich erfolgreich bei einem kleinen Immobilienmakler. Ein Jahr später suchte das Rechenzentrum eines Kieler Geldinstituts via Stellenanzeige in einer großen regionalen Tageszeitung eine Assistentin. Ich bewarb mich und hatte Glück. Prompt wurde ich nach einem erfolgreichen Bewerbungsgespräch angenommen. Dank meiner mit der Note *gut* abgeschlossenen Ausbildung, meinem mit der Schulnote *eins* erreichten Fachhochschulabschluss und ersten gesammelten Büroerfahrungen hatte ich nunmehr diesen gut honorierten Broterwerb. Nunmehr ging ich engagiert meinen beruflichen Weg. Das Lernen fiel mir leicht und ich wurde des Schulbankdrückens nicht überdrüssig. So machte ich step by step diverse Abendschulen in Kiel unsicher. Ich lernte in diesen emsig die Sprachen weiterer Länder, deren Vokabeln ich bisher noch nicht in meinem Akku abspeichern konnte. Mein Gehirn hatte noch eine Menge Aufnahmekapazitäten frei. Fremde Vokabularien zu büffeln und meinen Wortschatz zu erweitern, war fortan mein primäres Fortbildungsziel.

Am 21. November 1980 heirateten Andreas und ich. Grundsätzlich wollten wir uns mit unserer Hochzeit Zeit lassen, doch die Bundeswehr hatte ihre eigenen Pläne mit Andreas. Aus diesem Grund zogen wir den ursprünglich geplanten Hochzeitstermin unserer Liebesheirat um drei, vier Jahre vor. Andreas sollte in ein anderes Bataillon abkommandiert werden. Als Ehemann hatte er das Anrecht, bei der Standortwahl auf die Nähe seines Wohnortes zu plädieren, und konnte nicht durch die ganze Republik Deutschland geschleust werden. Einige Zeit nach unserer Hochzeit wurde er aufgrund einer Verletzung vorzeitig aus der Armee entlassen und suchte sich ein neues, altes Betätigungsfeld. Er ging zurück in seinen erlernten Beruf.

Durch meinen neuen Lebensabschnitt rückte mein ursprünglicher Berufswunsch, eine Ausbildung zur Kriminalbeamtin bei der Sitte zu absolvieren, in weite Ferne.

Zurück zum Morgen des 21. November 1980. Um neun Uhr dreißig auf dem Standesamt in Kiel gaben wir uns nach einem durchzechten Polterabend vor einem älteren Standesbeamten das überzeugte Jawort. Dieser hatte uns acht Wochen zuvor in einem Traugespräch gefragt, ob wir noch bei Sinnen wären, in unseren blutjungen Jahren zu heiraten. Als Trauzeugen fungierten jeweils unsere Schwestern. Bei mir war es meine Stiefschwester und einstige Freundin Anuschka. Bei meinem künftigen Ehemann sein um fünf Jahre älteres Schwesterherz. Im Anschluss an die standesamtliche Trauung ging es ohne Pause zu einem kleinen Umtrunk mit unserer engsten Sippe weiter.

Am Nachmittag um fünfzehn Uhr fand sodann die kirchliche Trauung statt.

Unsere kirchliche Hochzeitszeremonie war eine Zelebration in Weiß.

Weißes Auto, weißes langes Brautkleid mit einem weißen Schleier und einer fünf Meter langen Schleppe. Meine Zwillingsschwestern schlugen als doppeltes Lottchen zum Blumenstreuen mit weißen Blüten auf. Klaus fungierte als Schleppenträger. Wie eine Prinzessin betrat ich die Kirche. Mit einem wahren Meisterwerk der Floristik trat ich an den geschmückten Traualtar. Andreas erschien – einem Zeitreisenden gerecht werdend – in einem feierlichen Anzug in Bleu. Dem Anlass entsprechend mit passendem weißen Sträußchen im rechten Knopfloch seines Sakkos. Weiße Blumenbuketts waren überall aufgefahren worden: auf dem Auto, in der Kirche, im Tanzsaal, im Speisesaal. Diese aufwendige Blumendekoration wurde in allen angemieteten Räumlichkeiten fortgesetzt.

Geladen waren mehr als 120 feierfreudige und trinkfeste Gäste. Zusammengesetzt aus vielen Verwandten, Freunden und Arnold. Der einstige *Kasper* aus der Diskothek, in der Andreas und ich uns im Jahre 1976 kennengelernt hatten. Der Mann, der mich seinerzeit eiskalt auflaufen ließ. Dieser war von Andreas der guten alten Zeiten wegen mit seiner schwangeren Freundin und späteren Ehefrau eingeladen worden. Trotz seiner Torpedierung unserer Verbindung zeigte es sich in der Quintessenz: Abgerechnet wird am Schluss!

Meine Mutter beging auf meiner Hochzeit einen riesigen Fauxpas. Nach der kirchlichen Trauung, zu der sie standesgemäß in langer Robe erschien, fuhren meine Mutter und mein Stiefvater nach Hause in ihr Reich, um sich umzuziehen. Dort angekommen tauschte meine Mutter ihre schicke Galakleidung gegen ihre Stressless-Feeling-Klamotten – zur Feier des Tages – Minirock, T-Shirt und Stiefel – ein. Mit diesem Fashion-Fauxpas beschritt sie ihren imaginären Catwalk. Sie stolzierte in diesem *tollen, profanen Outfit* durch unsere angemieteten, hochzeitlich dekorierten Räume, bis ihr Giftzahn faktisch annähernd auch den letzten unserer Gäste gebissen hatte.

Zur Schonung unserer Haushaltskasse hatten Andreas' Eltern die gesamten Kosten der Feierlichkeiten und die vielen Extras aus ihrem Geldbeutel übernommen. Inklusive unserer Galaroben. Meine Mutter und mein Stiefvater hatten kein Interesse daran, sich an den Kosten der Hochzeitsfeier zu beteiligen oder uns ein adäquates Hochzeitsgeschenk zukommen zu lassen. Dieser Kelch ging gnadenlos an ihnen vorbei. Doch dafür hielten sie sich mit der Weitergabe ihrer Kritik an unserer Hochzeitsfeier, die sie im Überfluss großzügig über tunlichst viele unserer feuchtfröhlich feiernden Gäste ausschütteten, nicht zurück.

Dennoch war dieser Tag mein schönster Tag in meinem Leben. Ich war angekommen.

Im Jahr 1983 kauften wir uns unser erstes Wohnungseigentum. Wir kauften uns das Refugium, in dem wir bereits seit zwei Jahren gemeinsam lebten. Eine Altbauwohnung mit über zweiundachtzig Quadratmetern Wohnfläche, Kaminofen, schicker Einbauküche, Vollbad, komplett renoviert, in der ersten Etage eines Mehrfamilienhauses. In dem Haus, in dem wir viereinhalb Jahre zuvor unsere erste kleine Wohnung in der vierten Etage direkt unter dem Dach bewohnt hatten. Bei der Unterzeichnung des Kaufvertrages hätte ich vor Glück und Stolz platzen können. Ganz aus eigener Kraft, ohne jedwede Unterstützung hatten wir es geschafft. Wir standen nunmehr mit zweiundzwanzig und fünfundzwanzig Jahren mitten im Leben. Diese hervorragende Leistung galt es gebührend zu feiern. Stolz luden wir an dem Abend der Kaufvertragsunterzeichnung unsere Eltern zur Feier des Tages in unsere eigene Wohnung ein. Hatten – dem Anlass gerecht werden wollend – Champagner eingekauft.

Ich hatte meine Insel gefunden. Auf dieser schien an gut dreihundertfünfundzwanzig Tagen im Jahr die Sonne. An den anderen vierzig Tagen gab es, wie sollte es anders sein, einen bedeckten Himmel. Manchmal zogen Wolken auf. Es gab Tage, da zogen sogar dunkle Wolken auf. Selbstverständlich entlud sich gelegentlich aufgestaute Luft in einem kräftigen Gewitter.

Aber immer wieder ging die strahlende Sonne auf! Wir waren Individuen. Es wäre schlimm gewesen, wenn diese Wetterkapriolen nicht ein fester Bestandteil unserer Beziehung gewesen wären. Andreas war und ist immer noch die Konstante in meinem Leben!

Meine Mutter hingegen blieb sich treu und schoss gleich nach der Verkündung unserer freudigen Zusammenkunft in unserer gemütlichen Bleibe – auf unserer Couch sitzend – mit den folgenden *aufmunternden, wohlklingenden mütterlichen Worten* gegen mich:

„Anuschka wohnt in einer viel schöneren Wohnung als du. Zwar zur Miete. Aber ihr Schlösschen ist trotzdem viel schöner als deins. Apropos, wo wir gerade beim Feststellen von Tatsachen sind: Anuschka ist nicht ansatzweise karrieregeil. Dieses Mädchen ist nicht wie du. Sie ist bescheiden und auf dem Boden geblieben. Arbeitet als Floristin und ist mit ihrem Leben zufrieden. Und du? Du hebst weiter und weiter ab.

Du hast deine Fachhochschulreife gemacht, bist nunmehr die Assistentin eines Rechenzentrumsleiters und bist noch immer nicht zufrieden mit deinem Leben. Du kannst den Hals nicht voll genug bekommen. Du besuchst Abendschulen. Wo soll *das* mit dir nur noch einmal enden? Du bist karrieregeil! Das hast du definitiv nicht von mir.“ Womit meine Mutter wohl recht hatte.

Meine Mutter schien ihre Aufwärmphase hinter sich gelassen zu haben und war nun bei ihrer *richtigen* Temperatur angekommen.

„Selbst der arme Andreas war dir nicht gut genug. Nunmehr muss der arme Kerl gezwungenermaßen in deine Fußstapfen treten. Als Handwerker war er dir wohl nicht mehr gut genug. Der arme Kerl!“, jammerte meine Mutter bedauernd.

Diese sprach mit einem Bedauern, mit einem Unterton in ihrer liebreizenden Stimme, als ob sie gerade erfahren hätte, dass ich nicht mehr lange zu leben hätte.

Andreas' Eltern schien der ganze Monolog seitens meiner Mutter unangenehm. Diese rechtschaffenen, liebenswerten Menschen wussten gar nicht mit der verdrehten Situation umzugehen. Für alle, außer für meine Eltern, war die Situation, in der die kleine Gesellschaft festsaß, blamabel und peinlich.

Bezüglich der Aussage, dass Andreas mir als Handwerker nicht mehr gut genug wäre, hatte meine Mutter nicht so unrecht, auch wenn sie diese Tatsache einen feuchten Kehricht anging. Andreas verdiente in seinem Job schlecht. Geringfügig über dem zu entrichtenden Mindestlohn eines Facharbeiters. Wie sollte er später von seinem kargen Gehalt, das ihm zu verdienen vergönnt war, die geplante Familie ernähren? Er war ohne jeden Zweifel mehr und mehr unzufrieden mit seiner beruflichen Situation. An gewissen Tagen schlecht gelaunt. Manche Kunden waren gnaddelig, maulig und/oder total verpeilt. Diesen diente Andreas ganzjährig als Blitzableiter. Dann, zu guter Letzt, die Widrigkeiten des Wetters. Im Frühjahr war die beste Arbeitszeit. Nicht zu warm, nicht zu kalt. Im Sommer war es in der Werkstatt kaum erträglich. Teilweise wurden in dieser über 45 Grad Celsius gemessen. Im Herbst war es dort nass und feucht. Im Winter froren ihm gefühlt seine Finger, schlimmstenfalls noch mehr ab. Es gab keine Heizung. Die Autos mussten aller Widrigkeiten zum Trotz bei jedem Wetter repariert und/oder gewartet werden. Deren Besitzer hatten bei Schietwetter, bei Sonnenschein und Minusgraden Bedürfnisse, die es zu stillen galt. Die Anforderungen in diesem Beruf waren hoch. Diesen Job wollte er nicht bis ans Ende seiner Tage ausüben.

Da ich weiter und weiter beruflich aufstieg, fühlte Andreas sich ebenfalls berufen, einen Termin mit einem Mitarbeiter der

Agentur für Arbeit in dem Haus der Agentur zu vereinbaren. Aufgrund seiner Schulbildung und seiner Ausbildung schlug ihm der Mitarbeiter vor, ein Studium zu absolvieren. Da dieses in letzter Konsequenz die Aufgabe seines Arbeitsplatzes verlangte, dies gleichzeitig den Verlust seines geregelten, sicheren Einkommens bedeuten würde, ohne eine Garantie, dass der Wunsch, die Sehnsucht nach besseren Arbeitsbedingungen und einem höheren Gehalt gewährleistet war, raubten uns diese Überlegungen viele Nächte dringend benötigten Schlaf. Nach dem Einsatz der imaginären Waagschale des Für und Wider rangen Andreas und ich uns zu guter Letzt durch: Andreas sollte sich beruflich neu aufstellen. Nach Leibeskräften würde ich ihn bei der Umsetzung unterstützen.

Ab dem Zeitpunkt der finalen Entscheidungsfindung über die Weichenstellung unserer gemeinsamen Zukunft drückte Andreas sich seinen Hintern auf der Schulbank platt. Seine Synapsen, die Schnittstellen seiner Neuronen, wurden bis zum Äußersten gefordert. Er studierte fortan Informatik!

Die wahren Gründe für die Aufgabe von Andreas' Arbeitsplatz, den Grund, sich beruflich neu zu orientieren, hatte ich meinen Eltern, explizit meiner Mutter, nicht mitgeteilt. Diese hatte diesbezüglich keine Ahnung und spekulierte somit frei nach Schnauze.

Resümee

Nach wie vor bin ich glücklich mit dem Einen, Andreas, verheiratet. Gemeinsame Kinder sind in Planung. Ich stehe mit beiden Beinen im Leben. Andreas hat seinen Abschluss mit Bravour gemeistert. Mittlerweile arbeitet er in einem Job, der ihm großen Spaß bereitet. Er hat sein Hobby zum Beruf gemacht und ist in diesem äußerst erfolgreich.

Eines Tages hoffe ich sehr, Mutter sein zu dürfen. Für Andreas bin ich eine Partnerin auf Augenhöhe. Meinen Platz im Leben habe ich gefunden, ohne mit Drogen, Prostitution, Diebstählen oder anderen Straftaten in Berührung gekommen zu sein. Ich wollte nicht zulassen, durch meine Vergangenheit, durch meine Geschichte abzustumpfen und zu einem Monster zu mutieren. Dies ist mir erfolgreich gelungen. Aus dem Grauen der Vergangenheit, aus den Gespenstern der Gegenwart sind meine Boten der Zukunft geworden.

Nach den vielen Jahren der On-Off-Beziehung zu meiner Familie hatte ich eines Tages die Notbremse gezogen und den Kontakt zu meiner Mutter abgebrochen. Schmerzlich wurde mir bewusst, dass ich den hohen Anforderungen meiner Mutter nicht gerecht werden konnte. Ich besann mich auf die Lebensweisheit meiner Mutter: *Lieber ein Ende mit Schmerzen als ein Schmerz ohne Ende.*

Zu meinem leiblichen Vater, meinem Erzeuger, habe ich seit meiner Teenagerzeit keinen Kontakt mehr. Was aus ihm geworden ist, wo er nunmehr im Leben steht, ob er noch lebt, entzieht sich meiner Kenntnis. Als sechzehnjähriger Teenager hatte ich mich von Andreas überreden lassen, Kontakt zu meinem weiterhin in Nordrhein-Westfalen lebenden Vater aufzunehmen. Andreas begleitete mich bei meinem Vorhaben.

Naiverweise wollte ich diesen überraschen. Meine Sehnsucht nach ihm war riesig. Auch zweifelte ich keiner Minute, keine Sekunde daran, dass mein Vater mich ebenso vermisste wie ich ihn. Wir fuhren zu meinem Geburtsort. Zu meinen Wurzel. Vor Ort erfuhr ich durch den Ehemann unserer ehemaligen Nachbarin, dem Kollegen meines Vaters, dass er mittlerweile nicht mehr in Schwelm, sondern in einem Nachbarort, immer noch mit Brunhilde, wohnte. Wo genau er aufzufinden war, wollte mir der Göttergatte unserer ehemaligen Nachbarin allerdings nicht mitteilen. Vielleicht durfte er es mir auch seitens meines Vaters nicht sagen. Herr Heringsblut diente mir netterweise als Sprachrohr. Drei Mal hatte mein Vater Treffen mit mir vereinbart und aus den verschiedensten Gründen auch wieder platzen lassen. Ich war bitter enttäuscht. Todtraurig fuhr ich mit Andreas zurück nach Norddeutschland.

Ich hatte keinen erneuten Kontaktversuch zu ihm gestartet. Mein genetischer Vater seinerseits auch nicht zu mir. Nach dem misslungenen Besuch hatte ich begriffen, dass ich seitens meines Vaters nichts zu erwarten hatte. Er war nicht der Vater, den ich die ganzen Jahre in ihm gesehen hatte. Er hatte seinerzeit nach der Trennung meiner Mutter gedankenlos die Verantwortung und die Liebe zu mir mit aufgegeben. Er hatte mich nicht verdient! Mir wurde schmerzhaft bewusst, dass dieser Mann, mein Vater, sich nicht ändern würde. Für mich, für seine zweite Tochter, hatte er nicht einen einzigen Wimpernschlag übrig. Für weitere Menschen als für sich war in seinem Leben kein Platz. Der Himmel, in den ich meinen leiblichen Vater gehoben hatte, der hohe Sockel, auf den ich ihn gestellt hatte – dies waren Trugbilder. Ich hatte mir jahrelang einen Vater aus meinen Erinnerungsstücken, aus meiner subjektiven Wahrnehmung zusammengeschustert. Die Landung auf dem Boden der Tatsachen war für mich unglaublich hart. Dank

Andreas kam ich jedoch über diesen weiteren Realitätsschock, den ich als sechzehnjähriger Teenager erleiden musste, hinweg.

Ein Spruch, den meine Mutter bei jeder passenden und unpassenden Gelegenheit ausstieß, lautete: *Was uns nicht tötet, macht uns härter.* So war es tatsächlich. Ich nahm mein Schicksal schweren Herzens an und wuchs an diesem.

Schlusswort

Wir alle sind ein Teil des Universums. Wenn ich an all die Menschen denke, die dieses Buch gelesen haben, und an all die Menschen, die es noch lesen werden, hoffe ich, dass ich meine Botschaft mit diesem Buch weitergeben kann.

Jeder Mensch ist für sich, sein Handeln und seine Taten selbst verantwortlich. Die schlimmen Erlebnisse, die einem als Kind und Jugendlichem widerfahren, sind weder rückgängig noch wiedergutzumachen. Es sollte jedem Betroffenen bewusst sein, dass mit der Vergangenheit abgeschlossen werden muss, um in dem Hier und Heute anzukommen. Als Erwachsener muss man lernen, dass die Kindheit nicht das gesamte Leben überschatten darf.

Wir sind alle frei im Willen! Nur durch den Abschluss mit der Vergangenheit ist gewährleistet, dass der dauernde Blick zurück nicht das Leben in der Gegenwart beherrscht.

Die Gespenster der Vergangenheit sollten verbannt werden.

Opfer werden zu Tätern, Täter werden zu Opfern. Dieser Kreislauf muss nicht sein. Er kann und sollte durchbrochen werden. Es gibt keine Entschuldigung für das Handeln des jeweiligen Täters und früheren Opfers.

Solange man lebt, ist es nie zu spät. Nie zu spät zu glauben. Nie zu spät zu hoffen!

Bärbel Kiy
November 2014

Weitere Werke der Autorin

Der Wessi, der nicht in den Osten fahren durfte

Das Wasserschlösschen zur lockeren Schraube

Erst Aschenputtel … Dann Prinzessin

Kleine Scheißer, große Kerle

The House of Loose Screw heads

Alle Bücher sind im Neptunikum Verlag erschienen und sind auch als E-Book im Handel erhältlich.

Alle Infos unter:
www.baerbel-kiy.de und auch auf www.neptunikum.com.

Ich freue mich auf Ihren Besuch.
Ihre Bärbel Kiy

Danksagung

Bedanken möchte ich mich bei meiner Lektorin Gunna Westphal für ihre großartige Unterstützung.